"七五"普法

北京市国家工作人员
学法教材

北京市法治宣传教育领导小组办公室
北 京 市 司 法 局 ◎组织编写
中共北京市委党校 北京行政学院

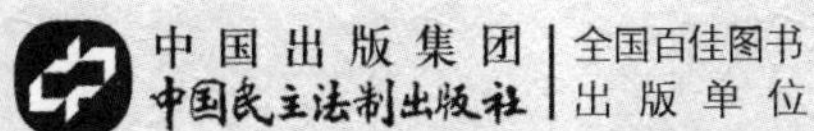

中国出版集团
中国民主法制出版社
全国百佳图书出版单位

图书在版编目（CIP）数据

北京市国家工作人员学法教材 / 北京市法治宣传教育领导小组办公室等组织编写 ; 苗林主编. --北京 : 中国民主法制出版社，2017.10

ISBN 978-7-5162-1668-2

Ⅰ.①北… Ⅱ.①北… ②苗… Ⅲ.①法律—中国—干部教育—学习参考资料 Ⅳ.①D920.4

中国版本图书馆CIP数据核字（2017）第254165号

责任编辑 / 郝志新
装帧设计 / 郑文娟

书　名 / 北京市国家工作人员学法教材
作　者 / 北京市法治宣传教育领导小组办公室等组织编写

出版·发行 / 中国民主法制出版社
社　址 / 北京市丰台区右安门外玉林里7号（100069）
电　话 / 010-62155988
传　真 / 010-62168123
经　销 / 新华书店
开　本 / 16开　710mm×1000mm
印　张 / 17.5
字　数 / 243千字
版　本 / 2017年10月第1版　　2017年10月第1次印刷
印　刷 / 北京精乐翔印刷有限公司

书　号 / ISBN 978-7-5162-1668-2
定　价 / 36.00元

北京市国家工作人员学法教材
编委会名单

前 言

党的十八大以来，以习近平同志为核心的党中央对全面依法治国作出了重要部署，对法治宣传教育提出了新的更高要求，明确了法治宣传教育的基本定位、重大任务和重要措施。习近平总书记多次强调“领导干部要做尊法学法守法用法的模范”，要求法治宣传教育“要创新宣传形式，注重宣传实效”，为法治宣传教育工作指明了方向，提供了基本遵循。在《中央宣传部、司法部关于在公民中开展法制宣传教育的第六个五年规划（2011—2015 年）》顺利实施完成，法治宣传教育工作取得显著成效的基础上，中共中央、国务院转发了《中央宣传部、司法部关于在公民中开展法治宣传教育的第七个五年规划（2016—2020 年）》，并发出通知，要求坚持把领导干部带头学法、模范守法作为树立法治意识的关键；完善国家工作人员学法用法制度，把宪法法律和党内法规列入党委（党组）中心组学习内容，列为党校、行政学院、干部学院、社会主义学院必修课；把法治教育纳入干部教育培训总体规划，纳入国家工作人员初任培训、任职培训的必训内容，在其他各类培训课程中融入法治教育内容，保证法治培训课时数量和培训质量，切实提高领导干部运用法治思维和法治方式深化改革、推动发展、化解矛盾、维护稳定的能力，切实增强国家工作人员自觉守法、依法办事的意识和能力。

根据中央要求，北京市委宣传部、市司法局《关于在全市开展法治宣传教育的第七个五年规划（2016—2020 年）》将领导干部和公务员作为“七五”普法的重点之一，把尊法学法守法用法情况列入公务员年度考核重要内容。为加强对领导干部和公务员的法治教育，中共北京市委组织部、北京市法治宣传教育领导小组办公室、北京市司法局、中共北京市委党校（北京行政学院）联合组织编写了《北京市国家工作人员学法教材》，作为全市各级党校、行政学院法治培训的基础教材，纳入全市领导干部和公务员培训课程体系，供北京市领导干部和公务员培训使用。

本教材编写体例上按照中央和北京市“七五”普法规划的要求，根据国家工作人员学法用法的重点内容，精心选取了十个专题组织编写，既是一个完整的国家工作人员学法用法的法治教育课程体系，每个专题又保持相对的独立性，以便于教学组织部门根据培训对象和需求选取相应的专题。本培训教材由中共北京市委党校（北京行政学院）法学部长期在党政领导干部培训班上授课的老师撰写，这些专题大部分是北京市局级领导干部进修班、中青班和处级公务员、初任公务员任职培训班开设的专题讲座课。按编写章节顺序，参与教材编写的作者有：金国坤、金若山、周悦丽、丁保河、宋冰、贾小雷、季桥龙、李秀梅、傅强、王菲，全书由金国坤负责统稿。北京市法治宣传教育领导小组办公室、北京市司法局统筹策划了领导干部和公务员培训教材的组织编写工作，北京市委党校领导安排了将教材纳入党校、行政学院的培训教材体系，作为学员的案头书。在此，谨向所有为培训教材的组织、编写、出版和使用作出贡献的部门和同志们致以深深的谢意。

由于时间紧迫，加之编写水平有限，教材中难免存在不足之处，敬请广大读者批评指正。

北京市法治宣传教育领导小组办公室

北京市司法局

中共北京市委党校　北京行政学院

2017 年 10 月

目 录

第一讲

习近平总书记法治建设重要讲话精神解读

党的十八大以来，习近平总书记站在坚持和发展中国特色社会主义全局的高度，对全面依法治国作了重要论述，提出了一系列新思想、新观点、新论断、新要求，深刻回答了建设社会主义法治国家的重大理论和实践问题，为全面依法治国提供了科学理论指导和行动指南。领导干部和广大公务员学法，首先应当深入学习习近平总书记关于全面依法治国的重要论述，增强走中国特色社会主义道路的自觉性和坚定性，增强厉行法治的积极性和主动性。通过深入学习以习近平同志为总书记的党中央关于全面依法治国的重要部署，实行科学立法、严格执法、公正司法、全民守法和党内法规建设的生动实践，引领全社会了解和掌握全面依法治国的重大意义和总体要求，更好地发挥法治的引领和规范作用。

一、习近平总书记法治建设重要讲话精神形成的历史背景和过程

习近平总书记关于依法治国的重要思想，代表了中国共产党人一直以来对法治矢志不渝的追求，也是对中国历史王朝更迭、治乱循环的睿

智洞察。数千年中华文明演进，历经沧桑，兴衰交替，一再诠释着“法令行则国治，法令弛则国乱”的深刻道理。近代以来，中国许多仁人志士在追寻法治的道路上进行了艰辛的探索。清末沈家本主导修律运动，但随着清王朝覆灭无果而终；民国初年，孙中山领导制定的《中华民国临时约法》，也在北洋军阀的连年混战中形同虚设。事实证明，当广大人民还只是当权者统治的对象时，当外国军队可以在中国土地上肆意横行时，法治就只能是镜花水月，不可企及。

1949 年 10 月 1 日，中华人民共和国成立，为社会主义法治奠定了根本的政治基础和社会基础。中国共产党带领人民走上了探索实行社会主义法治的道路。建国之初就颁布了第一部法律《中华人民共和国婚姻法》，1954 年中华人民共和国第一部宪法“五四宪法”颁布，从此新中国走上了法治道路。

回首我国法治建设历程，有成功的经验，也有深刻的教训，特别是“文化大革命”，使法制遭到严重破坏，付出了沉重的代价。历史是最好的老师。经验和教训使我们党深刻认识到，法治是治国理政不可或缺的重要手段。法治兴则国家兴，法治衰则国家乱。什么时候重视法治、法治昌明，什么时候就国泰民安；什么时候忽视法治、法治松弛，什么时候就国乱民怨。

十一届三中全会以来，我们党越来越认识到，为了保障人民民主，必须加强法制建设，必须使民主制度化、法律化。1978 年 12 月 13 日，邓小平同志在中共中央工作会议闭幕会上作了《解放思想 实事求是 团结一致向前看》的重要讲话，邓小平同志指出：“为了保障人民民主，必须加强法制。必须使民主制度化、法律化，使这种制度和法律不因领导人的改变而改变，不因领导人的看法和注意力的改变而改变。”1997 年党的十五大报告将依法治国确定为治国方略时引用的就是邓小平同志的这个论断。邓小平同志还指出：“现在的问题是法律很不完备，很多法律还没有制定出来。往往把领导人说的话当作‘法’，不赞成领导人说的话就叫作‘违法’，领导人的话改变了，‘法’也就跟着改变。所以，应该集中力量制定刑法、民法、诉讼法和其他各种必要的法律，例如工厂法、人民公社法、森林法、草原法、环境保护法、劳动法、外国人投资法等等，经过一定的民主程序讨论通过，并且加强检察机关和司法机关，做到有法可依，有法必依，执法必严，违法必究。国家和企业、企业和企业、企业和个人等等之间的关系，也要用法律的形式来确定；它们之间的矛盾，也有不少要通过法律来解决。现在立法的工作量很大，人力很不够，因此法律条文开始可以粗一点，逐步完善。有的法规地方可以先试搞，然后经过总结提高，制定全国通行的法律。修改补充法律，成熟一条就修改补充一条，不要等待'成套设备'。总之，有比没有好，快搞比慢搞好。此外，我们还要大力加强对国际法的研究。"①

1979 年 9 月，李步云和王德祥、陈春龙撰写了一篇《论以法治国》的长文。法学界普遍认为，这是第一次明确提出要在我国实行依法治国，并从理论和时间上作系统论述。1980 年，《人民日报》又以"特约评论员"名义发表了《社会主义民主与法制的里程碑——评审判林彪、江青反革命集团》一文，在党的机关刊物中首次提出要实行"以法治国"方略。1994 年 12 月 9 日，江泽民同志在第一次中央领导同志法制讲座开始前的讲话中首次提出了"以法治国"。1996 年 2 月 8 日下午，江泽民同志在中央第三次法制讲座总结讲话中，提出了依法治国方略，并对依法治国的重大意义进行了全面深刻地阐述。他指出："加强社会主义法制建设，依法治国，是邓小平同志建设有中国特色社会主义理论的重要组成部分，是我们党和政府管理国家和社会事务的重要方针。"② 一个多月后，八届全国人大四次会议把"依法治国，建设社会主义法制国家"作为一条基本方针，写入《中华人民共和国国民经济和社会发展"九五"计划和 2010 年远景目标纲要》。1997 年党的十五大明确提出发展民主必须同健全法制紧密结合，实行依法治国。发展民主，健全法制，建设社

---

① 邓小平：《邓小平文选》(第二卷)，北京：人民出版社 1994 年版，第 146—147 页。

② 江泽民：《坚持依法治国》，载《江泽民文选》(第一卷)，北京：人民出版社 2006 年版，第 511 页。

会主义法治国家，并规划到2010年形成有中国特色社会主义法律体系。但“依法治国、建设社会主义法治国家”没有放在一起说，还是讲“法制”的多。1999年宪法修正案将依法治国、建设社会主义法治国家纳入宪法，修正案第十三条：宪法第五条增加一款，作为第一款，规定：“中华人民共和国实行依法治国，建设社会主义法治国家。”

2002年11月，党的十六大报告中明确提出了“全面建设小康社会的奋斗目标”，其中之一是“社会主义民主更加完善，社会主义法制更加完备，依法治国基本方略得到全面落实。”2004年9月，胡锦涛同志在首都各界纪念全国人民代表大会成立50周年大会上讲话时强调：“必须坚持依法治国的基本方略，不断推进建设社会主义法治国家的进程。”“依法治国，前提是有法可依，基础是提高全社会的法律意识和法制观念，关键是依法执政、依法行政、依法办事、公正司法。”① 在这里，把依法治国与执政联系了起来。2004年9月19日，党的十六届四中全会着重研究了加强党的执政能力建设的若干重大问题，通过了《中共中央关于加强党的执政能力建设的决定》，首次正式提出“必须坚持科学执政、民主执政、依法执政，不断完善党的领导方式和执政方式”。

2011年3月10日，十一届全国人大四次会议吴邦国委员长宣布，到2010年底，中国已制定现行有效法律236件、行政法规690多件、地方性法规8600多件，一个以宪法为统帅的，以宪法相关法、民法商法、行政法、经济法、社会法、刑法、诉讼与非诉讼程序法等7个法律部门的法律为主干，由法律、行政法规、地方性法规等多个层次的法律规范构成的中国特色社会主义法律体系已经形成。

从时代背景上说，经过三十多年的努力，社会主义法律体系已经形成，依法治国已成为人们的共识并作为治国方略写入党的文件和国家宪法，市场经济呼唤法治。另一方面，有法不依、执法不严、违法不究现

---

① 胡锦涛：《在首都各界纪念全国人民代表大会成立50周年大会上的讲话》，载中共中央文献研究室编：《十六大以来重要文献选编》，北京：中央文献出版社2006年版，第224—225页。

象仍比较严重，群众对执法、司法不公和腐败问题反映强烈，在此基础上习近平总书记提出了全面推进依法治国的目标。

大国治理，机杼万端。无论是带领一个县、谋划一个省，还是治理一个13亿多人口的大国，在习近平总书记关于治国理政的深邃思考和不懈奋斗中，“法治”始终是令人瞩目的关键词。习近平总书记早在20世纪80年代主政正定的时候，就开始重视法治在社会治理中的作用。他曾提出，从全国来看，农村法制建设特别要针对封建宗族势力、黑恶势力加以防范，露头就打。在一份公开的习近平担任正定县委书记时制定的文件中，法制教育就已经被写入其中：“加强法制宣传教育，搞好综合治理。家庭、学校和社会密切配合，在全县形成一个强有力的宣传教育网。”“增强人民的法制和道德观念，人人争做遵纪守法的模范。”

在福建宁德担任地委书记时，习近平经常深入到基层，听取群众呼声。让当地干部群众至今印象深刻的是，习近平经常是带着律师“下访”，现场化解矛盾、解决难题，体现了他对运用法治方式解决社会问题的重视。到福州工作后，习近平同样十分重视法治。福州晚报当年的一篇文章，记录了他对福州城市管理工作的一次调研。他明确提出：“城市管理要更加规范化法制化。”“逐步把城管工作纳入规范化、法制化的轨道，不断提高城市管理的水平。”

2005年1月时任浙江省委书记的习近平同志提出推进“法治浙江”“平安浙江”建设。2006年4月正式出台了《中共浙江省委关于建设“法治浙江”的决定》。此后一个月内又接连在《浙江日报》上发表了多篇专门讨论法治问题的短文，为建设“法治浙江”乃至“法治中国”确定了基调。十八届三中全会决定建设法治中国。习近平在《社会主义市场经济必然是法治经济》一文中说：“如果缺乏对不正当市场行为进行惩防的法治体系，守信者利益得不到保护，违法行为得不到惩治，市场经济就不能建立起来。从这意义上说，市场经济就是法治经济。”2007年8月，《之江新语》一书出版，收录了习近平担任浙江省委书记期间在《浙江日报》“之江新语”专栏发表的部分文章。其中有相当篇幅对法治作了深刻论述。文章深刻指出：“社会主义民主政治的不断发展和人民政治参与积极性的不断提高，对进一步落实依法治国基本方略提出了新的要求。”“要牢固树立依法执政、依法行政和依法办事的法治理念。”“市场经济必然是法治经济。”“道德是法治的基石。法律只有以道德为支撑，才有广泛的社会基础而成为维系良治的良法。”

在上海工作期间，习近平对法治的重视和推进一以贯之。他提出：“不断提高执法水平，充分运用法律手段为发展创造良好、宽松的环境。”“推进社会主义民主的制度化、规范化和程序化，保证人民依法行使民主权利。”

高度重视法治、大力推进法治，是习近平总书记治国理政的鲜明特点。在长期治国理政实践中，他深切认识到，法律是治国理政最大、最重要的规矩，推进国家治理体系和治理能力现代化，必须厉行法治。党的十八大之后，他把依法治国纳入“四个全面”战略布局，强调法治国家、法治政府、法治社会一体建设。习近平总书记法治思想来源于实践，又在实践中不断升华。

党的十八大以来，习近平总书记对全面依法治国作出了一系列重要论述。早在他担任党的十八大报告起草组组长的时候，对依法治国这一重大课题就有深入的调研思考。党的十八大报告鲜明提出，法治是治国理政的基本方式。要推进科学立法、严格执法、公正司法、全民守法，坚持法律面前人人平等，保证有法必依、执法必严、违法必究。

2012 年 12 月 4 日，履新刚 20 天的习近平总书记出席首都各界纪念现行宪法公布施行三十周年大会并发表重要讲话，向全党全国各族人民发出了全面推进依法治国的动员令。他指出：“党的十八大强调，依法治国是党领导人民治理国家的基本方略，法治是治国理政的基本方式，要更加注重发挥法治在国家治理和社会管理中的重要作用，全面推进依法治国，加快建设社会主义法治国家。”此后，无论是出席中央会议，还是赴国内外考察访问，在各个场合，法治都是习近平总书记提及的高频词。他将依法治国放在至关重要的地位，为中国梦护航。

2013 年 2 月 23 日，在中共中央政治局第四次集体学习时，习近平总书记强调，要提高运用法治思维和法治方式的能力，努力以法治凝聚改革共识、规范发展行为、促进矛盾化解、保障社会和谐。

2014 年 2 月 17 日，在省部级主要领导干部学习贯彻十八届三中全会精神全面深化改革专题研讨班开班式上，习近平总书记指出，推进国家治理体系和治理能力现代化，当然要高度重视法治问题，采取有力措施全面推进依法治国，建设社会主义法治国家，建设法治中国。在这点上，我们不会动摇。

这些关于法治的系列重要论述，映照出习近平总书记对治国理政之道的深刻理解。法治，在他的心中始终占有极为重要的分量。党的十八大以来，以习近平同志为核心的党中央通过三中、四中、五中、六中全会，形成“四个全面”战略布局，全面依法治国成为治国理政的基本方略。

二、习近平总书记法治建设重要讲话的主要内容

2017 年 7 月 26—27 日，在省部级主要领导干部“学习习近平总书记重要讲话精神，迎接党的十九大”专题研讨班上习近平总书记发表重要讲话强调，我们党要明确宣示举什么旗、走什么路、以什么样的精神状态、担负什么样的历史使命、实现什么样的奋斗目标。建设法治国家，我们也同样需要回答三个问题：为什么要建设法治国家、建成什么样的法治国家、怎样建设法治国家？

（一）法治是治国理政的基本方式

为什么要建设法治国家？意义是什么？习近平总书记指出，全面推进依法治国，是深刻总结我国社会主义法治建设成功经验和深刻教训作出的重大抉择，是全面建成小康社会和全面深化改革开放的重要保障，是着眼于实现中华民族伟大复兴中国梦、实现党和国家长治久安的长远考虑。这里从历史、战略和现实三个维度作了说明。

1. 从历史维度，法治是历史经验和教训的总结

2014 年 10 月 23 日，在中共十八届四中全会第二次全体会议上，习近平总书记讲话指出，历史是最好的老师。经验和教训使我们党深刻认识到，法治是治国理政不可或缺的重要手段。法治兴则国家兴，法治衰则国家乱。什么时候重视法治、法治昌明，什么时候就国泰民安；什么时候忽视法治、法治松弛，什么时候就国乱民怨。

在首都各界纪念现行宪法颁布 30 周年大会上，习近平总书记讲话指出，再往前追溯至新中国成立以来 60 多年我国宪法制度的发展历程，我们可以清楚地看到，宪法与国家前途、人民命运息息相关。只要我们切实尊重和有效实施宪法，人民当家作主就有保证，党和国家事业就能顺利发展。反之，如果宪法受到漠视、削弱甚至破坏，人民权利和自由就无法保证，党和国家事业就会遭受挫折。这些从长期实践中得出的宝贵启示，必须倍加珍惜。

2. 从战略维度，全面建成小康社会、全面深化改革、全面从严治党，必须全面依法治国

“四个全面”是一个总目标和三大举措的关系。不全面深化改革，发展就缺少动力，社会就没有活力。不全面依法治国，国家生活和社会生活就不能有序运行，就难以实现社会和谐稳定。不全面从严治党，党就做不到“打铁还需自身硬”，也就难以发挥好领导核心作用。没有全面依法治国，我们就治不好国、理不好政，我们的战略布局就会落空。全国深化改革与全面依法治国是姊妹篇，改革与法治如鸟之两翼、车之两轮，将有力推动全面建成小康社会事业向前发展。2014 年 2 月 28 日下午习近平总书记主持召开中央全面深化改革领导小组第二次会议并发表重要讲话，强调凡属重大改革都要于法有据。在整个改革过程中，都要高度重视运用法治思维和法治方式，加强对相关立法工作的协调。改革要于法有据，但也不能因为现行法律规定就不敢越雷池一步，那是无法推进改革的。需要推进的改革，将来可以先修改法律规定再推进。

3. 从现实维度考虑，全面推进依法治国，是解决党和国家事业发展面临的一系列重大问题的根本要求

2014 年 8 月 19 日，习近平总书记在中共中央召开的党外人士座谈会上的讲话中指出，我们面对的改革发展稳定任务之重前所未有，矛盾风险挑战之多前所未有，依法治国地位更加突出、作用更加重大。2014 年 10 月 23 日，在中共十八届四中全会上，习近平指出，现在，全面建成小康社会进入决定性阶段，改革进入攻坚期和深水区，国际形势复杂多变，我们面对的改革发展稳定任务之重前所未有、面对的矛盾风险挑战之多前所未有，人民群众对法治的要求也越来越高，依法治国在党和国家工作全局中的地位更加突出、作用更加重大。解决促进社会公平正义、完善互联网管理，加强安全生产，保障食品药品种安全、改革信访工作制度，创新社会治理体制，维护社会和谐稳定等方面的难题，都需要密织法律之网、强化法治之力。

（二）走中国特色社会主义法治道路

建成什么样的法治国家？全面推进依法治国，必须走对路。如果路走错了，南辕北辙了，那再提什么要求和举措也都没有意义了。习近平总书记指出，十八届四中全会通过的《中共中央关于全面推进依法治国若干重大问题的决定》有一条贯穿全篇的红线，这就是坚持和拓展中国特色社会主义法治道路。中国特色社会主义法治道路是一个管总的东西。具体讲我国法治建设的成就，大大小小可以列举出十几条、几十条，但归结起来就是开辟了中国特色社会主义法治道路这一条。“中国特色社会主义法治道路，是社会主义法治建设成就和经验的集中体现，是建设社会主义法治国家的唯一正确道路。”美国路易威尔大学政治学终身教授华世平认为，在改革开放的前三十余年，基本上完成了建立和健全法制的任务，只有到习近平的时代，中国才有可能在真正意义上走上依法治国的轨道。当前的法治没有现成的模式可效仿，因为中国在过去走了一条独特的道路：晚清效法日本，民国效法德国，建国初期受苏联影响，最

后到“文革”的法律全无。[①]

习近平总书记指出，恩格斯说过：“一个新的纲领毕竟总是一面公开树立起来的旗帜，而外界就根据它来判断这个党。”推进任何一项工作，只要我们党旗帜鲜明了，全党都行动起来了，全社会就会跟着走。一个政党执政，最怕的是在重大问题上态度不坚定，结果社会上对有关问题沸沸扬扬、莫衷一是，别有用心的人趁机煽风点火、蛊惑搅和，最终没有不出事的！所以，道路问题不能含糊，必须向全社会释放正确而又明确的信号。这次全会部署全面推进依法治国，是我们党在治国理政上的自我完善、自我提高，不是在别人压力下做的。在坚持和拓展中国特色社会主义法治道路这个根本问题上，我们要树立自信、保持定力。走中国特色社会主义法治道路是一个重大课题，有许多东西需要深入探索，但基本的东西必须长期坚持。

中国特色社会主义法治道路最本质特征是什么？中国特色社会主义法治道路的基本内涵，习近平总书记指出：全面推进依法治国这件大事能不能办好，最关键的是方向是不是正确，政治保证是不是坚强有力，具体讲就是要坚持党的领导，坚持中国特色社会主义制度，贯彻中国特色社会主义法治理论。党的领导是中国特色社会主义最本质的特征，是社会主义法治最根本的保证。中国特色社会主义制度是中国特色社会主义法治体系的根本制度基础，是全面推进依法治国的根本制度保障。中国特色社会主义法治理论是中国特色社会主义法治体系的理论指导和学理支撑，是全面推进依法治国的行动指南。这三个方面实质上是中国特色社会主义法治道路的核心要义，规定和确保了中国特色社会主义法治体系的制度属性和前进方向。

讲中国特色社会主义法治道路，首先什么是中国特色社会主义？社会主义法治道路与其他法治道路有共性，也有特色。共性是什么？2015年9月28日，习近平总书记在纽约联合国总部出席第七十届联合国大会

---

① 华世平：《习近平时代法治将占有突出地位》，载《人民论坛》2013年第12期。

一般性辩论时指出，和平、发展、公平、正义、民主、自由，是全人类的共同价值。维护社会公平正义，坚持法律面前人人平等是法律的基本属性。特色是什么？什么是社会主义？什么是中国特色社会主义？1985年4月15日，邓小平会见坦桑尼亚副总统姆维尼时谈到，贫穷不是社会主义，社会主义要消灭贫穷。不发展生产力，不提高人民的生活水平，不能说是符合社会主义要求的。社会主义不仅要消灭贫穷，还要实现共同富裕，邓小平说："社会主义的目的就是要全国人民共同富裕，不是两极分化。如果我们的政策导致两极分化，我们就失败了；如果产生了新的资产阶级，那我们真走上了邪路了。"[①] 社会主义特征至少有两条，一是党的领导，二是共同富裕。不是现实中基尼系数大，贫富分化了就不是社会主义了，而是共产党人理念上是不是认同或者政策导致了这种结果，是不是采取措施预防和减少这种差别。

1. 党的领导是社会主义法治最根本的保证

党的领导是中国特色社会主义最本质的特征，是社会主义法治最根本的保证。坚持中国特色社会主义法治道路，最根本的是坚持中国共产党的领导。坚持党的领导，是社会主义法治的根本要求，是全面推进依法治国题中应有之义。要把党的领导贯彻到依法治国全过程和各方面，坚持党的领导、人民当家作主、依法治国有机统一。只有在党的领导下依法治国、厉行法治，人民当家作主才能充分实现，国家和社会生活法治化才能有序推进。坚持党的领导，不是一句空的口号，必须具体体现在党领导立法、保证执法、支持司法、带头守法上。

在党的领导与依法治国的关系上，习近平总书记明确指出，"党大还是法大"是一个政治陷阱，是一个伪命题。对这个问题，我们不能含糊其辞、语焉不详，要明确予以回答。我们说不存在"党大还是法大"的问题，是把党作为一个执政整体而言的，是指党的执政地位和领导地位而言的，具体到每个党政组织、每个领导干部，就必须服从和遵守宪法

---

① 邓小平：《邓小平文选》（第三卷），北京：人民出版社1994年版，第110—111页。

法律，就不能以党自居，就不能把党的领导作为个人以言代法、以权压法、徇私枉法的挡箭牌。我们有些事情要提交党委把握，但这种把握不是私情插手，不是包庇性的插手，而是一种政治性、程序性、职责性的把握。这个界线一定要划分清楚。如果说“党大还是法大”是一个伪命题，那么对各级党政组织、各级领导干部来说，权大还是法大则是一个真命题。

党要善于领导，不是以党代政。在处理党政关系上，提出了“三统一”“四善于”的基本要求。“三个统一”是指：把依法治国基本方略同依法执政基本方式统一起来，把党总揽全局、协调各方同人大、政府、政协、审判机关、检察机关依法依章程履行职能、开展工作统一起来，把党领导人民制定和实施宪法法律同党坚持在宪法法律范围内活动统一起来。“四个善于”是指：善于使党的主张通过法定程序成为国家意志，善于使党组织推荐的人选通过法定程序成为国家政权机关的领导人员，善于通过国家政权机关实施党对国家和社会的领导，善于运用民主集中制原则维护中央权威、维护全党全国团结统一。

2. 坚持人民主体地位

坚持人民主体地位，明确了中国特色社会主义法治的基本属性。坚持人民主体地位，就要始终把人民放在第一位。一是必须明确法治的目的，是为了人民、造福人民、保护人民，以保障人民根本权益为出发点和落脚点。“法治为民”是中国特色社会主义法治的本质属性。二是把保障人民享有广泛的权利、自由作为法治的基本价值和根本目标。三是依法保障人民参与国家治理和社会管理。保证人民在党的领导下，依照法律规定，通过各种途径和形式管理国家事务和社会事务，管理经济和文化事业，让法治更好地保障人民的知情权、参与权、决策权、监督权，做到习近平总书记所要求的那样：“切实防止出现人民形式上有权、实际上无权的现象。”

3. 坚持法律面前人人平等

平等是社会主义法律的基本属性，是社会主义法治的基本要求。坚持法律面前人人平等，必须体现在立法、执法、司法、守法各个方面。任何组织和个人都必须尊重宪法法律权威，都必须在宪法法律范围内活动，都必须依照宪法法律行使权力或权利、履行职责或义务，都不得有超越宪法法律的特权。任何人违反宪法法律都要受到追究，绝不允许任何人以任何借口任何形式以言代法、以权压法、徇私枉法。宪法明确规定，任何组织或者个人都不得有超越宪法和法律的特权。2015 年 6 月 11 日，周永康受贿、滥用职权、故意泄露国家秘密案一审宣判。6 月 12 日《人民日报》发表了题为“任何人都没有超越宪法法律的特权”的评论员文章，指出对这一案件的依法处理，彰显了全面依法治国的执政理念，昭示了我们党依法惩治腐败的鲜明态度和坚定决心。党纪面前没有特殊党员，国法面前没有特殊公民，无论权力大小、职务高低，没人能当“铁帽子王”。

4. 必须坚持依法治国和以德治国相结合

2001 年 1 月，在全国宣传部长会议上，江泽民同志提出了“把依法治国与以德治国紧密结合起来”的治国方略。四中全会决定将依法治国与以德治国相结合作为全面推进依法治国的一个基本原则，体现了习近平法治思想的辩证思维的特点，包括党与法的关系、法律和道德的关系、法治和改革的关系、维权与维稳的关系、本土经验和吸收借鉴的关系等。法律是成文的道德，道德是内心的法律，两者都具有规范社会行为、维护社会秩序的作用。没有道德的法律难成良法，没有法律推行的道德难成善治。

5. 必须坚持从中国实际出发

习近平总书记强调，中国全面推进依法治国，加快建设社会主义法治体系，既要吸收中华法制的优良传统，也要借鉴世界各国法治的有益做法。法治是人类文明的重要成果之一，法治的精髓和要旨对于各国国家治理和社会治理具有普遍意义，我们要学习借鉴世界上优秀的法治文明成果。但是，学习借鉴不等于简单的拿来主义，必须坚持以我为主、为我所用，认真鉴别、合理吸收，不能搞“全盘西化”，不能搞“全面移植”，不能照搬照抄。

习近平总书记在英国议会演讲中承认英国是最先开始探索代议制的国家，英国议会为议会之母，同时强调中国具有独特的历史文化传统，“民本和法制思想自古有之，几千年前就有‘民唯邦本，本固邦宁’的说法”。现在，中国人民正在全面推进依法治国，既吸收中华法制的优良传统，也借鉴世界各国法治的有益做法，目标就是坚持法律面前人人平等，加快建设中国特色社会主义法治体系，不断推进科学立法、严格执法、公正司法、全民守法进程。在这方面，习近平总书记认为中英两国立法机关可以加强交流互鉴。习近平总书记在庆祝全国人民代表大会成立 60 周年大会上的讲话指出，中国有 960 多万平方公里土地、56 个民族，我们能照谁的模式办？谁又能指手画脚告诉我们该怎么办？对丰富多彩的世界，我们应该秉持兼容并蓄的态度，虚心学习他人的好东西，在独立自主的立场上把他人的好东西加以消化吸收，化成我们自己的好东西，但决不能囫囵吞枣、决不能邯郸学步。照抄照搬他国的政治制度行不通，会水土不服，会画虎不成反类犬，甚至会把国家前途命运葬送掉。只有扎根本国土壤、汲取充沛养分的制度，才最可靠、也最管用。

（三）全面推进依法治国的总体布局

怎么建设法治国家？习近平总书记提出了“坚持依法治国、依法执政、依法行政共同推进；坚持法治国家、法治政府、法治社会一体建设”的整体建设的总体布局。2012 年 12 月 4 日，在首都各界纪念现行宪法公布施行 30 周年大会上的讲话中习近平总书记首次提出“两个坚持”，2013 年 2 月 23 日，在主持中共中央政治局第四次集体学习时的讲话再次进行了强调，全面建成小康社会对依法治国提出了更高要求。我们要全面贯彻落实党的十八大精神，以邓小平理论、“三个代表”重要思想、科学发展观为指导，全面推进科学立法、严格执法、公正司法、全民守法，坚持依法治国、依法执政、依法行政共同推进，坚持法治国家、法治政府、法治社会一体建设，不断开创依法治国新局面。全面推进依法治国是一项庞大的系统工程，必须统筹兼顾、把握重点、整体谋划，在共同推进上着力，在一体建设上用劲。

依法治国与依法执政要共同推进，要求老百姓守法，党员领导干部首先要守法，我们从严治党，党规党纪严于国家法律，就可以避免"官当"的现象。

（四）全面推进依法治国重点任务

习近平总书记指出，要准确把握全面推进依法治国重点任务，着力推进科学立法、严格执法、公正司法、全民守法。全面推进依法治国，必须从目前法治工作基本格局出发，突出重点任务，扎实有序推进。全面推进依法治国是一项庞大的系统工程，必须统筹兼顾、把握重点、整体谋划。

1. 科学立法

全面依法治国，必须坚持立法先行，继续完善以宪法为统帅的中国特色社会主义法律体系。针对立法领域存在的突出问题，习近平总书记提出关键是要提高立法质量，而推进科学立法、民主立法是提高立法质量的根本途径。要完善立法体制，优化立法职权配置，明确立法权力边界，从体制机制和工作程序上防止部门利益和地方保护主义法律化。习近平总书记强调，要处理好改革和法治的关系，做到立法决策和改革决策相衔接、相统一。凡属重大改革要于法有据，不允许随意突破法律红线；同时，立法要主动适应改革发展需要，不能成为改革的"绊马索"。

2. 严格执法

法律的生命力在于实施，这是全面推进依法治国的重点。2014 年 1 月 7 日，在中央政法工作会议上的讲话中，习近平总书记指出，有了法律不能有效实施，那再多法律也是一纸空文，依法治国就会成为一句空话。天下之事，不难于立法，而难于法之必行。好的法规制度如果不落实，只是写在纸上、贴在墙上、编在手册里，就会成为"稻草人""纸老虎"，不但不能产生应有作用，反而会损害法规制度的公信力。能不能做到依法治国，关键在于党能不能坚持依法执政，各级政府能不能依法行政。“国无常强，无常弱。奉法者强则国强，奉法者弱则国弱。”习近平总书记强调，行政机关是实施法律法规的重要主体，要带头严格执法，依法全面履行职能。

3. 公正司法

公正是法治的生命线。司法是维护社会公平正义的最后一道防线。政法机关是老百姓平常打交道比较多的部门，是群众看党风政风的一面镜子。如果不努力让人民群众在每一个司法案件中都感受到公平正义，人民群众就不会相信政法机关，从而也不会相信党和政府。习近平总书记强调，必须旗帜鲜明反对司法腐败，构建开放、动态、透明、便民的阳光司法机制。习近平总书记深刻指出，司法不公的深层次原因在于司法体制不完善、司法职权配置和权力运行机制不科学、人权司法保障制度不健全，要清除这些深层次原因，就要深入推进司法改革。

4. 全民守法

2013 年 2 月 23 日在十八届中央政治局第四次集体学习时，习近平总书记指出，要引导全体人民遵守法律，有问题依靠法律来解决，决不能让那种大闹大解决、小闹小解决、不闹不解决现象蔓延开来，否则还有什么法治可言呢？要坚决改变违法成本低、守法成本高的现象，谁违法就要付出比守法更大的代价，甚至是几倍、十几倍、几十倍的代价。我国是个人情社会，人们的社会联系广泛，上下级、亲戚朋友、老战友、老同事、老同学关系比较融洽，逢事喜欢讲个熟门熟道，但如果人情介入了法律和权力领域，就会带来问题，甚至带来严重问题。要深入开展法制宣传教育，弘扬社会主义法治精神，引导群众遇事找法、解决问题靠法，逐步改变社会上那种遇事不是找法而是找人的现象。当然，这需要一个过程，关键是要以实际行动让老百姓相信法不容情、法不阿贵，只要是合理合法的诉求，就能通过法律程序得到合理合法的结果。

三、习近平总书记法治建设重要讲话的基本观点

（一）依法治国，首先是依宪治国；依法执政，关键是依宪执政

习近平总书记在首都各界纪念现行宪法公布施行 30 周年大会上的讲话指出，坚持党的领导，更加注重改进党的领导方式和执政方式。依法治国，首先是依宪治国；依法执政，关键是依宪执政。新形势下，我们党要履行好执政兴国的重大职责，必须依据党章从严治党、依据宪法治国理政。党领导人民制定宪法和法律，党领导人民执行宪法和法律，党自身必须在宪法和法律范围内活动，真正做到党领导立法、保证执法、带头守法。

（二）凡属重大改革要于法有据

法治可以防止改革出现“颠覆性错误”。习近平总书记非常重视依法推进改革。我国正处于全面建成小康社会的决定性阶段，改革进入攻坚期和深水区，国际形势复杂多变，我们党面对的改革发展稳定任务之重前所未有、面对的矛盾风险挑战之多前所未有，人民群众对法治的要求也越来越高，依法治国在党和国家工作全局中的地位更加突出、作用更加重大。习近平总书记提出：“凡属重大改革要于法有据，需要修改法律的可以先修改法律，先立后破，有序进行。有的重要改革举措，需要得到法律授权的，要按法律程序进行。”“在整个改革过程中，都要高度重视运用法治思维和法治方式，发挥法治的引领和推动作用，加强对相关立法工作的协调，确保在法治轨道上推进改革。”①

2013 年 11 月下旬，习近平在山东省考察调研时强调：“要有序推进改革，该中央统一部署的不要抢跑，该尽早推进的不要拖宕，该试点的不要仓促推开，该深入研究后再推进的不要急于求成，该得到法律授权的不要超前推进。”同时，“改革要于法有据，但也不能因为现行法律规

---

① 中共中央文献研究室：《习近平关于全面依法治国论述摘编》，北京：中央文献出版社 2015 年版，第 45—46 页。

定就不敢越雷池一步，那是无法推进改革的，正所谓‘苟利于民不必法古，苟周于事不必循旧’。需要推进的改革，将来可以先修改法律规定再推进。”

（三）宪法法律的生命在于实施，宪法法律的权威也在于实施

在首都各界隆重纪念中华人民共和国宪法公布施行30周年大会上，习近平总书记发表重要讲话强调，宪法的生命在于实施，宪法的权威也在于实施。我们要坚持不懈抓好宪法实施工作，把全面贯彻实施宪法提高到一个新水平。在主持中共中央政治局就加强反腐倡廉法规制度建设进行第二十四次集体学习时，习近平总书记强调，法规制度的生命力在于执行。贯彻执行法规制度关键在真抓，靠的是严管。加强反腐倡廉法规制度建设，必须一手抓制定完善，一手抓贯彻执行。对违规违纪、破坏法规制度踩“红线”、越“底线”、闯“雷区”的，要坚决严肃查处，不以权势大而破规，不以问题小而姑息，不以违者众而放任，不留“暗门”、不开“天窗”，坚决防止“破窗效应”。

法律的生命力在于实施，法律的权威也在于实施。“天下之事，不难于立法，而难于法之必行。”如果有了法律而不实施、束之高阁，或者实施不力、做表面文章，那制定再多法律也无济于事。全面推进依法治国的重点应该是保证法律严格实施，做到“法立，有犯而必施；令出，唯行而不返”。习近平总书记强调，宪法法律实施要体现“严”字当头。“必须加强宪法和法律实施，维护社会主义法制的统一、尊严、权威，形成人们不愿违法、不能违法、不敢违法的法治环境，做到有法必依、执法必严、违法必究。”严格依宪（依法）立法、严格执法、严格司法、严格监督。

（四）努力让人民群众在每一个司法案件中都能感受到公平正义

习近平担任总书记不久，连续三次会议上都讲到了要努力让人民群众在每一个司法案件中都能感受到公平正义。2012年12月4日在纪念

现行宪法颁布实施30周年中讲话中提出，作为人民主体地位，我们要依法公正对待人民群众的诉求，努力让人民群众在每一个司法案件中都能感受到公平正义，决不能让不公正的审判伤害人民群众感情、损害人民群众权益。在中共中央政治局第四次集体学习时习近平总书记强调，我们提出要努力让人民群众在每一个司法案件中都感受到公平正义，所有司法机关都要紧紧围绕这个目标来改进工作，重点解决影响司法公正和制约司法能力的深层次问题。

在2014年中央政法工作会议上，习近平总书记发表重要讲话指出，要处理好维稳和维权的关系，要把群众合理合法的利益诉求解决好，完善对维护群众切身利益具有重大作用的制度，强化法律在化解矛盾中的权威地位，使群众由衷感到权益受到了公平对待、利益得到了有效维护。习近平总书记强调指出，促进社会公平正义是政法工作的核心价值追求。从一定意义上说，公平正义是政法工作的生命线，司法机关是维护社会公平正义的最后一道防线。政法战线要肩扛公正天平、手持正义之剑，以实际行动维护社会公平正义，让人民群众切实感受到公平正义就在身边。要重点解决好损害群众权益的突出问题，决不允许对群众的报警求助置之不理，决不允许让普通群众打不起官司，决不允许滥用权力侵犯群众合法权益，决不允许执法犯法造成冤假错案。中央政法委书记孟建柱谈及宁夏银川公交车纵火案时说，其实我们最痛心的是，它在前期是可以解决的。问题在于，同类事故不断发生，不能吸取教训是最可悲的。如果你真正是对人民负责的领导干部，应该从最现实的、人民群众关心的小事解决起，这才叫为人民服务。

2015年3月24日中共中央政治局第二十一次集体学习中，习近平总书记强调，以提高司法公信力为根本尺度坚定不移深化司法体制改革。司法体制改革成效如何，说一千道一万，要由人民来评判，归根到底要看司法公信力是不是提高了。司法是维护社会公平正义的最后一道防线。公正是司法的灵魂和生命。要紧紧牵住司法责任制这个牛鼻子，凡是进入法官、检察官员额的，要在司法一线办案，对案件质量终身负责。

（五）法律需要全社会的信仰

习近平总书记指出："法律要发挥作用，需要全社会信仰法律。卢梭说，一切法律中最重要的法律，既不是刻在大理石上，也不是刻在铜表上，而是铭刻在公民的内心里。我国是个人情社会，人们的社会联系广泛，上下级、亲戚朋友、老战友、老同事、老同学关系比较融洽，逢事喜欢讲个熟门熟道，但如果人情介入了法律和权力领域，就会带来问题，甚至带来严重问题。"[①] 法律虽然是通过国家强制力去执行的，但只有法律被信仰时，法律才能真正发挥效力。法律的生命在于实施，而法律的实施不仅仅是对法律规范的遵守，在更深层次上乃是对法律所承载的价值理念的认可和向往。只有内心对法律信仰、对法律心悦诚服，才能真正敬畏法律、尊重法律，用法律来指导自己的行为。

（六）抓住领导干部这个"关键少数"

2015 年 2 月 2 日，习近平总书记在省部级主要领导干部学习贯彻十八届四中全会精神全面推进依法治国专题研讨班开班式上发表重要讲话提出，全面依法治国必须抓住领导干部这个"关键少数"。领导干部要做尊法学法守法用法的模范，带动全党全国一起努力，应该把尊法放在第一位。谋划工作要运用法治思维，处理问题要运用法治方式，说话做事要先考虑一下是不是合法。领导干部都要牢固树立宪法法律至上、法律面前人人平等、权由法定、权依法使等基本法治观念。

学法懂法是守法用法的前提，在政治上做个"明白人"，要系统学习中国特色社会主义法治理论，准确把握我们党处理法治问题的基本立场，首要的是学习宪法，还要学习同自己所担负的领导工作密切相关的法律法规，必须把法治建设成效作为衡量各级领导班子和领导干部工作实绩重要内容，把能不能遵守法律、依法办事作为考察干部重要依据，教育引导领导干部把法治的第一粒扣子扣好。

---

① 中共中央文献研究室：《十八大以来重要文献选编》，北京：中央文献出版社 2014 年版，第 721 页。

（七）把权力关进制度的笼子里

习近平总书记指出，要加强对权力运行的制约和监督，把权力关进制度的笼子里，形成不敢腐的惩戒机制、不能腐的防范机制、不易腐的保障机制。各级领导干部都要牢记，任何人都没有法律之外的绝对权力，任何人行使权力都必须为人民服务、对人民负责并自觉接受人民监督。要加强对一把手的监督，认真执行民主集中制，健全施政行为公开制度，保证领导干部做到位高不擅权、权重不谋私。

习近平总书记既形象地提出“把权力关进制度的笼子”，也对这种提法进行了深刻的学理论述，他指出，我们说要把权力关进制度的笼子里，就是要依法设定权力、规范权力、制约权力、监督权力。制定权力清单、建立“法定职权必须为、法无授权不可为”刚性约束。分解权力，科学配置权力，不同性质的权力由不同部门、单位、个人行使，形成科学的权力结构和运行机制。要强化监督，着力改进对领导干部特别是一把手行使权力的监督。

四、习近平总书记法治建设重要讲话精神的时代意义

习近平总书记关于法治建设的系列重要讲话，内容丰富，思想深邃。他提出了法治建设的重要的方向性、论断性、指导性的重要思想，即习近平法治思想，是以习近平总书记为核心的党中央治国理政新理念、新思想、新战略的重要组成部分。“习近平法治思想是马克思主义法学中国化的最新理论成果，是中国特色社会主义法治建设的重大理论创新，对指导全面依法治国具有重要理论价值和现实意义。作为科学完整的一套理论体系，习近平法治思想具有理论的创新性、宏观的战略性、鲜活的实践性、严密的辩证性和鲜明的人民性。”①

---

① 蒋文龄：《习近平法治思想的时代特征》，载《学习时报》2017 年 6 月 30 日。

（一）将依法治国纳入“四个全面”的总体战略布局中统筹安排，是实现两个一百年的中国梦的治理之道

习近平总书记将依法治国放在实现中国梦的总体战略布局之中统筹安排。习近平法治建设重要讲话精神，是治国理政新理念、新思想、新战略的重要组成部分，是实现中国梦的重大举措。习近平总书记是在建设中国特色社会主义的总体战略布局中思考法治建设问题，而不是仅就法治论法治。十八大之后，习近平总书记深入调研，探索新的历史时期和新的发展阶段中国特色社会主义的战略布局，提出了“四个全面”的战略布局，并把依法治国放在这一总体战略布局之中统筹安排。习近平总书记强调指出，全面建成小康社会是我们的战略目标，全面深化改革、全面依法治国、全面从严治党是三大战略举措，对实现全面建成小康社会战略目标一个都不能缺。从“四个全面”战略布局看，全面推进依法治国意义十分重大：“没有全面依法治国，我们就治不好国、理不好政，我们的战略布局就会落空。”所以，要把全面依法治国放在“四个全面”的战略布局中来把握，深刻认识全面依法治国同其他三个“全面”的关系，努力做到“四个全面”相辅相成、相互促进、相得益彰。全面推进依法治国是关系我们党执政兴国、关系人民幸福安康、关系党和国家长治久安的重大战略问题，是完善和发展中国特色社会主义制度、推进国家治理体系和治理能力现代化的重要方面。要推动我国经济社会持续健康发展，不断开拓中国特色社会主义事业更加广阔的发展前景，就必须全面推进社会主义法治国家建设，从法治上为解决这些问题提供制度化方案。因此，研究和部署全面依法治国问题，就必须着眼于实现中华民族伟大复兴的中国梦，着眼于坚持和发展中国特色社会主义，着眼于中国共产党更好地治国理政、执政兴国的重大全局性抉择。习近平总书记强调：“我们必须把依法治国摆在更加突出的位置，把党和国家工作纳入法治轨道，坚持在法治轨道上统筹社会力量、平衡社会利益、调节社会关系、规范社会行为，依靠法治解决各种社会矛盾和问题，确保我国社

会在深刻变革中既生机勃勃又井然有序。”

（二）形成了科学的法治建设理论体系，丰富和发展了中国特色社会主义法治理论，是马克思主义中国化的最新成果

十八届四中全会上，习近平总书记的“报告及其对法治中国建设的思考，不单单是从一个环节进行的，而是将立法、执法、守法、护法等结合在一起，形成了一个系统，既有法治的目标和价值，也有法治的队伍保障和领导保障，还有司法的公正要求和政府执法的严格透明，也有完善立法的前提条件，由此可见，习近平的法治观是一个非常富有系统性的体系。同时，习近平法治观还注重遵循国家和社会发展的规律，遵循法律本身发展的规律，具有很强的科学性，彰显了国家和社会发展的法治趋势。”① 习近平总书记发表的一系列专门阐述法治或以法治为重要内容的讲话和文章，内容涵盖法治原理、法治文化、法治道路、法治改革、依法治国、依法执政、依法行政、依法治军等各个方面，极大地丰富和发展了中国特色社会主义法治理论，推进了中国特色社会主义法治理论体系的形成，从而使我国法治建设在一个更加成熟、更加科学、更加先进的法治理论体系指导下全面推进。习近平总书记的系列专题讲话、文章、指示、批示、谈话几乎涵括了法治和依法治国的全部理论要素。以文本形式涵盖法治理论要素，并以学理与实践相结合的方式进行阐释，说明我们党在法治问题上的理论思维达到了空前的高度，表明中国特色社会主义法治理论已经确立了自己的理论体系和理论风格。习近平法治思想饱含一系列法治的新概念、新范畴、新命题、新论断、新观点、新理念，从而形成了内涵科学、逻辑严谨、语义创新的新思想、新理论。

习近平总书记就依法治国问题相继提出了一系列重要论述，内容极为丰富，是对马克思主义法学理论和中国特色社会主义法学理论的创造性发展，是马克思主义中国化、时代化、大众化的重要成果。“依法治国必须立足国情，必须从中国实际出发，这是马克思主义的一条基本原则。

① 陈兵兵：《习近平法治中国建设思想及其时代价值》，载《人民论坛》2015 年 2 月中期。

党和国家自20世纪末提出依法治国方略以来，就一直强调必须立足中国国情，正如习近平总书记所指出的：‘社会存在决定社会意识。我们党现阶段提出和实施的理论和路线方针政策之所以正确，就是因为它们都是以我国现时代的社会存在为基础的……即从我国现在的社会物质条件的总和出发的，也就是从我国基本国情和发展要求出发的。’我国国情是什么呢？我国正处于社会主义初级阶段；过去几千年受封建统治，法制传统差；解放后受马克思主义指导，然而在法制建设上又受苏联“左”的错误的影响和十年动乱的破坏；提出和实行依法治国方略已经20年，民主法制建设已取得一定成效；极少数人受西方法学思想的影响。这就是我国的国情，面对这一国情，我们必须坚持马克思主义法学中国化、时代化、大众化，坚持中国特色社会主义理论体系，坚持走中国特色社会主义法治道路；同时，要从中国国情出发，合理借鉴中国古代和西方有用的法学措施，但绝不能照搬西方的‘三权分立’制度与原则，也不能照搬中国古代封建制度下对人民有害的那些传统。”[①]

（三）明确了社会主义法治国家建设的基本思路，是推进全面依法治国的科学指南和行动纲领

习近平总书记关于法治建设的重要论述，站在党和国家战略全局的高度，对推进法治中国建设作出全面部署，充分体现了党的领导、人民当家作主、依法治国的有机统一。关于建设目标，明确提出大力推进平安中国、法治中国建设，落实依法治国基本方略，加快建设社会主义法治国家。关于总体布局，明确提出全面推进科学立法、严格执法、公正司法、全民守法，坚持依法治国、依法执政、依法行政共同推进，坚持法治国家、法治政府、法治社会一体建设。关于执政方式，将法治作为党治国理政的基本方式，强调党领导人民制定宪法和法律，党领导人民执行宪法和法律，党必须在宪法和法律范围内活动，真正做到党领导立法、保证执法、带头守法。关于根本宗旨，强调坚持人民主体地位，保

---

① 李龙：《习近平对马克思主义法学理论的发展》，载《中国社会科学报》2015年6月8日。

证公民在法律面前一律平等，尊重和保障人权，保证人民依法享有广泛的权利和自由，保障公民人身权、财产权等各项权利不受侵犯，维护最广大人民根本利益。关于工作方针，强调加强宪法和法律实施，维护社会主义法制的统一、尊严、权威，维护社会公平正义，形成人们不愿违法、不能违法、不敢违法的法治环境，做到有法必依、执法必严、违法必究。这些重要部署和要求，体现了以习近平总书记为核心的党中央对推进依法治国的深思熟虑，形成了法治建设的整体思路。

长期以来，为建设社会主义法治国家，我们党团结带领人民不懈探索。党的十五大提出“依法治国，建设社会主义法治国家”的基本方略和目标，党的十六大、十七大、十八大都对推进依法治国作出重要部署。习近平总书记关于法治建设的重要论述，继承和发展了我们党关于依法治国的基本思路，明确提出全面推进科学立法、严格执法、公正司法、全民守法，坚持“三个共同推进”和“三个一体建设”。这就将法治建设上升到党和国家事业全局的高度，覆盖经济社会发展的方方面面，描绘了一幅法治建设整体推进、协调发展的宏伟蓝图。“习近平总书记多次就法治建设发表的重要论述，进一步指明了社会主义法治国家建设的方向和道路，为推进社会主义法治国家建设提供了强大的理论指引和思想武器，标志着社会主义法治国家建设进入新的阶段。”[①] 只要我们按照党中央确定的方向和道路，坚定不移推进依法治国基本方略，就一定能够实现平安中国、法治中国建设目标。

---

① 周强：《积极推进社会主义法治国家建设》，载《人民日报》2013 年 8 月 12 日。

第二讲

中国特色社会主义法治理论

中国特色社会主义法治理论是中国特色社会主义理论体系的重要组成部分，是人类法治理论的最新成果。它深刻回答了社会主义法治的本质特征、价值功能、内在要求、基本原则、发展方向等重大问题，对什么是社会主义法治、如何依法治国、如何建设社会主义法治国家和中国特色社会主义法治体系、如何在法治轨道上推进国家治理现代化等一系列根本性问题形成系统认识，具有鲜明的理论品格、时代特征及重大的现实意义和历史意义。推进依法治国，离不开理论指导。必须从我国基本国情出发，同改革开放不断深化的过程相适应，总结和运用党领导人民实行法治的成功经验，围绕社会主义法治建设重大理论和实践问题，推进法治理论创新，发展符合中国实际、具有中国特色、体现社会发展规律的社会主义法治理论，为依法治国提供理论指导和学理支撑。

一、中国特色社会主义法治理论的科学定位

人类进入现代化大生产以来，理论知识生产量也一日千里，知识呈爆炸性增长，各种理论让人眼花缭乱。为了能够更好地理解知识、掌握知识并最终运用知识，对知识归类整理的需求显得日益迫切。在理论知

识归类整理中，对理论知识的定位具有特殊的意义，起着关键的作用。对理论知识的定位是否科学，将直接决定对该理论知识的整体把握度。对理论知识进行科学定位，就是在人类整个知识体系中、认知系谱中找到正确的位置。这种知识上的寻找与定位，往往是通过对该理论的来龙去脉进行分析来实现的。

中国特色社会主义法治理论作为一种科学的理论，需要进行科学的定位。只有通过科学的定位，中国特色社会主义法治理论才能更好地为人类理论知识的生产与增长作出有意义的贡献，也才能更好地为人们理解掌握并运用于实践。具体言之，可以从三方面对中国特色社会主义法治理论进行科学定位，即理论渊源、古今发展、中西合璧。由此，我们可以看出，中国特色社会主义法治理论是中国特色社会主义理论体系的重要组成部分，是对中华传统法律文化精华的传承，是对西方法治经验和理论成果的兼容并蓄。

（一）中国特色社会主义法治理论是中国特色社会主义理论体系的重要组成部分

中国特色社会主义是由道路、理论体系、制度三位一体构成的。党的十八大阐明了中国特色社会主义道路、中国特色社会主义理论体系、中国特色社会主义制度的科学内涵及其相互联系。中国特色社会主义道路是实现途径，中国特色社会主义理论体系是行动指南，中国特色社会主义制度是根本保障，三者统一于中国特色社会主义伟大实践。这是中国特色社会主义的最鲜明特色。中国特色社会主义法治道路，本质上是中国特色社会主义道路在法治领域的具体体现；中国特色社会主义法治理论，本质上是中国特色社会主义理论体系在法治问题上的理论成果；中国特色社会主义法治体系，本质上是中国特色社会主义制度的法律表现形式。①

① 中共中央文献研究室编：《习近平关于全面依法治国论述摘编》，北京：中央文献出版社2015年版，第35页。

中国特色社会主义理论体系，是马克思主义中国化最新成果，同马克思列宁主义、毛泽东思想是坚持、发展和继承、创新的关系。马克思列宁主义、毛泽东思想是中国特色社会主义理论体系的根本与源头。

中国特色社会主义法治理论起源于马克思列宁主义法学。马克思主义认为经济基础决定上层建筑，上层建筑包括政治制度和意识形态。同样，马克思主义法学认为法律的内容应当由一定的物质生活条件所决定。中国特色社会主义法治理论主张法治应当与中国的国情社情民情相适应，而不能脱离中国当下的实际。中国仍将长期处于社会主义初级阶段，这是中国最大的国情，一切法律的制定都应该以此为依据。再者，马克思主义是有关人类追求自由的哲学，是为受压迫的劳苦大众谋解放的哲学，马克思主义法学认为“法典就是人民自由的圣经”[①]，法律不仅保障机会平等（形式平等），更应当保障弱势群体的权益，实现实质平等。中国特色社会主义法治理论始终强调在新时代下、新形势下，特别是在已经实现人民当家作主的社会主义制度下，要使法律由人民的意志制定、为人民的利益制定，真实实现人的自由与发展。列宁领导俄国的布尔什维克党人建立了人类历史上第一个无产阶级专政的社会主义国家——苏联。列宁认为无产阶级需要使用法律来巩固社会主义制度，法律是无产阶级专政的工具。“工人阶级夺取政权之后，像任何阶级一样，要通过改变同所有制的关系和实行新宪法来掌握和保持政权，巩固政权。这是我的第一个无可争辩的基本论点！”[②] 中国特色社会主义理论指出，中国共产党是中国工人阶级的先锋队，是中国的唯一执政党。中国特色社会主义法治理论指出，党的领导与依法治国是一致的，党的领导依靠法治，法治需要党的领导。列宁领导下的工人阶级专政是开展阶级斗争，在新形势下，中国共产党执政则是进行社会主义现代化建设。要注意的是，不应该将马克思列宁主义法学与维辛斯基法学相混淆。维辛斯基是苏联的法

---

① 马克思、恩格斯：《马克思恩格斯全集》（第一卷），北京：人民出版社 1995 年版，第 176 页。

② 列宁：《列宁全集》（第三十八卷），北京：人民出版社 1986 年版，第 299—300 页。

学家和外交家，在斯大林进行大清洗运动时任苏联总检察长并扮演了关键角色。维辛斯基法学在苏联及其他社会主义国家一度占据着主导地位。维辛斯基认为“法是以立法形式规定的表现统治阶级意志的行为规则和为国家政权所认可的风俗习惯和公共生活规则的总和，国家为了保护、巩固和发展对于统治阶级有利的和惬意的社会关系和秩序，以强制力量保证它的施行。”① 如果说列宁认为法律的阶级性是一时的，那么维辛斯基则认为法律的阶级性是一世的。维辛斯基的法律阶级论不利于社会主义国家现代化建设。中国特色社会主义理论形成之初，就将重心由阶级斗争转向现代化建设；中国特色社会主义法治理论也在于为现代化服务，侧重于强调法律的社会性。

中国特色社会主义法治理论与毛泽东法律思想是一脉相承的。“中国特色社会主义法治理论从时段上讲主要是指 20 世纪 70 年代末我国实行改革开放和依法治国以来逐渐形成和发展的法治理论，但是它并没有与作为马克思主义法学理论中国化伟大成果的毛泽东法律思想相脱节，而是继承和发展了毛泽东法律思想。毛泽东、周恩来、朱德、刘少奇、董必武、彭真等老一辈无产阶级革命家是新民主主义革命法制和社会主义民主法制建设的领导者与实践者，在新民主主义革命和社会主义革命与法制建设的长期探索与实践中，创造性地提出了与这两个时期的革命与建设实际相适应、具有鲜明中国风格的马克思主义法学理论观点，内容相当丰富。”② 例如，人民民主专政下的法治、法律是统治阶级的工具、制定社会主义民主宪法、注重刑法的专政与改造职能等。这些重要的理论观点和思想观念的积极方面在中国特色社会主义法治理论中都得到了继承和发展。比如毛泽东法律思想认为社会主义宪法比资本主义宪法更具有优越性，人民代表大会制比西方议会制更加民主。这些光辉的思想可能遭受过一时的挫折，甚至一度被否定，但最终经受住了时代的考验，得到了进一步的发展与完善，成为中国特色社会主义法治理论的重要组

① 维辛斯基：《国家与法的理论问题》，北京：法律出版社 1955 年版，第 100 页。

② 张文显：《中国特色社会主义法治理论的科学定位》，载《法学》2015 年第 11 期。

成部分。

中国特色社会主义理论体系，是马克思主义中国化的最新成果，具体内容有中国特色社会主义经济理论、中国特色社会主义政治理论、中国特色社会主义法治理论、中国特色社会主义文化理论、中国特色社会主义社会建设理论、中国特色社会主义生态文明建设理论等。这些理论都以我国改革开放和现代化建设的实际问题、以我们正在做的事情为中心，着眼于马克思主义理论的运用，着眼于对实际问题的理论思考，着眼于新的实践和新的发展。它们彼此之间互相支撑，共同形成一个有机的整体——中国特色社会主义理论体系，共同服务于一个崇高的目的——中国特色社会主义事业建设。

中国特色社会主义理论体系博大精深、系统完整，涵盖改革发展稳定、内政外交国防、治党治国治军和经济、政治、社会、文化、生态建设等有关中国特色社会主义事业的理论与实践问题。有关依法治国、厉行法治，建设社会主义法治国家和中国特色社会主义法治体系，全面推进法治中国建设等重大理论是其重要的具有综合性的组成部分。① 中国特色社会主义法治理论就是伴随着中国特色社会主义事业理论的开拓而同时形成的。20 世纪 70 年代末，法学界开展了法治与人治的大讨论，最终形成有影响力的思潮，促使中国走上了民主与法制的道路。这场法治领域的大讨论并不是孤立的、个别的，与此同时，在政治领域也正开展着轰轰烈烈的关于真理标准的大讨论。它们共同展现了马克思主义中国化、社会主义特色化，是解放思想、实事求是的真实写照。20 世纪 90 年代到 21 世纪初，依法治国基本方略的确立、社会主义法治国家奋斗目标的提出，大大丰富了中国特色社会主义法治理论的内涵。与此相伴的是中国在经济领域的发展与创新，中国特色社会主义经济理论的完善。1992 年中共十四大明确提出："我国经济体制改革的目标是建立社会主义市场经济体制。"2001 年中国加入世界贸易组织（WTO），中国经济建

① 王乐泉：《坚持和发展中国特色社会主义法治理论》，载《中国法学》2015 年第 5 期。

设在国际化、全球化方面迈出了重大意义的步伐。可以说，中国法治与中国经济建设互相促进、并驾齐驱，甚至中国法治推进是中国经济建设发展的必然要求。中国特色社会主义法治理论与中国特色社会主义经济理论是马克思主义在法治领域与经济领域的中国化，两者在不同领域表达了同一的指导思想。总之，中国特色社会主义法治理论是中国特色社会主义事业理论发展完善的内在要求，是中国特色社会主义理论体系不可或缺的部分。

（二）中国特色社会主义法治理论是对中华传统法律文化精华的传承

中华传统文化博大精深、源远流长，从诸子百家到独尊儒术再到儒释道合一，仁义忠孝一以贯之。作为一个有机文明体，中华文明生命旺盛、绵延不绝，是人类四大古老文明中唯一存续至今的文明。中华文明起源于中国，在其文明巅峰期广泛传播于周边国家，形成东亚文明共同圈。中华传统法律文化是中华传统文化的重要组成部分，与中华传统文化一样，上下五千年传承，纵横九万里传扬。与制度不同，文化的影响更为深远，中华传统法律文化具有时空的穿透力，对当下中国依然起着潜移默化的作用。中国特色社会主义法治理论在形成过程中，一方面抵制了中华传统法律文化中糟粕的成分，另一方面积极地采纳、转化并利用中华传统法律文化中精华的成分。

中国特色社会主义法治理论中包含了许多传统法律文化中的佳言妙句。习近平法治思想是中国特色社会主义法治理论的重要组成内容。习近平总书记在讲话中多次引经据典包括荀子《荀子·君道篇第十二》："法者，治之端也"；商鞅《商君书·画策第十八》："国皆有法，而无使法必行之法"；韩非子《韩非子·有度》："国无常强，无常弱。奉法者强则国强，奉法者弱则国弱"；王安石《周公论》："立善法于天下，则天下治；立善法于一国，则一国治"；包拯《包孝肃公奏议·上殿札子》："法令既行，纪律自正，则无不治之国，无不化之民"等。这些老祖宗的话语，不仅言简意赅，而且给人亲切自然之感，是构建中国话语体系最坚固的基石。

它们使得中国特色社会主义法治理论穿上了“中国衣服”，戴上了“中国装饰”，具有最直接、最明显的中国味。

中国特色社会主义法治理论也包含了许多传统法律文化中重视法律和制度的治理原则。党的十八届四中全会决定指出：实现依法治国总目标要坚持五个原则，即“坚持中国共产党的领导，坚持人民主体地位，坚持法律面前人人平等，坚持依法治国和以德治国相结合，坚持从中国实际出发。”这五个原则蕴含着传统法律文化中的治国理政原则，是对传统文化的现代化应用。

第一，坚持党的领导。《荀子·君道篇第十二》载“法者，治之端也，君子者，法之原也。”其大意是说，法的治理离不开君子的率领。在新形势下，推动中国法治进程也要有一个坚强的领导者，这个领导者就是中国共产党。这是因为我们共产党不仅是中国工人阶级的先锋队，也是中华民族的先锋队；我们党不仅是先进生产力发展要求的代表，也是先进文化前进方向的代表，还是最广大人民根本利益的代表。从古人的智慧中可知，法律是治理国家的开端，共产党则是法律制定出台的原动力，要实现国家法治，必须坚持党的领导。

第二，坚持人民主体地位。中国自古就有“以民为本”的治国原则。《尚书·五子之歌》载“民唯邦本，本固邦宁”；《孔子家语》载“夫君者舟也，人者水也。水可载舟，亦可覆舟”；《孟子·尽心章句下》载“民为贵，社稷次之，君为轻”。它们形象生动地表达出民众是国家的根本，君主应当获得民众拥戴，以及君主应当为民众谋福利这些朴素的真理。同样，中国特色社会主义法治的建设是为了最广大人民群众的利益，法律不仅由人民制定，更是为人民而制定，使人民能够享受到法律带来的自由与正义。中国特色社会主义法治的建设更是将劳苦大众的利益放在心上，实实在在地通过法律去增加社会弱势群体的社会福利、提升他们的社会地位，以实现真正的平等。

第三，坚持法律面前人人平等。《文子》载“法者，天下之准绳也”。其大意是说，法律是大家都需要遵守的规范，是一切人的行为准则。这与古代某些封建等级思想（如“刑不上大夫，礼不下庶人）是根本不同的，具有很大的进步意义。中国特色社会主义法治更是强调平等，这也是社会主义法治与资本主义法治很重要的不同之处。中国特色社会主义法治致力于实现每一位公民“法律上的平等”（立法平等），同时也致力于实现“法律面前的平等”（司法平等），反对一切特权主义。另外，中国特色社会主义法治理论也包括国际法治理论，主张在国际关系中，国际规则应当平等适用于所有的国家，反对国家霸权主义。

第四，坚持依法治国和以德治国相结合。孔子认为：“道之以政，齐之以刑，民免而无耻；道之以德，齐之以礼，有耻且格”；孟子强调：“徒善不足以为政，徒法不能以自行”；荀子主张“隆礼重法”；汉代董仲舒提出“阳为德、阴为刑”，治国理政要在“大德而小刑”；《唐律疏议》规定：“德礼为政教之本，刑罚为政教之用。”古人都主张，为政以法的同时也应当为政以德，施行仁政才是治国理政的上上策，而这就要求官员个人具有高尚的道德情操。中国特色社会主义法治坚持依法治国和以德治国相结合，其不仅致力于将社会主义核心价值观融入社会主义法律体系中，制定出台符合道德要求的法律文本，也致力于立法者、执法者、司法者要德才兼备、以德为主，做到科学立法、严格执法、公正司法。

第五，坚持从中国实际出发。西汉桓宽《盐铁论》载“明者因时而变，知者随事而制”，指出明达的人会顺应时事做出相适宜的行为，而不会过分拘泥于教条，甚至僵化思想。东汉王充《论衡》载“知屋漏者在宇下，知政失者在草野，知经误者在诸子”。这也是提醒世人，老百姓对生活的满意度、对当政者支持度是评判君主治理贤明与否的最佳标准。同时也表明，当政者治理国家应当从老百姓出发、从草野出发、从民间出发，切忌脱离实际、闭门造车。商鞅《商君书·画策第十八》载：“国皆有法，而无使法必行之法”；明代张居正《请稽查章奏随事考成以修实政疏》：“天下之事，不难于立法，而难于法之必行。”商鞅和张居正的无奈在某种程度上也在告诉我们这些后人从实际出发的重要性。一个国家有没有制定出台法律是一回事，所制定的法律是不是符合该国的实际情况又是另外一回事。如果从实际出发制定法律，那么法律的实施必将事半功倍。中国特色社会主义法治理论主张中国的法治建设应当从中国的实际情况出发，中国的法治道路应当由中国人民自己选择。中国的法治不走固步自封的死路、不走改旗易帜的邪路，而是从实际出发，按照现实需要，从传统中汲取智慧，向外国学习经验。从实际出发就是要冲破教条主义、冲破僵化的条条框框，以人民对美好生活的向往为奋斗目标，坚定地推进法治建设。

（三）中国特色社会主义法治理论是对西方法治理论和实践成果的兼容并蓄

西方法治理论历史久远。早在古希腊时，柏拉图就对法治进行了探讨，亚里士多德更是对法治情有独钟。亚氏对法治的相关研究论述可说是开了西方法治研究的先河，对后世的法学家、政治学家影响深远。现代西方法治理论正式形成于英国法学家戴雪。这不仅是因为戴雪在自己的《英宪精义》中对法治有详细的阐述，也是因为其对法治的阐释构成了当代学者研究法治的理论语境。戴雪之后，法治理论又得到了进一步的发展，其中具代表性的人物有哈耶克、富勒、拉兹、菲尼斯、罗尔斯、德沃金等。可以说，现代西方法治理论传统是由以上诸位谱写的。不难发现，他们都是英美学者，或者更好地说都是处在英美法系传统中的学者。原因之一在于英美是当今世界法治实践发达的国家，法治理论的研究也相对比较成熟。

理论与实践的辩证关系在法治理论的研究过程中有着明显体现。现代西方法治实践一般追溯到英国。1215 年英王约翰被迫签署《自由大宪章》，这一事件被认定为英国法治实践的开端，英国自此成为法治国家。由于英王的签署行为是被迫的，《自由大宪章》大多内容是维护贵族与教士的权利，因此，以此事件作为英国法治的分水岭有待商榷。但无论如何，英国在资产阶级革命后成了现代意义上的法治国家则是不争的事实。这是一次影响全人类历史的革命，革命的主要制度性成果是《权利法案》。

该法案确立了英国君主立宪的政治制度，限制了国王的权力，使国王处于“统而不治”的状态，以法律权利代替了君主权力。

与英国有着深厚传统渊源的美国延续了英国的法治实践。美国的法治精神从《五月花号公约》上就可以看得出来。该公约可说是美国历史上第一份重要的政治文献，其公开表明了对宪法与法律的服从。由于当时所结成的公民团体臣属于英王，公约更确切地说是美国法治实践的雏形。美国法治实践真正的开始应该是在独立战争阶段。《独立宣言》提出了人的天赋权利以及政府的有限权力。1789 年通过的《美国宪法》再次肯定并巩固了法治实践成果。

现代西方法治是人类历史上第一个现代法治，对其他非西方国家产生了巨大的影响。现代西方法治理论也广泛传播到其他非西方国家，成为其他非西方国家衡量国家治理能力和现代化建设程度的理论坐标、重要参考。中国特色社会主义法治理论主张："法治是人类文明的重要成果之一，法治的精髓和要旨对于各国国家治理和社会治理具有普遍意义，我们要学习借鉴世界上优秀的法治文明成果。"[①] 在现代化的道路上，中国是后发外生型国家，有别于先发内生型国家。与一般后发外生型国家对现代化的抵制与抗拒不同，改革下的中国对法治现代化与法治文明采取主动接纳、积极拥抱的态度，这也表明中国特色社会主义法治理论的开放大度、与时俱进。

中国特色社会主义法治理论从西方法治理论中获益良多。西方法治理论中一个核心且悠久的思想即是“反对人治”。西方法治思想的源头柏拉图最初寄希望于“哲人王”治理，但很快便发现这种人治的治国模式是一种纯理想，无法实现；继而又转向有技能的“政治家”治理，但又怀疑他们会假公济私；最终选择了“次优”的“法律之治”，就是通过不由个人意志决定的规范治理邦国。而亚里士多德在这个问题上旗帜更鲜明，他明确提出“法治优于人治”。在亚氏看来，人治（一人或多人之治）

① 习近平：《坚定不移走中国特色社会主义法治道路》，载《求是》2015 年第 1 期。

无法避免人私欲偏情的掺杂，唯有法治才是人的理性与正义的治理。对人治的反对是法治理论出现的主要原因与动力。在之后漫长的法治长河中，反对人治的立场始终如一。中国特色社会主义法治理论具有天生的反对人治"基因"。邓小平同志指出：曾有一段时间，我们用政策代替法律，崇尚个人权威，轻视法律作用……一言堂、个人决定重大问题、个人崇拜、个人凌驾于组织之上的家长制现象不断滋长，最后不仅导致了"文化大革命"的十年浩劫，而且造成了政治体制中比较严重的人治现象。他认为："把一个国家、一个党的稳定建立在一两个人的威望之上，是靠不住的。""还是要靠法制，搞法制靠得住些。"他甚至说道："制度好可以使坏人无法任意横行，制度不好可以使好人无法充分做好事，甚至会走向反面。"① 可见，对"文革"动荡的反思，对稳定秩序的渴望，对人治的深恶痛绝，对法治的深切向往，是中国特色社会主义法治理论的基本内涵。

西方法治理论中"法律至上"原则也为中国特色社会主义法治理论所采纳。法律至上又称法律主治、法律主权，意味着法律在国家社会中具有最高的权威，一切个人都遵守法律、所有权力都敬畏法律、全部国家规范都与法律保持一致。17 世纪英国大法官柯克说过："国王在上帝与法律之下。"国王是尘世间具有最高地位的个人，不需要服从其他任何个人；尽管如此，国王仍然应当服从法律。20 世纪英国政治哲学家哈耶克提出："法无授权即无权。"他认为，法律没有明文禁止的行为就是个人可以自由从事的行为，法律没有授权的行为就是官员没有权力从事的行为。这种"权力法定"的思想是对西方长期法治实践的总结，也是对"法外权力"的一种无情批判。古罗马伟大的哲学家法学家西塞罗说："执政官乃是会说话的法律。"一方面，执政官是法律忠实的表达者，其不得按照自己个人的意思去处理公共事务，其行为必须符合法律的规定；另一方面，执政官是法律严格的阐释者，其所发布的决议、命令以及其他规范性决定必

① 邓小平：《党和国家领导制度的改革》，载《邓小平文选》（第二卷），北京：人民出版社 1983 年版，第 333 页。

须是对法律的具体化，而不能是对法律的歪曲、乃至背离。

中国特色社会主义法治理论吸收借鉴了这一先进原则，并根据中国的现实情况作了创造性的发展。中国特色社会主义法治理论明确提出反对特权，主张任何组织或者个人都不得有超越宪法和法律的特权，绝不允许以言代法、徇私枉法。提出领导干部要带头守法，在工作中需要做到办事依法、遇事找法、解决问题用法、化解矛盾靠法；要求领导干部养成法治思维，善于用法治方式处理解决工作中的事情。在法与权的问题上，中国特色社会主义法治理论认为“法大于权”，并且鲜明地提出“把权力关进制度的笼子里”，让权力在法治的轨道上运行。中国特色社会主义法治理论在强调法律至上时，也关注到了法制统一问题，提出中国特色社会主义法律体系就是“以宪法为统帅，以宪法相关法、民法商法等多个法律部门的法律为主干，由法律、行政法规、地方性法规等多个层次的法律规范”构成的法律体系。这一法律体系中，宪法具有最高的法律效力，任何法律、法规以及其他国家规范都不得与宪法抵触；法律又高于法规，法规的制定应当符合法律的规定。由此可以看出，中国特色社会主义法治理论在面对西方法治理论时，既不照抄照搬，又吸取了其中先进的成分，并加以创造性的发展。

二、中国特色社会主义法治理论的形成与发展

任何一套有生命力的理论都不是从天而降、更不是飘浮在空中，而是从实际出发、以实践为起点，通过人的感性认识达到理性认识，从而抽象地建构起来的知识体系。中国特色社会主义法治理论是对中国法治实践的理论表达。中国特色社会主义法治理论最鲜明的特点就是它的实践性。它立足于当代中国法治建设的实践，是对中国法治实践过程、实践经验的理论概括。它指导法治实践，回答法治实践提出的问题，接受法治实践的检验，并在法治实践中与时俱进。中国特色社会主义法治是

前无古人的事业，没有现成的路可走，没有现成的模式可借鉴，只有靠我们自己探索、实践、创造。它凝聚着法治的中国经验，饱含着法治的中国元素，彰显了法治的中国精神，描绘了法治的中国道路。

在中国特色社会主义法治理论的形成与发展过程中，作为我国新时期社会主义法治建设的领导者、推动者、实践者，历届中央领导集体和邓小平、江泽民、胡锦涛、习近平等主要领导同志发挥了不可替代的重大作用。他们立足于改革开放、建立社会主义市场经济、发展社会主义民主政治、全面建成小康社会、实现国家长治久安的战略立场，从我国国情和社会主义法治建设的实践出发提出问题、反思教训、总结经验，在丰富实践经验的基础上形成法治理论并不断推进法治理论的创新发展。正是这些重大的原创性科学概念和理论观点构成了中国特色社会主义法治理论的基本体系。

与此同时，法学界不断深入地开展法治研究。在党的领导下，中国法学界总结了改革开放以来我国社会主义法治建设的实践经验，在此基础上进行了理论概括、理论诠释、理论创新，从而形成了反映社会主义法治建设内在规律的科学体系。以我们党的原创性法治理论为主体、以法学界的研究成果为丰富的理论资源而构成的内涵丰富、逻辑自洽、思想深刻的中国特色社会主义法治理论体系，注入了法治现代化的强大能量，为社会主义法治建设提供了理论指导和学理支撑，在世界法治理论宝库中日益彰显其中国话语、中国风格、中国气派、中国价值。

（一）初步萌芽阶段：法治孕育

“新中国成立初期，我们党在废除旧法统的同时，积极运用新民主主义革命时期根据地法制建设的成功经验，抓紧建设社会主义法治，初步奠定了社会主义法治的基础。后来，党在指导思想上发生‘左’的错误，逐渐对法制不那么重视了，特别是‘文化大革命’十年内乱使法制遭到严重破坏，付出了沉重代价，教训十分惨痛！”[①] “文化大革命”让党、国家和全国人民痛定思痛，认识到这样的胡作非为与国家缺乏法律制度，尤其是与领导人不讲法律，没有法治思维有紧密的关系。在“文化大革命”结束之后，我们党召开了具有历史意义的十一届三中全会。这次全会作出两项最为重要的决定，一是把党和国家工作的重心由“以阶级斗争为纲”转向以经济建设为中心；二是确定“健全社会主义民主、加强社会主义法制”的法制工作方针。由此，法制得以恢复和重建，法治建设步入快车道。

在“文化大革命”结束的时候，中国仍处于无法无天的状态。所以，法治建设的当务之急是制定一批恢复法律秩序和社会秩序迫切需要的法律。20 世纪 70 年代末至 90 年代中叶，中国迈入法律制度建设的高峰期，许多重要的法律文件都是在这个时期制定的。1979 年 7 月 1 日，五届全国人大二次会议一天通过了 7 部法律（中国法制史上著名的“一日七法”），即刑法、刑事诉讼法、地方各级人民代表大会和地方各级人民政府组织法、全国人民代表大会和地方各级人民代表大会选举法、人民法院组织法、人民检察院组织法、中外合资经营企业法。同年 9 月 9 日，中共中央首次提出要实行社会主义法治。1982 年，在党中央的坚强领导下，全国人大完成了对宪法的修改，颁布了新宪法，即现行宪法。另外比较具有代表性的法律还包括民法通则、民事诉讼法、行政诉讼法等基本法律。1992 年，党的十四大提出实行社会主义市场经济，同时提出要建立社会主义市场经济法律体系。法制建设的目标是要实现在国家生活与公民生活的重要方面都要有法可依；通过法律的方式赋予公民以应有的权利，并开拓相应的法律救济渠道；同时国家的民主政治生活也应该有牢固的法律铺垫。

正是在这样的大背景下，邓小平同志在主持中央工作伊始便反复强调要建设社会主义民主法制。邓小平同志审时度势、高瞻远瞩地提出

---

① 中共中央文献研究室编：《习近平关于全面依法治国论述摘编》，北京：中央文献出版社 2015 年版，第 8 页。

“有法可依、有法必依、执法必严、违法必究”“搞人治危险得很、搞法制才靠得住”“一手抓建设、一手抓法制”等重大理论；采取一系列的实际措施，包括设立中央顾问委员会等过渡性机构，废除领导职务的终身制等。这些理论与实践在中国的法治进程中起到关键性的推动作用，也推动着中国特色社会主义法治理论的形成。

与此同时（20世纪70年代末至80年代），法学界围绕法治建设实践和法学研究领域的拨乱反正、正本清源，先后开展了关于法治与人治、法的阶级性与继承性、法的本质、法律面前人人平等、法学基本范畴、法学研究范式转换等重大理论问题的讨论，有力地推进了法学领域的思想解放和理论创新。[①]

（二）正式确立阶段：法治登场

1997年，党的十五大史无前例地提出“依法治国、建设社会主义法治国家”，把依法治国确定为党领导人民治理国家的基本方略，把建设社会主义法治国家作为建国大业的重要目标之一。1999年现行宪法第三次修改，以宪法修正案的方式规定“国家实行依法治国，建设社会主义法治国家”。2007年，中共十七大提出全面落实依法治国基本方略，加快建设社会主义法治国家。2011年，十一届全国人大四次会议宣布中国特色社会主义法律体系已经形成。

也正是在这样的大背景下，江泽民同志敏锐地提出“法治是社会进步、社会文明的重要标志”“依法治国、建设社会主义法治国家”“党的领导、人民当家作主、依法治国有机统一”“坚持依法治国与以德治国相结合”等重大理论。胡锦涛同志提出“党的事业至上、人民利益至上、宪法法律至上”“依法治国、执法为民、公平正义、服务大局、党的领导为主要内容的社会主义法治理念”“民主法治与和谐社会建设的理论”“法治是以和平理性的方式解决社会矛盾的最佳选择”“依法执政”“依宪执政”“科学立法、严格执法、公正司法、全民守法”等重

① 张文显：《中国特色社会主义法治理论的科学定位》，载《法学》2015年第11期。

大理论。

在20世纪90年代，法学界也相继开展了市场经济与现代法的精神、市场经济与法治经济、中国特色社会主义法律体系（法制体系）、依法治国、法制国家、法治国家等对我国社会主义法治具有重大建构意义的研究和论证，极大地拓展了中国法学的研究领域，推进了法学理论创新和中国特色社会主义法学理论体系与法治理论体系建设。[①]

（三）全面深化阶段：法治升级

2012年，中共十八大作出了“法治是治国理政的基本方式”的科学判断和政治宣言，并作出了“依法治国基本方略全面落实，法治政府基本建成，司法公信力不断提高，人权得到切实尊重和保障”的“法治小康”目标，作出了全面推进依法治国的战略部署，强调要科学立法、严格执法、公正司法、全民守法。在十八大之后，习近平总书记发出“建设法治中国”的伟大号召。2013年党的十八届三中全会明确提出“推进法治中国建设”；全面推进依法治国、加快建设法治中国，成为新时期中国法治建设的战略目标。2014年党的十八届四中全会对全面推进依法治国的总目标、总路线、重大任务等作出全方位的部署。

习近平总书记顺应时代潮流、应时对景，提出“建设法治中国”，厉行“良法善治”“依法治国、依法执政、依法行政共同推进”“法治国家、法治政府、法治社会一体建设”“以提升司法公信力为根本尺度深化司法体制改革”“推进国家治理体系和治理能力现代化”“建设中国特色社会主义法治体系”“从严治党、依法反腐”“改革要于法有据”“推进国际关系民主化、法治化”等重大理论。

进入本世纪后，随着法治国家和法治中国建设的提速和提质，法治研究更加深入而广泛地推进，其中关于依法执政、依宪执政、法治政府、法治社会、立法体制改革、司法体制改革、法治文化建设、中国特色社会主义法治体系、中国特色社会主义法治道路等法治建设的核心问题的

---

① 张文显：《中国特色社会主义法治理论的科学定位》，载《法学》2015年第11期。

研究，在深化和创新法治理论的同时也使中国特色社会主义法治理论涵盖了法治的所有实践领域和实践问题。

三、中国特色社会主义法治理论的主要内容

中国特色社会主义理论体系所探索和回答的主要问题有三个：(1) 什么是社会主义、怎样建设社会主义；(2) 建设什么样的党、怎样建设党；(3) 实现什么样的发展、怎样发展。与此相类似，中国特色社会主义法治理论深刻回答了社会主义法治的本质特征、价值功能、内在要求、基本原则以及中国特色社会主义法治道路和发展方向等重大问题，是对"什么是社会主义法治、怎样建设社会主义法治"等一系列根本问题的系统认识，具有鲜明的理论品格、时代特征和世界意义。

对这一问题的回答是多方面的，所形成的中国特色社会主义法治理论是博大精深、内涵丰富的。同时这种回答只有进行时、没有完成时，中国特色社会主义法治理论是不断创新、与时俱进的。这是因为中国特色社会主义法治实践是人类正在进行中的一项伟大的实践、伟大的事业。

经过梳理，我们仍然可以发现，在内涵丰富、与时俱进的中国特色社会主义法治理论中既包含一些基本的内容，也包含一以贯之、稳定不变的要素，即法治的道路和目标、法治与党的领导和人民民主、法治与改革发展稳定、法治与现代化和全球化。

（一）法治的道路和目标

依法治国、建设社会主义法治国家理论。1997 年党的十五大正式将依法治国作为党领导人民治理国家的基本方略，1999 年宪法修正案明确提出"建设社会主义法治国家"。党的十五大报告指出，依法治国，就是广大人民群众在党的领导下，依照宪法和法律规定，通过各种途径和形式管理国家事务，管理经济文化事业，管理社会事务，保证国家各项工作都依法进行。之后，党的历次全国代表大会和中央全会以新的观点丰

富和深化了依法治国和法治国家理论，特别是党的十八届四中全会在作出全面推进依法治国战略部署的同时，全面推进了依法治国和法治国家理论的创新发展。

推进法治中国建设理论。党的十八大以后，习近平总书记明确提出“法治中国”的科学命题和建设法治中国的重大任务，十八届三中全会正式确认了这一概念，并作出推进法治中国建设的重大部署。十八届四中全会进一步提出，全面推进依法治国是一个系统工程，是国家治理领域一场广泛而深刻的革命。全党同志必须更加自觉地坚持依法治国、更加扎实地推进依法治国，向着建设法治中国不断前进。法治中国与富强中国、民主中国、文明中国、和谐中国、公平中国、美丽中国、平安中国等核心要素相辅相成，共同绘就中华民族伟大复兴的美好愿景。“法治中国”概念和理论的提出，能够更加全面科学有效地统领依法治国和法治建设的所有理论和实践问题。

中国特色社会主义法治体系理论。党的十八届四中全会提出，全面推进依法治国的总目标是建设中国特色社会主义法治体系，建设社会主义法治国家。中国特色社会主义法治体系是法学理论的新概念，是法治建设的新思想、新纲领，也是我们党在法治理论上的又一个原创性贡献。法治体系的形成是一个国家法治现代化的重要标志。全面推进依法治国，在实际工作中需要一个总揽全局、牵引各方的总抓手，在理论上也需要一个统领性的概念，这个总抓手、这个统领性概念就是中国特色社会主义法治体系。从“法律体系”到“法治体系”，一字之差，体现了我们党对法治建设规律的认识不断深化，推动了中国法治建设的战略升级。①

（二）法治与党的领导和人民民主

党的十六大报告指出，发展社会主义民主政治，最根本的是要把党的领导、人民当家作主和依法治国有机统一起来。十六大之后我们党对“三统一”理论进行了深刻阐述。十八大以来，习近平总书记进一步丰富

① 王乐泉：《坚持和发展中国特色社会主义法治理论》，载《人民日报》2015年8月28日。

和发展了“三统一”理论。他在庆祝全国人民代表大会成立 60 周年大会上强调指出，在中国，发展社会主义民主政治，关键是要坚持党的领导、人民当家作主、依法治国有机统一。人民代表大会制度是坚持党的领导、人民当家作主、依法治国有机统一的根本制度安排。“三统一”的法治理论是对马克思主义法学思想和中国特色社会主义法治理论的重大发展。

1. 法治与党的领导

党法一致、依法执政、依宪执政理论。20 世纪八十年代初（1982 年），邓小平提出并力主在党章中宣告“党必须在宪法和法律的范围内活动”，体现了我们党尊重宪法法律、树立和维护宪法法律权威的意志；2002 年，江泽民同志在党的十六大报告中提出“依法执政”的命题，十六届四中全会把依法执政确立为党执政的基本方式。2004 年胡锦涛同志在庆祝全国人民代表大会成立 50 周年大会上的讲话中进一步明确指出：“依法治国首先要依宪治国，依法执政首先要依宪执政”，提出“党的事业至上、人民利益至上、宪法法律至上”。十八大以来习近平总书记对党和法治的关系问题进行了更加深入的探索，强调指出，党的领导和社会主义法治是一致的，社会主义法治必须坚持党的领导，党的领导必须依靠社会主义法治；在新形势下，党要履行好执政兴国的重大职责，必须依据党章从严治党，依据宪法治国理政，真正做到党领导立法、保证执法、支持司法、带头守法；依法治国，首先是依宪治国，依法执政，关键是依宪执政。加强和改进党对全面推进依法治国的领导，关键是要做到“三统一”“四善于”。“三统一”是指把依法治国基本方略同依法执政基本方式统一起来，把党总揽全局、协调各方同人大、政府、政协、审判机关、检察机关依法依章程履行职能、开展工作统一起来，把党领导人民制定和实施宪法法律同党坚持在宪法法律范围内活动统一起来。“四善于”是指善于使党的主张通过法定程序成为国家意志，善于使党组织推荐的人选通过法定程序成为国家政权机关的领导人员，善于通过国家政权机关实施党对国家和社会的领导，善于运用民主集中制原则维护中央权威、维护全党全国团结统一。

从严治党、依法反腐理论。党的十八大以来，以习近平为总书记的党中央更加强调从严治党、依法反腐。习近平总书记提出要用制度管权管事管人，把权力关进制度的笼子里；把完善的党内法规体系作为中国特色社会主义法治体系的重要组成部分，把反腐败工作纳入法治轨道；健全权力运行制约和监督体系，有权必有责，用权受监督，失职要问责，违法要追究；高度重视公权力配置的源头治理和公权力运行过程中的上游治理，推行政府权力清单制度，依法公开权力运行流程；坚持有腐必反、有贪必肃，坚持反腐败无禁区、全覆盖、零容忍；坚持制度面前人人平等、执行制度没有例外，不留“暗门”，不开“天窗”，坚决维护制度的严肃性和权威性。以从严治党、依法反腐的理论积极应对和解决廉政建设和反腐败斗争面临的严峻复杂问题，也为党的建设提供了科学有效的理论指导。[①]

2. 法治与人民民主

社会主义民主制度化、法律化、程序化理论。邓小平同志指出：“为了保障人民民主，必须加强法制。必须使民主制度化、法律化，使这种制度和法律不因领导人的改变而改变，不因领导人的看法和注意力的改变而改变。”[②] 发展社会主义民主政治，制度问题更带有根本性、全局性、稳定性和长期性。从制度上、法律上保障和发展人民民主，这是我们党对社会主义民主法治规律认识的一个重大转变和提升。之后，党的十六大进一步提出“实现社会主义民主政治的制度化、规范化和程序化”，强调程序化的要求。党的十七大和十八大都重申了这一观点。民主政治的制度化、规范化、程序化改善了社会主义政治生态，不仅有利于党和国家长治久安，而且有利于在各领域各层次扩大公民有序参与政治。

---

① 王乐泉：《坚持和发展中国特色社会主义法治理论》，载《中国法学》2015 年第 5 期。

② 邓小平：《解放思想，实事求是，团结一致向前看》，载《邓小平文选》（第二卷），北京：人民出版社 1994 年版，第 146 页。

（三）法治与改革发展稳定

党的十八大提出“法治是治国理政的基本方式”，同时提出要用法治思维和法治方式治国理政。党的十八大以来，习近平总书记深刻阐述了法治思维和法治方式，要求各级领导干部运用法治思维和法治方式深化改革、推动发展、化解矛盾、维护稳定，做到在法治之下、而不是法治之外、更不是法治之上想问题、作决策、办事情，带头营造办事依法、遇事找法、解决问题用法、化解矛盾靠法的法治环境。

1. 法治与改革

改革开放以来，一直存在改革与法治的关系问题，党的十八大以后这个问题更加突出。党的十八届三中全会作出全面深化改革的决定，十八届四中全会作出全面推进依法治国的决定，由此我国社会主义现代化形成改革和法治“双轮驱动”的局面。习近平总书记深刻指出，全面深化改革需要法治保障，全面推进依法治国也需要深化改革。一方面，以法治凝聚改革共识，发挥立法对改革的引领和推动作用，实现改革决策和立法决策相统一、相衔接；以法治规范改革行为，做到重大改革于法有据，运用法治思维和法治方式推进各项改革；以法治确认、巩固和扩大改革成果，将实践证明已经比较成熟的改革经验和行之有效的改革举措尽快上升为法律，使其更加定型化、精细化，并以法律的强制力保证其实施。另一方面，在全面深化改革的总体框架下全面推进依法治国，在改革中完善法治，以改革驱动法治现代化。改革与法治关系理论既丰富了法治理论，也丰富和发展了现代化理论。

改革开放以来，我们党一直把司法改革作为法治建设的重中之重，持续不断推进司法体制改革，党的十八届三中、四中全会全面系统地部署司法体制改革。在持续推进司法体制改革的过程中，我们党不断创新司法和司法改革理论，提出司法权是裁判权，本质上属于中央事权，司法的价值功能是权利救济、定分止争、制约公权，司法体制改革的终极目标是建立公正高效权威的社会主义司法制度，根本尺度是提高司法公信力，评价标准是人民群众在每一个司法案件中都感受到公平正义，基本原则是坚持党的领导、坚持中国特色社会主义方向、坚持从中国国情出发、坚持人民主体地位、坚持统筹协调、坚持依法推进改革。科学的司法理论指引着司法改革既大刀阔斧又积极稳妥地开展。

党的十八大以来，以习近平为核心的党中央从国家战略层面作出深化司法体制改革的重大决策部署，提出建设公正高效权威的社会主义司法制度，并将其作为推进国家治理体系和治理能力现代化的重要举措。2014 年 2 月以来，习近平总书记先后主持召开 37 次中央全面深化改革领导小组会议，其中 28 次涉及司法改革议题，共通过 43 个司法体制改革文件。本轮司法体制改革的机遇和挑战前所未有、力度和深度前所未有、进展和成效前所未有。[①] 在司法体制改革中可以清楚地看到，法治与改革相辅相成、齐头并进。

2. 法治与发展

市场经济具有法治特征，法治是市场经济的内在要求。法律作为维护国家和社会稳定的行为规则，虽然在自然经济、封建经济和计划经济等经济形态下也存在，但大体上可以认为：在商品交换和市场经济条件下，才形成了具有法治特征的法律制度。经济的市场化要求社会的法治化。也就是说，市场经济越发达，法治也就越发展。马克思认为："先有交易，后来才由交易发展为法制……这种通过交换和在交换中才产生的实际关系，后来获得了契约这样的法的形式。"[②] 这深刻说明，法律产生于市场交换的实践，并随着市场交换实践的发展而不断发展和创新。恩格斯指出："在社会发展某个很早的阶段，产生了这样的一种需要：把每天重复着的生产、分配和交换产品的行为用一个共同规则概括起来，设法使个人服从生产和交换的一般条件。这个规则首先表现为习惯，后来

---

① 胡仕浩：《完善和发展中国特色社会主义司法制度》，载《人民日报》2017 年 8 月 18 日。

② 马克思、恩格斯：《马克思恩格斯全集》（第十九卷），北京：人民出版社 1995 年版，第 423 页。

便成了法律。”[①] 由此可以看出，市场经济是法治产生和发展的基础。在商品经济和市场经济条件下，随着商品生产、交换的规模越来越大，交换过程中产生的纠纷超出血亲、宗族、伦理道德和行政权力等调整的范围，就需要有专门的权威的行为规则来约束和规范经济社会活动，于是，法治真正产生和发展起来。自党的十四大明确提出建立社会主义市场经济体制以来，社会主义法治建设进入新阶段，经济社会活动法治化快速发展。党的十八届四中全会之后，专家学者们基本上一致认为，社会主义市场经济本质是法治经济。全会吹响了全面推进依法治国的号角，必将为推动经济发展奠定更加坚实的法治基础，为经济持续健康发展提供更有力的法治保障。

法治有助于市场经济的有效有序运行。这是因为：

第一，法治确立市场主体的独立平等地位。市场经济要求明确产权、充分尊重和平等保护各类市场主体的财产权，要求企业是自主经营、自负盈亏的独立的市场主体，可以在市场上自主表达经济利益需求。法治保证市场主体对其合法拥有的物质财富享有支配、使用和处置的权利。市场主体的独立性又与平等性相联系、相统一。市场主体的平等地位是交换正常进行的前提，“参加交换的个人就已经默认彼此是平等的个人”，而市场主体的平等地位是需要法治确认和保障的。

第二，法治促进市场经济公平竞争规则的形成。市场经济是公平竞争的契约经济，竞争性是市场经济的特征之一，也是市场经济正常运行的推动力。马克思说：“社会分工则使独立的商品生产者互相独立，他们不承认任何别的权威，只承认竞争的权威，只承认他们互相利益的压力加在他们身上的强制。”[②] 通过竞争实现优胜劣汰，达到合理配置资源的目的，是市场经济的特点，也是其优越性之所在。但是，市场主体在竞

① 马克思、恩格斯：《马克思恩格斯全集》（第二卷），北京：人民出版社 1995 年版，第 538 页。

② 马克思、恩格斯：《马克思恩格斯全集》（第二十三卷），北京：人民出版社 1995 年版，第 394 页。

争中为了追求和实现自身的经济利益，可能会采取一些不规范的市场行为，如欺诈、虚假广告、违约、制假售假等，这又会妨碍市场竞争的正常进行，使市场活动陷入混乱无序状态。只有实行法治，才能形成公平竞争的规则和秩序，才能维护市场交换中的合同和信用关系，才能防止权力对市场的不当干预，保障市场经济活动正常进行。

第三，法治是对市场经济进行宏观调控的重要手段。市场调节存在一定缺陷，有时市场也会失灵。市场机制有效发挥作用离不开政府宏观调控的正确引导，但实践证明，如果没有法治规范，政府的行政行为就有可能形成对市场经济活动的不当干预。把宏观调控纳入法治轨道，有利于提高宏观调控的科学性和有效性，保证市场经济正常运行和健康发展。

第四，社会主义法治既要确认市场经济的公平，又要确认社会主义逐步实现共同富裕的公平，将这两种公平既区别开来又衔接起来。市场经济确认每个市场主体的地位是平等的，而且主张权利公平、机会公平、规则公平。但市场经济是在价值规律自发作用下的发展过程，不同市场主体由于占有的资源要素不同，必然形成资本强势、劳动弱势，从而产生资本高收入和劳动低收入的悬殊差别和分化。市场经济不仅承认这种差别，而且会自发地扩大这种差别。也就是说，这种分配差别是无法通过市场机制来调整的。这就需要国家依靠法治手段建立公平的社会主义收入分配机制和社会保障制度，自觉调节和缩小收入差距过大的趋势。①

3. 法治与稳定

当前，我国经济和社会发展面临的形势仍然严峻，正处于社会矛盾凸显期，维护社会秩序稳定的任务艰巨。在此背景下，强调运用法治思维和法治方式化解矛盾、维护稳定，尤为紧迫和必要。维护公民合法权益、实现公平正义是社会稳定的根本，在此方面，法治具有不可替代的功能和作用。实践证明，偏离法治轨道的维稳，只能越维越不稳。以法

---

① 卫兴华：《法治是市场经济的内在要求》，载《人民日报》2015 年 1 月 12 日。

治思维和法治方式维护社会稳定，就必须充分发挥司法在解决纠纷、化解矛盾中的主导作用，摈弃“搞定就是稳定、摆平就是水平”的庸俗哲学，打破“越维越不稳”的“信访怪圈”。而做到这一点，就必须建立起公正、有效的执法、司法体系，将利益诉求、纠纷解决纳入法治轨道。而需要各级领导干部做到的，首先是处理好自身与执法、司法机关的关系，切实保障执法、司法机关公正行使职权，杜绝一切法外干预。

2013 年召开的深化平安中国建设工作会议，第一次在国家层面提出“平安中国”战略。2014 年 11 月再度谋划平安中国建设，召开深化平安中国建设工作会议。习近平总书记作出重要批示：“法治是平安建设的重要保障。希望同志们认真学习贯彻党的十八届四中全会精神，把政法综治工作放在全面推进依法治国大局中来谋划，深入推进平安中国建设，发挥法治的引领和保障作用，坚持运用法治思维和法治方式解决矛盾和问题。”习近平总书记的重要批示，揭示了法治建设与平安建设的关系，明确要求提高平安建设现代化水平，为我们以法治为引领，深入推进平安中国建设指明了方向。这意味着在平安中国建设中，将主要依靠法治思维和法治手段来推进各项工作，让“法治”成为各项工作的共同价值。

法治是平安建设的重要保障，应当把平安建设放到全面推进依法治国大局中来谋划，不断提高平安建设法治化水平。第一，把法治作为核心价值追求，发挥好法治对平安建设的引领和保障作用。治理一个国家、一个社会，关键要立规矩、讲规矩、守规矩。法治既有协调社会关系、规范社会行为的“显功效”，也有引领社会预期、凝聚社会共识的“潜功效”。法治“潜功效”发挥得越好，平安建设的基础就越稳固、效果就越持久。第二，把依法办事作为基本要求，努力实现保障人民权益与维护社会秩序相统一。保障人民权益、维护社会秩序，是法治的基本价值，也是平安建设的基本目标。法律作为衡量是非的标准和规范行为的准则，只有依法办事，才能实现保障人民权益与维护社会秩序相统一。第三，用法治思维和法治方式破解难题，把平安建设更好地纳入法治轨道。习近平总书记指出，解决制约持续健康发展的种种问题，都需要密织法律之网、强化法治之力。法治思维作为权利与义务相一致的思维，越是复杂疑难问题，越要用法律事实分清是非，用权利义务思维分清对错，让当事人在法律框架内主张权利、确定义务。第四，把增强全民法治观念作为平安建设的基础工程，努力营造良好法治环境。人民权益要靠法律保障，法律权威要靠人民维护。全民普法和守法应当作为依法治国的长期基础性工作，抓住在全社会培育法治信仰、倡导契约精神、树立规则意识这个目标，持续努力，推动形成办事依法、遇事找法、解决问题用法、化解矛盾靠法的良好法治环境。[①]

现代社会是一个多线程的复杂社会，每一个线头都连着平安。平安的概念有多丰富，平安中国的治理任务就有多艰巨。将法治思维、问题导向和改革创新融入平安中国建设，加快创新立体化社会治安防控体系，平安才会从“易碎品”变为“耐用品”，从而筑牢人民安居乐业、国家长治久安的制度根基。法治路径，是中国积极稳妥推进改革的最优选择。深化改革、推动发展，需要法治；化解矛盾、维护稳定，更需要法治。只有真正走上法治的康庄大道，中国才会有更加美好的未来。

（四）法治与现代化和全球化

现代化是中华民族伟大复兴的必由之路，全球化是人类命运共同体的实现路径，两者分别服务于国内国际两个大局，共同铸就一个中国梦。十一届三中全会以来，改革开放成了时代的主旋律、社会的最强音。改革意味着革故鼎新，实现现代化；开放意味着与国际接轨，顺应全球化，最终走向人类命运共同体。

法治在现代化与全球化进程中能否起到促进的作用，又能起到多大的作用，这是一个需要直面并回应的问题，也是中国特色社会主义法治理论的重要组成部分。

1. 法治与现代化

中国共产党执政 68 年间，从毛泽东、周恩来等第一代领导集体开始

---

① 孟建柱：《以法治为引领深入推进平安中国建设》，载《长安杂志》2015 年第 2 期。

就逐步提出了“四个现代化”的概念，即工业、农业、国防、科技的现代化。这些大多与国家实力和人民的物质文化生活有关。党的十八届三中全会将“完善和发展中国特色社会主义制度，推进国家治理体系和治理能力现代化”作为全面深化改革的总目标。习近平总书记指出，国家治理体系和治理能力是一个国家制度和制度执行能力的集中体现。推进国家治理体系和治理能力现代化，就是要实现党、国家、社会各项事务治理制度化、规范化、程序化，就是要提高党科学执政、民主执政、依法执政水平。这是我们党执政以来提出的“第五个现代化”，与之前四个现代化不尽相同，“治理体系和治理能力”给人的感觉要“抽象”一些，却又与现时中国方方面面的改革发展息息相关。2014 年召开的中共十八届四中全会，在党史上首次专题研究全面推进依法治国重大问题。习近平总书记还深刻阐述了法治与国家治理体系和治理能力的关系，指出法治是治理体系和治理能力的根本依托，要在法治的轨道上推进国家治理现代化。这标志着我们党开始把依法治国上升到“促进国家治理体系和治理能力现代化”的高度。可以说，开启“第五个现代化”的钥匙就是法治。

“法者，天下之准绳也。”① 就国家治理体系而言，一个国家在治理体系上完不完善，首先就得看法律体系是否健全。如果没有好的法律体系支撑，国家治理就很难有基本的行动准则，进退便会失据。在中国特色社会主义法律体系已经形成的基础上，四中全会进一步提出建设中国特色社会主义法治体系，这将为国家治理体系现代化奠定坚实的基础。就国家治理能力而言，法治是国家治理能力现代化的重要手段，甚至是基本方式。“徒善不足以为政，徒法不能以自行”，② 光有法律还不行，关键还得看实行法律的人和社会的“软环境”。“促成一桩冤案，只要一个派出所的认定；而平反一个冤案，却要举全国之力。”之所以造成这种伤痕，并不是没有法律，而是有法不依、执法不严、违法不究。如此，治理能力的现代化也就

① 《文子・上义》

② 《孟子・离娄章句上》

无从谈起了。法治是实现“第五个现代化”的唯一通途。建设社会主义法治国家，把法治落实到国家治理、政党执政、政府行政等各个层面，这是推进“第五个现代化”的必然要求，也是国家长治久安、人民幸福安康的根本保障。也唯有此，才能实现“立治有体，施治有序”的治国方略。

2. 法治与全球化

当今世界，法律呈现出全球化趋势。主要表现为：

（1）法律的“非国家化”。法律并非都是由主权国家制定的，越来越多的法律将由各种各样的经济联合体、知识产权组织、环境保护组织、新闻媒介联合体等“非国家”机构制定。

（2）法律的“标本化”或“标准化”。由联合国、国际组织、经济联合体制定一些法律范本，提供给各个国家作为立法的标本或参照。

（3）法律的“趋同化”。所谓法律趋同化，是指调整相同类型社会关系的法律规范和法律制度趋向一致，既包括不同国家的国内法的趋向一致，也包括国内法与国际法的趋向一致。

（4）法律的“一体化”或“世界化”。所谓法律一体化，意味着全球范围内法律规范的相互联结，国际法与国内法之间的界限正在变得模糊不清；还意味着某些“全球性法律”“世界性法”的出现。必须承认：法律全球化在目前仍是一个进程，一个过程，一种趋势；法律全球化并不是所有法律的全球化；法律全球化并不意味着国家主权概念的过时或消失，而只是意味着主权概念的进步和丰富，各国之间的法律仍将呈现多样性、多元化；各个国家均应当警惕和制止少数或个别国家借助法律全球化的名义而推行政治霸权主义和法律帝国主义。①

全球化时代背景下，加强国际法治建设成为各国的目标共识。随着法律全球化的推进，我们党提出国际关系法治化理论。我国对内坚定推进依法治国，对外坚定维护和积极推动国际关系法治化。党的十八大以来，习近平总书记明确提出：“国家不分大小、强弱、贫富，都是国际社

① 张文显：《全球化时代的中国法治》，载《吉林大学社会科学学报》2005 年第 2 期。

会平等成员，都有平等参与地区和国际事务的权利。”[①]“应该共同推动国际关系民主化。世界的命运必须由各国人民共同掌握，世界上的事情由各国政府和人民共同商量来办。”“应该共同推动国际关系法治化。推动各方在国际关系中遵守国际法和公认的国际关系基本原则，用统一适用的规则来明是非、促和平、谋发展。”[②]习近平总书记科学把握全球治理进程中建构国际秩序的法治化路径，主张坚持以《联合国宪章》为基础的当代国际法价值体系，坚持以和平共处五项原则为根本的国际法价值理念，坚持通过法治化路径解决国际领域的重大问题，为新形势下正确处理国家关系、化解地区争端、做好外交工作指明了方向，是新时期我国维护国家核心利益、开展国际合作的基本遵循。这些主张必将极大地推动我国“一带一路”、全面依法治国的战略部署，为实现中华民族伟大复兴的中国梦提供法治动力与制度保障。同时，这些主张也符合各国的普遍意愿，符合历史发展潮流，极大丰富了国际法治理论。

---

① 习近平：《弘扬万隆精神推进合作共赢——在亚非领导人会议上的讲话》，载《人民日报（海外版）》2015 年 4 月 23 日。

② 习近平：《弘扬和平共处五项原则建设合作共赢美好世界——在和平共处五项原则发表 60 周年纪念大会上的讲话》，载《人民日报》2014 年 6 月 29 日。

第三讲

领导干部的法治思维

党的十八大报告明确规定要“提高领导干部运用法治思维和法治方式深化改革、推动发展、化解矛盾、维护稳定能力”。法治思维与法治方式是国家治理体系和治理能力现代化的重要组成部分，是中国迈向现代文明国家的当然路径。在新时期新形势下，推进“四个全面”战略部署及其实施，对领导干部的法治思维能力提出了实质而非形式的要求，改革发展稳定、内政外交国防、治党治国治军，都要以法治为框架，由法治来贯彻，以法治为保障，这是我们党和国家对治国理政基本规律、社会主义建设规律、人类政治文明发展规律认识的新境界。法治最根本的追求是把权力关进“笼子”，尊重并保障权利，实现社会公平正义。习近平总书记强调，各级领导干部在推进依法治国方面肩负着重要责任。他们是否心中有法、办事依法、遇事找法、解决问题用法、化解矛盾靠法，直接关系到法治权威的树立，关系到法治秩序的形成和法治建设的成效。因此，贯彻落实“四个全面”战略部署，推进“五位一体”健康可持续发展，领导干部必须要具备法治思维和法治方式能力。

一、法治思维及其特征

（一）什么是法治思维

思维是人通过大脑进行逻辑推导的属性、能力和过程。就思维层次、方法及其特征而言，法治思维是相对于人治思维而言的一种思维方式，是党中央和习近平总书记在新时期提出和形成的一个全新概念和全新理论，是全面推进依法治国的具体内容，是我们党新时期提出的一个有关国家治理现代化的新命题。领导干部能否真正践行法治、以法治思维法治方式推动工作，是衡量我们国家治理法治化和现代化的重要标志。[①]

新的概念表达了新的时代要求。但如何科学定义法治思维，目前尚无比较统一的表述。较具代表性的有以下几个：

（1）法治思维是指受法律规范和程序约束、指引的思维方式。由于在不同的历史时期，法治建设有不同的重点，因而法治思维的内容也会呈现出不同的样态。在现阶段，法治思维的核心在于限制、约束权力任意行使。从整体的角度看，法治思维不仅是指依法办事，而且包含了对公平、正义、权利、自由的价值追求。从方法论的角度看，法治思维讲究逻辑推理、修辞论辩和理解解释的技术手段。[②]

（2）法治思维是指执政者在法治理念的基础上，运用法律规范、法律原则、法律精神和法律逻辑对所遇到或所要处理的问题进行分析、综合、判断、推理和形成结论、决定的思想认识活动与过程。[③]

（3）法治思维是基于法治的固有特性和对法治的信念，认识事物、判断是非、解决问题的思维方式。[④]

（4）根据党的十八大报告，法治思维在本质上区别于人治思维和权力思维，其实质就是各级领导干部想问题、作决策、办事情，必须时刻

---

① 胡建淼：《走向法治强国》，北京：法律出版社 2016 年版，第 135 页。

② 陈金钊：《“法治思维”和“法治方式”的意蕴》，载《法学论坛》2013 年第 5 期。

③ 姜明安：《再论法治、法治思维与法律手段》，载《湖南社会科学》2012 年第 4 期。

④ 汪永清：《法治思维及其养成》，载《求是》2014 年第 12 期。

牢记人民授权和职权法定，必须严格遵循法律规则和法律程序，必须切实保护人民和尊重保护人权，必须始终坚持法律面前人人平等，必须自觉接受法律的监督和承担法律责任。①

上述定义表述虽各有所侧重，但有两点是共通的。其一，法治思维是以法治理念作为前提和出发点的一种思维方式。在这一点上，法治思维是与人治思维相对比而言的。其二，法治思维的核心是合法性，合乎法治精神、法治原则和法治标准。

（二）法治思维的基本特征

法治思维是以法治理念作为前提，将法治的诸种要求运用于认识事物、判断是非、解决问题的思维方式，法治思维在思考和分析问题时讲究合乎法律规范、原则和精神，因此它是一种规则思维、底线思维，同时也是一种建构性思维。

1. 从思维习惯分析，法治思维是一种规则思维

法律是一种规则，法治就是规则之治，法治思维也是一种规则思维。规则思维的要求主要体现在以下三点：

（1）要有规则意识，无规矩不成方圆，没有规则就没有法治。十八届四中全会指出，法律是治国之重器，良法是善治之前提。没有规则，就会导致随意和无序、不可预期和不平等等问题。法治的本意就是运用规则治理国家和社会，规则是思考、分析、处理一切事情的基本依据。“法立，有犯而必施；令出，唯行而不返。”在中国特色社会主义法治体系内，规则包括国家宪法法律，也包括党内法规。习近平总书记强调：“在我们国家，法律是对全体公民的要求，党内法规制度是对全体党员的要求，而且很多地方比法律的要求更严格。”任何人、任何组织都不允许有超越宪法法律、党内法规的特权。

（2）要有权利观念，即尊重人的权利，认真对待权利。在法学的范畴内，权利是与义务相对应的一个基本概念，是指法律确认并予以保护

---

① 十八大报告文件起草组：《十八大报告辅导读本》，北京：人民出版社2012年版，第221页。

的一种利益、资格、自由。权利是与生俱来、而不是法律赋予的，权利行使的逻辑是“法无禁止即可为”。近年来，中国社会的显著进步之一，便是公民权利意识的逐渐高涨。尊重权利、认真对待权利，是“全民守法”的必要前提；尊重权利，认真对待权利，是法治国家最本质的体现；尊重权利，认真对待权利，是全面小康社会实现的标志——全面小康，就是每个人的自由、尊严、财产、追求幸福等为基本权利的人权的充分实现；尊重权利，认真对待权利，就是要明确对权利的限制或者剥夺必须要有充分且正当的理由，否则就违背法治。法治内在地以权利义务作为设定人与人关系及人与公共权力关系的准则。

（3）要有程序意识，即重视程序，充分发挥程序的作用。程序是指各种行为的时间和空间方式，它表现为步骤、时限和形式，法治思维就是要注重程序在整个行为中的地位和作用。“程序正义是看得见的正义”，权力在正当程序下运行，就可能实现必要的公正，而违反或者忽略程序约束，必然带来一定程度上的不正义。十八届四中全会提出“健全依法决策机制，把公众参与、专家论证、风险评估、合法性审查、集体讨论决定确定为重大行政决策法定程序”，是对决策的法定程序要求。领导干部应当把民主公平参与、充分陈述意见、平等讨论协商、辩论听证论证等程序设置作为基本的行事规则，不能忽视程序性约束。比如公共产品涨价、禁摩限电等决策，举行听证会就是一种必要的程序。

2. 从思维特点分析，法治思维是一种底线思维

法律本身即底线。以法律作为底线的思维要求体现在以下两个方面：

（1）守住合法性底线。习近平总书记 2015 年 2 月在中央党校省部级主要领导干部“学习贯彻十八届四中全会精神全面推进依法治国”专题研讨班上讲话时强调，“要牢记法律红线不可逾越、法律底线不可触碰”，领导干部谋划处事的“底线”，就是“合法性”。“欲流之远者，必浚其泉源。”对于法治建设，领导干部既可以起到关键推动作用，也可能起到致命破坏作用。党纪国法不是“橡皮泥”“稻草人”，领导干部尊崇法治、敬畏法律，谋划和处理任何事情都以“是否合法”作为出发点，

想问题、作决策、办事情不逾越法律红线、不触碰法律底线，才是法治思维。

（2）把权力关进“笼子”。现代法治的基本特征是限制权力，有权力必有限制应当是领导干部内在而非外在强制的权力观念。权力具有两面性，它既可以造福于人民，也可能危害人民的利益。“在法治轨道上行使可以造福人民，在法律之外行使则必然祸害国家和人民。”十八届三中全会要求推行地方各级政府及其工作部门权力清单制度，依法公开权力运行流程；四中全会再次强调，推行政府权力清单制度，坚决消除权力设租、寻租空间。权力清单的实质是把权力关进制度的“笼子”。“笼子”是权力行使的边界，“笼子”之内属“法定职权必须为”，“笼子”之外属“法无授权不可为”。

3. 从价值追求层面，法治思维是一种建设性思维

建设性思维是 21 世纪领导学的革命性成果，其根本取向以有利于社会发展进步为出发点，以建设社会、修复被损害的社会关系为目的。建设性思维要求：

（1）坚持“最大效益”原则。建设性思维的第一原则为“最大效益”，即从整体上获得最大效益，坚持社会效益第一。从人类社会发展历史看，法治作为治国理政方式，从来都是建设性而不是破坏性的。领导干部应该有立足于修复社会关系，解决社会问题的认知判断、逻辑推理和制度建构的思维能力。

（2）进行利益衡量。建设性思维还要求要适当进行利益权衡。法治思维并非是单纯“唯法律是从”的思考方式，而是要合乎法律的最终目的——公平正义。法治的功能就是通过相应规则，把利益的冲突或者失衡控制在公平正义的范围内，使多元利益的结构实现有序化。在不断深化改革的今天，利益冲突或者失衡在所难免，这就要求领导干部看问题、作决策，要依法处理好当前和长远、局部和全局、个别和一般的关系，“在利益与正义、自由与秩序、公平与效率、安全与限制、平等与差别、生存与发展等不同价值之间进行平衡……以实现各种价值追求的耦合，实

现双赢或者多赢”，[①] 一定意义上适当兼顾弱势一方的权益保护。

（三）法治思维与法治方式的关系

一般而言，思维方式决定行为方式，行为方式决定行为结果。法治思维与法治方式的关系即是如此。法治思维是思维方式，属意识层面，强调思想观念、理念态度；法治方式是行为准则，是操作执行层面的明确要求。党的十八大以来，法治思维见诸官方文件时常常与法治方式相并列而使用。

第一，法治思维支配法治方式。领导干部具有法治思维，就能够主动、自觉运用法治方式进行国家、社会治理。第二，法治思维需要通过法治方式付诸实践。法治思维是思想认识活动和过程，想问题、作决策、办事情有法治思维，问题的处理、决策的施行就以法治方式体现。第三，法治思维、法治方式与法治实践是相互作用、相辅相成的。领导干部主动、自觉并善于运用法治思维和法治方式治国理政，必然会促进一国或地方的法治实践，反之，一个国家、地方的法治实践状况又会影响到领导干部能否主动运用法治思维、法治方式。如果国家、地方的法治实践能够给予领导干部更主动、更自觉运用法治思维和法治方式的动力，则表明国家、社会已经进入法治状态。

二、为什么强调领导干部的法治思维

（一）法治思维强调对法治的遵从，并且是对法治的深化和扩展

法治思维以法治为根本出发点，以公平正义为最终的价值追求，其思维导向在于约束公权力，保护私权利。这种导向强调人们在想问题、作决策、办事情过程中，要遵循正当程序，追求公平、正义、民主、和谐等基本价值，一定程度上可以规避经济思维、军事思维、政治思维、

---

① 汪永清：《法治思维及其养成》，载《求是》2014 年第 12 期。

道德思维等单纯追求某种价值的片面性，有助于“良法善治”目标的实现。

法治思维具有规范作用，它强调一切以合法性为出发点，任何人、任何组织都没有超越宪法法律的特权。在这个意义上，经济思维、政治思维、行政思维、道德思维等，如果忽视法治的约束和规范，就很容易发生异化。发展评价唯 GDP 论、过分的妥协而忽视底线约束、权力的任性、泛道德主义等，都是忽视思维方式中法治的规范和约束的基本表现。自由裁量的必要限制、把权力关进制度的笼子、法治与德治相结合等基本论断，则都是在法治思维规范下的发展思维。法治思维的逻辑是对法律规则、原则、精神的基本遵循。以案件裁判为例，当有具体的法律规则可供选择时，案件应当严格依法律规则裁断是非曲直；当法律规则不明确或者没有现成的法律规则可以遵循时，案件裁判的依据应该是法律原则，如民法中的诚实信用、公序良俗等；当既无明确的规则、亦无法律原则可供选择时，案件的裁判依据就是法律精神，即公正、对人权的尊重和保障。因此法治思维是合法性、合理性、合目的性兼顾的思维方式，它最终的追求是建构，是社会和谐、人权保障的实现。

强调法治思维，并不意味着排斥其他思维方式。我们日常所熟悉的经济思维、军事思维、行政思维、政治思维、道德思维等，在不同领域、甚至就是在治国理政中，都有其发挥作用的空间，法治思维只是诸多思维方式中的一种。但是，法治思维与经济思维、政治思维、军事思维、行政思维、道德思维等相比较而言，在思维方法论中居于主导地位，对其他思维方式具有引导、规范和建构作用。也就是说，只有以法治思维为指导，经济思维、政治思维、行政思维、道德思维等才能真正实现其价值、发挥其作用。

（二）建设法治中国必须首先培育法治思维

十八届四中全会指明了法治中国建设的逻辑，即依法治国、依法执政、依法行政共同推进，法治国家、法治政府、法治社会一体建设。在这个逻辑中，人们对于法治的深刻理解和理念认同，是法治中国建设的前提和基础。法治思维是以法治理念为指导的思维方式。法治国家建设本身就是法治思维，法治国家建设也必须坚持、体现法治思维。党和政府也正是因为在理论、实践中对此已经有了成熟的认识，才越来越强调法治思维、法治方式。

必须肯定，改革开放以来特别是党的十五大以来，各级领导干部在推进依法治国进程中发挥了重要作用。当前领导干部法治观念在不断增强，依法办事能力也在不断提高，已经有了法治思维的习惯及实践表达。表现在：

一是公权力行为有了规范意识。以政府行为为例，凡是涉及行政相对人权益的事项和举措，政府已经能够有意识寻求制定出台规章或其他规范性文件，以此来表明价值理念和框定行为模式。执法方式和执法态度更趋于规范、文明等。

二是公权力行为人已经有了权利义务观念，如政府决策的法律风险评估。当进行重大决策或采取重大行动时，政府行为首先要寻求相应的法律依据，进行法律风险评估，这虽有规避风险的趋向，更重要的是政府为避免可能对相对人权利造成侵扰而选择的主动考量。

三是公权力行为人已经有了程序观念和权力限制的意识。如政府已经不是想当然地认为自己的行为结果就一定正确、合理，而是逐渐认识到行政结果可能被投诉、被复议、被行政诉讼，并能够正确认识和看待被投诉、被复议、被行政诉讼，把这些“约束”结果视为正常的社会反馈。

四是政府信息公开、诚信政府建设已经取得很大成绩。如对于政府规则或文件的制定等涉及相对人的行为举措，向社会公开、接受社会监督的意识越来越强化，能够通过听证会等相关程序，主动向社会公布，试行民主决策的实践，开门立法逐渐成为常态。但另一方面，在现实生活中，一些领导干部法治意识淡薄，有法不依、违法不究、知法犯法等现象还比较普遍。

首先，思想上清楚党和法的关系，但仍有以言代法、以权压法的习惯。法是党的主张和人民意愿的统一体现，党领导人民制定宪法法律，党领导人民实施宪法法律，党自身必须在宪法法律范围内活动，这就是党的领导力量的体现。党和法、党的领导和依法治国是高度统一的。自改革开放以来法治建设和法治教育培训的实践，树立法治理念基本成为国人、特别是领导干部的共识。接受法治的理念意味着承认宪法法律在国家和社会治理中具有至上的地位，认同我们就是在不折不扣贯彻以宪法为核心的依宪治国、依宪执政。但在实践中，一些领导干部还存在对党的执政地位、法为“治国之重器”的模糊性认识，把法与权、党与法哪个大、哪个居于首位作为问题讨论。有的甚至利用手中的权力以言代法、以权压法；有的不屑学法、心中无法，有的执法不严、粗暴执法，有的干预司法、徇私枉法；有的则利欲熏心、贪赃枉法，使法制、程序、监督、制约成了摆设。诚如习总书记指出的：“现在，一些党员、干部仍然存在人治思想和长官意识，认为依法办事条条框框多、束手束脚，凡事都要自己说了算，根本不知道有法律存在，大搞以言代法、以权压法。”[①] “法之不行，自于贵戚。”十八届四中全会明确指出，执政党在全社会中处于核心地位，这是中国最主要的政治特色，它同时决定了中国的法治尤其是司法的特色。因此，法治思维要求不能简单地判断谁大、谁居于首位，而是把法治上升为信仰，以法治理念为出发点和前提分析问题、处理事情，敬畏法律，遵守法律。

其次，理性中对官民关系认识清楚，但仍有为民作主、以法“治”民的意识。现代法治与传统法治的根本区别在于，传统法治是以法治民，法律是统治阶级管理社会、民众的工具，掌握工具的统治者不受法律的约束；现代法治的特点是“治”官、“治”权，是监督政府、约束公权力。改革开放特别是党的十八大以来，党性教育、公仆意识和公务员职业道德教育在各级党校、行政学院都已经成为必修课程，培训效果明显。但现实中“当官就是替民作主”“管理民众”的观念在一些干部心中仍有根

---

① 习近平：《加快建设社会主义法治国家》，载《求是》2015 年第 1 期。

蒂，在某种程度上甚至成为一些基层干部的“主流价值观”和“主流发展观”。2010年江西省宜黄县拆迁自焚事件发生后，县委书记、县长等领导干部被免职。宜黄县一名干部却投书媒体，为强拆辩护，称“没有强拆就没有新中国”。这篇强拆“自白书”说：“过高和过低估计农民的觉悟都是不对的，都会犯主观主义的错误。农民的任何要求都支持，貌似占据道德制高点，实则无助于现实问题的解决，最终还会损害他们的根本利益。”这种现象的主要原因是对传统法治和现代法治的简单混淆。

再次，实践中对法律的刚性和弹性把握不好，习惯于变通用法、弹性执法。法律既有刚性，也有必要的弹性。法律的刚性体现在法律规则中，规则是明确、稳定、权威的底线，非经法定机构法定程序的改变、不能逾越；法的弹性体现在法律原则、法律精神之中，法律的精神就是尊重并保障人权的最终实现。立法、执法、司法，最终目的是维护秩序，保障人权，实现社会公正。权力的行使、法律的执行都有自由裁量的空间，但自由裁量不能超过法律底线。前几年拆迁、信访问题是社会的热点、焦点问题，涉法涉诉信访甚至一度成为频发、高发的社会现象，成为政府维稳的“高压阀”。这些问题的原因是什么？当然，信访的发生原因很复杂，不可否认部分信访尤其是涉法涉诉信访中确实存在闹访、缠访、无理访等问题。但政府执法中维稳大于维权，因而变通执法、花钱买和谐等也是事实，同时，在执法中守不住法治的底线，领导干部为职位、政绩等所绑缚是更深层次的原因。近几年在反腐的高压态势下、面对社会矛盾纠纷，一些领导干部的胆商（胆识、勇气和魄力）少了，风险意识强了；创新求进少了，循规蹈矩意识强了；担当少了，稳中求进意识强了……遇到刚性的法律绕着走，遇到弹性的空间选择经验习惯路径依赖，或借口履职环境法律氛围不足选择主观保守、抵制法治，或声言法律不完善、责权利不明，怠于推进工作、履职尽责……其实质都是对法治的片面、教条理解，甚至还没有形成对法治思维的基本理解和认同。

思维指导行动，有什么样的思维方式，就有什么样的行为方式。“现在，广大干部群众的民主意识、法治意识、权利意识普遍增强，全社会对公平正义的渴望比以往任何时候都更加强烈，如果领导干部仍然习惯于人治思维、迷恋于以权代法，那十个有十个要栽大跟头。”[①] 而“这种现象不改变，依法治国就难以真正落实”。[②] 全面推进依法治国、建设社会主义法治国家这一目标任务的顺利实现，有赖于法治思维能力和法治思维习惯的养成。

（三）领导干部的法治思维能力水平制约着依法治国的历史进程

领导干部法治思维能力的提升有助于增强国家治理能力。法治是治国理政的基本方式，这一科学论断内在必然包含着法治体系是国家治理体系的有机构成要素，而且法治能力也是国家治理能力不可或缺的重要方面。[③] 由此，建设中国特色社会主义法治体系，着力增强在中国特色社会主义伟大事业中运用法治思维和法治方式的能力，既是实现国家治理现代化的重要基础和条件，也是提升国家治理体系和治理能力现代化的必然要求。“坚持法治思维，摈弃人治，是治国理政的重大政治问题。”[④] 在我国由传统社会向现代社会转型发展的过程中，受经济利益、多元思想、多元文化、多元价值追求的影响，人们的权利意识高涨，权利诉求越来越多，过去那种以计划、管制、命令、服从为基本方式的传统管理型思维已经不能适应社会转型期的要求。“我们需要更加强调法治思维的优先性和至上性”“唯将法治思维内化为每个个体的一种自觉意识，充分利用法治思维这一利器来形成对公权力机关的有效监督，防止公权力的专断，树立公权力机关的权威，增强公权力机关的公信力，进

---

① 中共中央文献研究室编：《习近平关于全面依法治国论述摘编》，北京：中央文献出版社2015年版，第124—125页。

② 习近平：《加快建设社会主义法治国家》，载《求是》2015年第1期。

③ 张文显：《法治与国家治理现代化》，载《中国法学》2014年第4期。

④ 江必新：《领导干部的法治思维与法治方式》，北京：中国法制出版社2014年版，第34页。

而形成持续和平稳定的秩序”，[①] 从而增强国家治理能力。

领导干部运用法治思维法治方式的能力是推进依法治国的根本保障。十八届四中全会强调，全面依法治国必须坚持党的领导。这一论断的理论阐释有很多，借用法治国家建设路径中的“党政推进型”[②] 论断，党对于法治国家建设的领导地位是由中国的基本国情以及随之而来的政党建设国家的模式所决定的。党领导人民取得了革命和战争的胜利，建立了新中国，党在国家建设事业中居于领导地位，法治建设当然也不例外。而且，历史经验证明，党对法治建设的科学认识和重视程度决定着中国法治的兴与衰。党重视法治则法治兴，党轻视法治则法治衰。强调党对法治建设的正确领导必然增强中国社会法治发展的自觉性，正确处理党的领导和法治建设的关系可以避免由于党的某些组织和领导人轻视法治所带来的不良后果。“党政推进型”法治建设路径，必须以党的领导作为政治保障，这种政治保障的实现，必然离不开作为领导干部的“关键少数”的作用。四中全会指出，“党员干部是全面推进依法治国的重要组织者、推动者、实践者”，领导干部必须自觉提高运用法治思维和法治方式深化改革、推动发展、化解矛盾、维护稳定能力。

领导干部的法治思维能力和水平对社会法治具有示范作用。分析现实中一些领导干部僭越法律、违法犯罪的直接原因是法律制度不健全、制度约束不力，更深层次的原因是他们缺乏法治思维的习惯，欠缺法治意识。因此，领导干部尊法、学法、守法、用法，不断提升法治思维能力，才能够真正有效担负起组织、推动经济社会发展和持续稳定发展的职责。孔子言：“其身正，不令而行；其身不正，虽令不从。”领导干部的法治思维能力，决定着他们自身遵守法律的水平，制约着他们适用法律的水平，也影响着社会公众的法治意识、影响着全民守法的实现状况。从根本上看，“法治思维的基本功能在于平衡多元的利益争端，从而达成利益

① 江必新：《领导干部的法治思维与法治方式》，北京：中国法制出版社 2014 年版，第 33—34 页。

② 程竹汝：《中国法治模式建构中的政治逻辑》，载《中共中央党校学报》2016 年第 4 期。

妥协，以实现社会的长治久安。”“就法治思维某个时段来说，它的效力可能比不上某些思维，甚至可能会引起暂时的矛盾和冲突。但从社会的长远利益来看，只要坚持以法治思维为指导，它的社会效果会越来越显著。”①

三、培育和提升领导干部法治思维能力

（一）法治思维培育的目标

1. 法治思维的目标是随着对新概念的阐释而逐步清晰的

十八届四中全会关于全面推进依法治国的重大部署中，从全面推进依法治国的战略高度深刻阐述了新时期法治宣传教育的重大理论和实践问题，其中尤其强调领导干部的法治思维和依法办事能力培育，要求领导干部把带头学法、模范守法作为树立法治意识的关键，完善国家工作人员学法用法制度，把宪法法律列入党委（党组）中心组学习内容，列为党校、行政学院、干部学院、社会主义学院必修课。领导干部法治意识、法治思维能力培育目标的确立，是随着法治思维的提出和阐释的深入逐步清晰的。

法治思维首次出现于官方文件，是 2010 年 10 月 10 日国务院印发的《国务院关于加强法治政府建设的意见》（国发〔2010〕33 号），明确要求：“行政机关工作人员特别是领导干部要带头学法、尊法、守法、用法，牢固树立依法治国、执法为民、公平正义、服务大局、党的领导为基本内容的社会主义法治理念，自觉养成依法办事的习惯，切实提高运用法治思维和法治手段解决经济社会发展中突出矛盾和问题的能力。”在这里，“法治思维”的主体是全体行政机关工作人员，特别是领导干部，强调的是对于运用法治思维和法律手段解决实际问题能力的培养。回顾历史，2004 年国务院制定了《全面推进依法行政实施纲要》，提出“全面

---

① 江必新：《领导干部的法治思维与法治方式》，北京：中国法制出版社 2014 年版，第 35 页。

推进依法行政，经过十年左右坚持不懈的努力，基本实现建设法治政府的目标”。各级人民政府对依法行政工作高度重视，加强领导、狠抓落实，法治政府建设取得了重要进展。但到2010年前后，随着我国经济社会发展进入新阶段，国内外环境更为复杂，挑战增多。转变经济发展方式和调整经济结构的任务更加紧迫和艰巨，城乡之间、地区之间发展不平衡，收入分配不公平和差距扩大，社会结构和利益格局深刻调整，部分地区和一些领域社会矛盾有所增加，群体性事件时有发生，一些领域腐败现象仍然易发多发，执法不公、行政不作为，乱作为等问题比较突出。这些突出问题的解决，要求进一步深化改革，加强制度建设，强化对行政权力运行的监督和制约，推进依法行政，建设法治政府。因此在国家治理层面，正确看待我国经济社会环境的新变化，准确把握改革发展稳定的新形势，及时回应人民群众的新期待，切实增强建设法治政府的使命感、紧迫感和责任感，是形势任务对各级行政机关及其领导干部的最根本要求。

2012年11月8日，党的十八大报告明确，法治是治国理政的基本方式，要“提高领导干部运用法治思维和法治方式深化改革、推动发展、化解矛盾、维护稳定能力”。这里不但进一步强化法治思维的主体是领导干部，而且明确要求，要把法治思维运用于改革、发展的全面工作之中，而不单单局限于解决矛盾、维护稳定；不仅强调“法治思维”，而且第一次增加了“法治方式”，从而使“思维”与“行为”达到了统一，法治思维的理论更加完整和成熟。

2012年12月4日，习近平总书记《在首都各界纪念现行宪法公布施行30周年大会上的讲话》中指出：“各级领导干部要提高运用法治思维和法治方式深化改革、推动发展、化解矛盾、维护稳定能力，努力推动形成办事依法、遇事找法、解决问题用法、化解矛盾靠法的良好法治环境，在法治轨道上推动各项工作。”这一讲话将“法治思维”和“法治方式”推广到更加广阔的管理领域。

2013年2月23日，习近平总书记在主持中共中央政治局第四次集体学习（依法治国主题）时再次强调："各级领导机关和领导干部要提高运用法治思维和法治方式的能力，努力以法治凝聚改革共识、规范发展行为、促进矛盾化解、保障社会和谐。"十八届三中全会通过的《中共中央关于全面深化改革若干重大问题的决定》再次强调法治思维："坚持依法治理，加强法治保障，运用法治思维和法治方式化解社会矛盾。"

2014 年 1 月 7 日，习近平总书记在中央政法工作会议上明确要求，党委、政法委要带头在宪法法律范围内活动，善于运用法治思维和法治方式领导政法工作，在推动国家治理体系和治理能力现代化中发挥重要作用。

2014 年 10 月 23 日，党的十八届四中全会通过的《中共中央关于全面推进依法治国若干重大问题的决定》将"提高领导干部法治思维和依法办事能力"提升为领导干部的时代能力，是"加强和改进党对全面依法治国的领导"的重要抓手，并指出："党员干部是全面依法治国的重要组织者、推动者、实践者，要自觉提高运用法治思维和法治方式深化改革、推动发展、化解矛盾、维护稳定的能力，高级干部尤其要以身作则、以上率下。"

2014 年 12 月 20 日，习近平总书记在庆祝澳门回归祖国十五周年大会暨澳门特别行政区第四届政府就职典礼上的讲话指出："人类社会发展的事实证明，依法治理是最可靠、最稳定的治理。要善于运用法治思维和法治方式进行治理。"在这里，习总书记将法治思维、法治方式提到国家治理现代化的高度。

2015 年 2 月 2 日，习近平总书记在中央党校"省部级主要领导干部学习贯彻十八届四中全会精神，全面推进依法治国专题研讨班"的开班式上作了重要讲话，再次要求"领导干部要带头遵守法律、执行法律，带头营造办事依法、遇事找法、解决问题用法、化解矛盾靠法的法治环境，谋划工作要运用法治思维，处理问题要运用法治方式，说话做事要先考虑一下是不是合法……领导干部要把对法治的尊崇、对法律的敬畏转化成思维方式和行为方式，做到在法治之下想问题、作决策、办事情"。

2015年10月29日，党的第十八届五中全会公报中深入分析了“十三五”时期我国发展环境的基本特征，认为我国发展仍处于可以大有作为的重要战略机遇期，也面临诸多矛盾叠加、风险隐患增多的严峻挑战。我们要准确把握战略机遇期内涵的深刻变化，更加有效地应对各种风险和挑战，继续集中力量把自己的事情办好，不断开拓发展新境界。党中央明确，“十三五”时期更要“运用法治思维和法治方式推动发展，全面提高党依据宪法法律治国理政、依据党内法规管党治党的能力和水平”。

2. 领导干部法治思维的培育目标具有三个层次

从上述党和国家相关文件的阐释中可以看出，领导干部法治思维的培育目标体现在三个层面：

第一，法治思维是领导干部深化改革、推动发展、化解矛盾、维护稳定的基本能力。只有具备这些能力，领导干部才能够发挥改革、发展、稳定的推动者、实践者、组织者、示范者的作用。

第二，法治思维是领导干部的时代能力，是新时期新形势对领导干部素质提出的时代要求。法治是人类社会政治文明的重要成果。“依法治国，是坚持和发展中国特色社会主义的本质要求和重要保障，是实现国家治理体系和治理能力现代化的必然要求，事关我们党执政兴国，事关人民幸福安康，事关党和国家长治久安。”为此，我们必须坚持中国共产党的领导、坚持人民主体地位、坚持法律面前人人平等，坚持依法治国和以德治国相结合，坚持从中国实际出发，这是顺应推进国家治理体系和治理能力现代化的需要。这些目标的实现需要诸多条件，其中对于领导干部这个“关键少数”而言，就是能不能达到法治“GDP”考核要求。

第三，法治思维培育的最终目标，就是要形成办事依法、遇事找法、解决问题用法、化解矛盾靠法的法治环境，让人们、特别是领导干部习惯于在这样的环境中进行伟大的斗争、建设伟大的工程、推动伟大的事业、实现伟大的梦想。法治环境就是“以法治文化为支撑，推动法治形成和发展的特定的外部条件。这种特定的外部条件是与人的认识、观念、态度、习惯等密切相关的，表征为一定社会的法治风尚、法治习惯和法治氛围”。[①] 它“是长期潜移默化形成的，以法治文化为支撑，确保法治中国建设产生较好效果、达到较高程度的客观条件”。[②] 对于全社会而言，法治思维培育的最终目标，就是要使人们从被动守法、被迫守法提升到主动守法、自觉守法的新境界，真正尊崇法治、信仰法治。

（二）法治思维的判断标准

法治不仅要求具备一套法律规范体系，还是价值共识、制度共识和行为共识的凝结。由此可以说，有没有法治思维、是不是以法治思维法治方式推动工作，简单而言也有三个判断标准，即内心的信仰、制度的遵从、行为的实践。

1. 对法治的内心信仰

美国学者伯尔曼有一句名言：“法律必须被信仰，否则它将形同虚设。”在中国特色社会主义法治建设的理论指导下理解法律必须被信仰，其所强调的应该是信仰法律所维护的秩序，信仰法律的价值。法律的生命在于实施，但法律实施不仅仅是对法律规范的遵守，在更深层次上乃是对法律所承载的价值理念的认可和向往。过去人们习惯于把法律当作一种工具，但法律不该只是工具，它是一种规范、一种秩序、一种标准、一种价值。依法治国、建设法治国家，要求一切主体认同法治理念、尊重法治制度、遵照法律行事。因此全社会的法律信仰特别是领导干部内心对法治的信仰，是法治的基础。信仰法律是尊崇法律的前提，信仰法律是依法执政、依法行政的前提。法治的核心是规则在心里成为一种行动的自觉，而不是依靠强制这种外在的力量。

2. 对制度的遵守

法治思维的基本表现就是对法律制度及制度实施机制的遵守，另一

---

① 公丕祥主编：《社会主义核心价值观研究丛书·法治篇》，南京：江苏人民出版社 2015 年版，第 270 页。

② 最高人民法院中国特色社会主义法治理论研究中心主编：《法治中国——学习习近平总书记关于法治的重要论述》，北京：人民法院出版社 2014 年版，第 136 页。

方面，完备的制度体系及其实施机制本身就是法治思维的体现。当下中国已经有了较为完备的法律规范制度体系及实施机制。2011 年 3 月，时任全国人大常务委员会委员长的吴邦国同志宣布，一个立足中国国情和实际、适应改革开放和社会主义现代化建设需要、集中体现党和人民意志的，以宪法为统帅，以宪法相关法、民法商法等多个法律部门的法律为主干，由法律、行政法规、地方性法规与自治条例、单行条例等三个层次的法律规范构成的中国特色社会主义法律体系已经形成。这标志着中国已在根本上实现了从无法可依到有法可依的历史性转变，各项事业发展步入法制化轨道。十八届四中全会将中国的法律体系建设推进到法治体系建设，明确中国特色社会主义法治体系是一个由完备的法律规范体系、高效的法治实施体系、严密的法治监督体系、有力的法治保障体系、完善的党内法规体系共同构成、相互作用的系统，这个系统的建设是法治思维的表现，这个系统本身，也是领导干部“办事依法、遇事找法、解决问题用法、化解矛盾靠法的法治环境”。

3. 积极的法治实践

马克思曾明确指出：“人的思维是否具有客观的真理性，这不是一个理论问题，而是一个实践问题。人应该在实践中证明自己思维的真理性，即自己思维的现实性和力量，自己思维的此岸性。”[①] 社会主义法治建设本身就是一个伟大的实践问题，社会主义法治理论来源于实践，又指导实践。因此，中国的法治建设是在社会主义法治理论的指导下，以一个个具体问题的解决为前提，从实践到认识，再从认识到实践，循环往复以致无穷。在推进国家建设和发展的历史进程中，法治思维的理论也是不断丰富、并随着国家法治建设的实践不断成熟的。近几年特别是党的十八大以来，以法治思维推动工作逐渐成为领导干部的时代要求，四中全会明确：“提高党员干部法治思维和依法办事能力，把法治建设成效作为衡量各级领导班子和领导干部工作实绩重要内容、纳入政绩考核指标

---

① 马克思、恩格斯：《马克思恩格斯文集》（第一卷），北京：人民出版社 2009 年版，第 503—504 页。

体系，把能不能遵守法律、依法办事作为考察干部的重要内容。”当法治思维成为考察干部的“GDP”，法治思维已经上升为领导干部的必备能力，是政治文明时代领导干部的必备素质。因此，在法治之下“想问题、做决策、办事情”是法治思维，积极践行科学立法、严格执法、公正司法也是法治思维。领导干部推动社会主义事业的伟大实践中的积极行为，都是衡量法治能力和水平的指标。

（三）提升法治思维能力的路径

与法治思维的判断标准相适应，法治思维的培育应当遵循理念、制度、行为的逻辑，即树立法治理念，加强制度约束，积极参加法治实践。

1. 树立法治理念

理念是行动的先导。对法治的信仰本身是与法治的理念联系在一起的。法治理念是法治的灵魂，体现着法治的精神实质和价值追求，解决为什么实行法治以及如何实现法治的问题。我们说法治是治国理政的基本方式，是现代国家治理的目标，主要是从法治理念和价值的角度讲的。法治理念的主要内容可以概括为三点，一是对公民权利、自由的尊重和保障，保障人权；二是控制公权力，把公权力（包括国家公权力、社会公权力，甚至包括国际公权力）关进制度的笼子里；三是维护公平正义，[①]“要使事物合于正义（公平），须有毫无偏私的权衡，法律恰恰正是这样一个中道的权衡”。[②]很显然，法治理念正是现代国家治理追求的目标。“四个全面”战略部署的实现，最终目的就是保障人的可持续发展、权利、自由、幸福，控制公权力和维护社会的公平正义。领导干部对于这些理念和价值的认同、遵守、信仰，是培育和提升法治思维的前提，也是法治思维的出发点和指导思想。

美国诺贝尔奖获得者弗里德曼曾说，不用担心中国偷窃美国的技术，因为美国可以更快地发明新的技术；最应该担心的是中国偷窃的是美国

---

① 姜明安：《改革、法治与国家治理现代化》，载《中共中央党校学报》2014 年第 4 期。

②〔古希腊〕亚里士多德：《政治学》吴寿彭译，北京：商务印书馆 1965 年版，第 169 页。

独立宣言、宪法等代表美国价值的东西，当中国开始拷贝这些东西时，才是中国真正强大的开始，那才会对美国构成实质威胁。这其中体现的就是法治理念的形成对于提升我们的国际竞争力的实质性影响。法治思维能力，首先来源于对法治自主、自愿的理念认同。

2. 建立完善制度并接受制度约束

制度的主要功能，就在于它作为一系列规则，使得人的行为选择可以有预期、决策有可供遵循的依据，日常行为规范有指引、预测、评价的标准。法律制度以及制度实施体制机制的目的在于引导、规范、激励和保障人们能够在制度设置的环境中有秩序地生活。以法治思维指导行为选择，就是在接受制度约束下想问题、办事情、作决策。在这个意义上，培育和提升领导干部的法治思维能力，必要的制度包括但不限于以下几个方面：

一是学法用法制度。尊法守法的前提是学法、用法。毛泽东同志曾经说："人的因素是决定性的，任何法律制度，不管其制定得如何好，最后还是要靠人去执行的。"没有对法的学习和理解，有好的制度也得不到执行。邓小平同志也指出："加强法制的根本问题在于教育人。"只有人的问题解决了，尤其是人对于法治的认识和理解问题解决了，才能够形成法治思维、以法治思维指导推动国家、社会建设。党中央、国务院历来重视学法用法工作。党的十八大以来，习近平总书记多次对国家工作人员学法用法工作作出重要指示、提出明确要求，2015 年 2 月，习近平总书记在省部级主要领导干部"学习贯彻十八届四中全会精神全面推进依法治国专题研讨班"开班式上的讲话指出："领导干部要做尊法学法守法用法的模范，带动全党全国共同全面推进依法治国。"结合四中全会要求，应当逐步完善国家工作人员学法用法制度，完善并坚持党委（党组）中心组学法制度，完善党校、行政学院、干部学院、社会主义学院法治教育培训制度；落实《关于完善国家工作人员学法用法制度的意见》《中央宣传部、司法部关于在公民中开展法治宣传教育的第七个五年规划》要求，建立健全适合干部教育规律的领导干部学法用法制度。

二是法治考评制度。考核和宣传教育两种手段相结合，对法治教育、法治思维培育具有重要的制度价值。法治考评的方式方法主要有：（1）法治 GDP 考核。四中全会《中共中央关于全面推进依法治国若干重大问题的决定》首次提出："把法治建设成效作为衡量各级领导班子和领导干部工作实绩重要内容，纳入政绩考核指标体系。把能不能遵守法律、依法办事作为考察干部重要内容，在相同条件下，优先提拔使用法治素养好、依法办事能力强的干部。"这被学界、实务界解读为法治 GDP 考核。法治 GDP 最早是针对如何为法治发展提供强大动力、让法律的实施不再成为难题而提出的。其基本的设计思路是针对我国行政主导社会经济发展、干部任命制自上而下的特殊行政体制，以全新的政绩观为突破口，把法治引入政府官员的政绩考核体系，形成全新的考核体系，推动依法行政，约束各级领导干部自主、自觉依法行政。[①] 当然，"法治 GDP"具有动态化特征，考核评价标准及指标体系设置的科学化等问题，需要结合实践发展相应进行调整。但从北京、江苏等地的实践检验看，法治政府建设考评、依法行政指标体系考核等制度实践，对于领导干部法治思维法治方式的运用，具有较好的约束、导向作用。（2）选人用人制度。法治思维能力的培养，"用人导向最重要、最根本、也最管用"。习近平总书记强调说："法治素养是干部德才的重要内容。要把能不能遵守法律、依法办事作为考察干部重要内容。要抓紧对领导干部推进法治建设实绩的考核制度进行设计，对考核结果运用作出规定。要落实党的十八届四中全会就此提出的一系列制度安排，使其早日形成，早日发挥作用。"结合《推进领导干部能上能下若干规定（试行）》，选人用人制度设计应与法治思维能力训练相结合，逐步提高科学化水平。（3）年度、任职考评制度等，有些地方已经实践的、在干部年终述职中，专门设置"述法"的内容要求；在任职考核中，设计学法用法执法考核项目等。

三是权力监督制度。"权力是个神圣的东西。"[②] 马克思主义权力观强

① 马怀德：《法律实施有赖于"法治 GDP"的建立》，载《人民论坛》2011 年第 10 期。

② 习近平：《之江新语》，杭州：浙江人民出版社 2013 年版，第 159 页。

调权力来源于人民、用之于人民、受人民监督。一段时间里山西吕梁是腐败重灾区之一，涉及干部多、面积大、金额大，市内有名的企业家几乎也都涉案，山西省委深刻分析后认为，权力任性是最主要的原因，权力不受约束、没有监督，必然干坏事。十八大以来我们党和国家越来越强调从制度建设的高度建构权力制约和监督体系、预防腐败体系。习近平总书记指出："要让人民监督权力，让权力在阳光下运行，确保国家机关按照法定权限和程序行使权力。"[①]"要加强对权力运行的制约和监督，把权力关进制度的笼子里，形成不敢腐的惩戒机制，不能腐的防范机制，不易腐的保障机制。"接受权力监督和制约的观念，从党委会的权力运行和监督、行政权力的监督、一把手的监督等不同层面，加强制度建设，既是法治思维的体现，也是形塑领导干部法治思维的外在环境。

四是问责制度。责任不仅是一种规范性的存在，更是责任主体基于一定的认识、把责任内容内化于心的一种意识性、观念性表现。[②]对领导干部而言，权力即责任，责任即担当，"为官避事平生耻"。制度性的责任除了靠责任主体自觉自愿地遵守和履行之外，必须通过强有力的问责机制才能实现。[③]十八大以来我们党和国家也特别重视责任追究制度建设，十八届六中全会强调，有权必有责、有责要担当，用权受监督、失责必追究。从我国政治运行的实践出发，责任体系可以简单区分为党内责任、政府责任。党内责任相关规定主要见诸于《中国共产党问责条例》《中国共产党党内监督条例》《中国共产党纪律处分条例》《中共中央关于加强党的执政能力建设》等制度规范中；政府责任体系则集中体现在行政诉讼法、行政复议法、行政监察法、国家赔偿法、行政处罚法、行政许可法、公务员法、刑法等法律中。十八届四中全会明确提出要建立重大行政决策的终身责任追究制度和责任倒查机制，对决策严重失误

---

① 中共中央文献研究室编：《十八大以来重要文献选编》，北京：中央文献出版社 2014 年版，第 136 页。

② 夏锦文主编：《法治思维》，南京：江苏人民出版社 2015 年版，第 294—297 页。

③ 韩志明：《中国问责：十年风雨路》，北京：新星出版社 2013 年版，第 12 页。

或者依法应及时作出决策但久拖不决造成重大损失、恶劣影响的严格追究行政首长和相关责任人员的法律责任。应当看到，新时期干部履职责任制度将越来越完善，应当结合对党内法规及国家法律的学习，重视责任追究制度、加强责任追究制度建设，以责任追究倒逼法治思维能力的提升。

3. 积极参加法治实践

实践是最好的老师，参加法治实践是检验自身法治思维与法治方式能力的重要途径。党的十八大特别是四中全会以来，党和国家关于法治建设的所有战略部署、制度建设，都需要在实践中付诸实施。目前应当特别强调领导干部重视和参加以下法治实践活动。

（1）参加行政诉讼，出庭应诉。十八届四中全会强调指出："健全行政机关依法出庭应诉、支持法院受理行政案件、尊重并执行法院生效裁判的制度。"2014 年 11 月 1 日，十二届全国人大常委会十一次会议通过了《关于修改〈中华人民共和国行政诉讼法〉的决定》，新的行政诉讼法第 3 条第 3 款规定，被诉行政机关负责人应当出庭应诉。不能出庭的，应当委托行政机关相应的工作人员出庭。该制度的建立及其实施，有利于提高行政机关的执法水平，缓解官民矛盾。行政机关负责人出庭应诉本身就是执行法律、践行法治，同时也是了解依法行政实际、提升法治水平的一种实践。从 2015、2016 两个年度北京市第四中级人民法院对行政诉讼案件的分析总结看，北京市涉讼行政机关领导干部出庭应诉几乎达到 100%。

（2）践行依法决策。行政决策贯穿于包括行政立法在内的行政活动的整个过程，行政决策本身可能构成行政活动的全过程，也可能成为行政活动中的某一部分或者阶段。能否按照依法决策的要求、在决策实践中真正依法，是领导干部法治思维、法治方式能力最经常、最现实的实践检验。2014 年，《中共北京市委关于贯彻落实党的十八届四中全会精神全面推进法治建设的意见》指出，为深入贯彻落实党的十八届四中全会精神，全面推进北京法治建设；推进重大行政决策程序地方立法，把重大行政决策纳入法治化轨道。落实法律法规需要行为实践。例如北京长安街及其延长线等 10 条道路禁止电动自行车行驶的规定，决策的过程就较好地践行了依法、民主、科学化的要求，决策“前期经过了多次研究调研，多部门联合分析会议，同时，还邀请社会各界一起座谈”。在法治建设的过程中，落实依法决策机制，可能一定程度上影响到行政效率，但忽视程序等限制、出于管理需要等而仓促决策，很可能会制造新的矛盾或问题，违背依法行政的要求。

（3）落实政府法律顾问制度。我国的政府法律顾问制度起源于 20 世纪 80 年代，经历了从试点到逐步成熟的不同阶段，主要包括以下三种形式：由政府司法行政部门建立公职律师制度，由公职律师担任政府法律顾问；由各级政府及政府部门直接聘请专家、律师作法律顾问；由各级政府法制办负责，组建政府法律顾问机构。第三种模式较为普遍，即通过各级政府的法制部门牵头，整合学者、律师等社会各个领域的法律人才，组建政府法律顾问队伍。十八届四中全会提出“建立政府法制机构人员为主体，吸收专家和律师参加的法律顾问队伍”。落实法律顾问制度，保证顾问在制定重大决策、推进依法行政中发挥积极作用，这个过程本身也是法治思维和法治方式的体现。

（4）重视司法建议、落实司法建议。司法建议是司法监督行政的重要方式，司法建议主要是针对行政执法中的问题和隐患提出的，有助于政府机关完善制度、推进依法行政。对于行政领导干部而言，要特别注意对于司法建议的研究和落实，通过建立司法与行政之间就司法建议发送、落实和反馈情况的信息沟通机制等，提高司法建议回函率，提高自身依法行政能力。

当然，提升领导干部法治思维能力的实践活动体现在法治建设的诸多方面，以上也仅是法治建设中的几个新的制度建设及其落实而已。

（四）领导干部法治思维的培育要避免三种倾向

领导干部的法治思维及其能力，着眼点是理念的塑造和习惯的养成。

法律只有被信仰，成为坚定的信念，才能内化为人们的行为准则。依法治国，包括用法律规则治国，用已经形成的成文法原则和规则治国，用法律的头脑、法律人的思维治国。因此领导干部法治思维的培育，既不能简单追求宣示性教育，也不能流于知识性学习，而应当强调领导干部理论素养的提升、认知水平的提升、观念意识的塑造、行为习惯的引导。在意识形态和理论建构方面，须廓清法治是人类政治文明的选择的自然和社会演进必然，从文明秩序、理念认同的角度，强化法治实属理性之治的逻辑必然。认知与行为习惯方面，须强调对权力的限制、程序性思维、权利义务观念以及法治的建构性功能等。权力及其限制，必将成为今后中国法学界政治界反复争议的焦点问题。当权力和法律冲突时，政治家能够收敛权力，而服从规则。这就是法治的长远目标，不可能一蹴而就。法治如同人格提升的过程，需要人在必要的教育之下、在行为实践之中，逐渐习惯并遵从。这样做，要避免以下三种错误倾向：

1. 避免法治教条主义

领导干部的法治思维能力和习惯，意味着领导干部要依法治国、依法执政、依法行政，意味着“研究问题先学法，制定政策遵循法，解决问题依靠法”的基本认知和习惯的养成。这里强调的是理念上对法律的信仰和遵从，习惯上受法律的约束，行为中尊重规则（制度）、依从程序、重视权利、追求公平正义。但是，一味强调学法、遵法、依靠法，要求领导干部做任何事情都要用法律去思考、去分析，作任何决策要考虑经济效果、社会效果、法律效果，却有法治教条主义之嫌。首先，不能要求领导干部都成为法律专家，毕竟习法、用法是法律人的职业追求。其次，法不可能做到对社会规范的巨细靡遗，在法律滞后于社会现实或法无对新生事物予以规范时，领导干部不能怠于行为或者不作为。习总书记强调“重大改革要于法有据”，并不否定按照法治的精神进行创新性探索。再者，经济效果、社会效果、法律效果并不是简单的并列概念，一定程度上，法律效果寓于社会效果之中，不能为法治而片面强调法治效果。应然的逻辑应当是，要坚持法治是治国理政的基本方式，依法治国是治国理政的基本方略，同时也得注重发挥政治、德治、自治规范和契约、纪律等多种方式手段的作用。[①] 单纯的、片面的法治、忽视其他手段和方式的匹配，是法治教条主义，不仅不能加速、甚至可能妨碍治理体系和治理能力现代化。

2. 避免法治追随主义

现代意义上的法治是西方社会的"舶来品"，再加上近现代以来西方文化的强势影响，我国理论界在法治问题上形成了轻薄中国实践的认知偏向，西方的理论和制度常常被法学人奉为中国必须效仿的"典范"和检视中国实践的"标准"，动辄援引西方政治或者法学家的某些论述为我国本土的制度建设提供"正当性"论证。甚至有观点认为，依法治国的本意就是排斥政党领导、强调党的领导就不是依法治国，而是搞"党治"。毋庸讳言，作为法治发展中国家，我们在法治的核心价值、基本原则、基本方法诸方面，在法律制度尤其是部门法如民商事法律制度，对西方都有明显的借鉴和拿来主义。但是，法律制度的引进和法治模式的追求并不是一回事。按照政治文明演进的逻辑，对人类发展的制度文明成果的借鉴和学习是一种历史和逻辑必然，况且任何学习和借鉴的立足点应当是中国法治建设和发展的实际。

目前，我国法治建设中仍面临一些理论上较为困惑、实践中无法绕开、必须直面的重大问题，这些问题解决的前提只能是立足国情土壤、理性看待西方，走一种自主型的、并非简单追随西方的法治进路。因为，一个社会的法治如果能够建立或形成，最根本的原因是这种法治大致满足了社会的需要，而不是因为它承袭了先前的制度；当然，法治的形式或制度安排以及对其正当性的表述可以借鉴甚至套用前代的成果[②] 或者域外的经验、制度，先前的法治成果是作为知识的资源而被制度创造者运用的。中国的法治进路要把解决中国实际问题、实现有效的社会控制与治理的要求渗透到法律及其运作的整个过程之中，从而形成与中国国

---

① 李林：《依法治国与推进国家治理现代化》，载《法学研究》2015 年第 5 期。

② 苏力：《道路通向城市——转型中国的法治》，北京：法律出版社 2008 年版，第 6 页。

情相适应的中国特色社会主义法治体系。“资产阶级是按照自己的面貌为自己创建出一个世界”，而今天，我们要甩开学习模仿的那一步，跳出法治追随主义的圈子，根据中国国情走中国特色的社会主义法治道路。领导干部尤应立足中国国情、跟上国家发展步伐，学习探讨如何让几近完备的法律规则体系发挥应有的作用，如何在党的领导、人民当家作主、人民代表大会制度完善之间，寻求法治实施体系、法律监督体系、法治保障体系、党内法规体系间的协调运作。

3. 避免法律中心主义

人在法治问题上有一种较为普遍的倾向，认为法治社会必然是把法律的作用尤其是司法的作用放在最突出的地位；社会治理中法律是最主要、甚至唯一的方式和手段。这种认识或倾向与法治的总体趋势并不吻合。庞德曾指出“有效法律行为的限度”，即在现代社会的控制中，法律既有其特定优势，也有其重要的局限，法律应当与其他社会控制手段共同发挥作用。当代美国学者考默萨通过对环境污染侵权纠纷、城市规划纠纷（类似于我国的征地拆迁纠纷）、集团诉讼（群体性纠纷诉讼）等现象的大量分析后认为，现代社会中，社会关系的调整以及社会矛盾的解决主要是法律、政治过程、市场这三种方式或手段；而人数众多和问题复杂是决定这三种方式具体适用的两个重要变量。① 考默萨有一段特别值得我们思考的话：“在全世界范围内建立法治社会的浪潮中，有许多可圈可点的经验教训。我们时常听到这样一种呼声，呼吁在最难以实施法治的制度中建立一种稳定、清晰、平等适用的法治体系，在人数众多、事件本身错综复杂的时候，社会对于法治的需求也是最大的，但此时也是法治的供给最为短缺的情形。这并不是说司法制度就不能担当起处理那些棘手的社会问题的重任，而是说，法院不太可能长时期广泛而深入地介入社会问题的解决。”② 这都意味着，法治精神并不排斥对治理方式中各种力量的优势整合和选择，实行法治也不意味着就是法律中心主义，

① 顾培东：《我的法治观》，北京：法律出版社 2013 年版，第 119—120 页。

② 〔美〕美尼尔·K·考默萨：《法律的限度》，北京：商务印书馆 2006 年版，第 173 页。

真正有效的经验是把法律和其他社会控制资源结合起来，根据特定的社会条件，综合、协调地发挥其作用。[①]

应当说，一种思维方式及其习惯的养成，是长期的教育、实践中逐步习得的过程。尤其对成人而言，由已经习惯的行政思维、权力思维、管理型思维等诸多可能的思维习惯或方式，转而选择或有意识地习惯一种更多规则约束、更多程序性要求的思维和行事方式，本身就是一个逐步习惯并且长期地、有意识地去塑造的过程。在“四个全面”战略部署的推进实施中，领导干部肩负着重要的职责，因此习近平总书记强调：“领导干部要把对法治的尊崇、对法律的敬畏转化成思维方式和行为方式，做到在法治之下、而不是法治之外、更不是法治之上想问题、作决策、办事情。”唯有如此，法治国家、法治政府、法治社会共同建设，依法治国、依法执政、依法行政一体推进才有保障，唯有如此，科学立法、严格执法、公正司法、全民守法才能实现。

① 顾培东：《我的法治观》，北京：法律出版社 2013 年版，第 120 页。

第四讲
弘扬宪法精神　树立宪法权威

习近平总书记指出："依法治国，首先是依宪治国；依法执政，关键是依宪执政。"宪法权威至上是现代法治的根本要求，要建设社会主义法治国家，必须大力弘扬宪法精神，切实树立宪法权威。2016 年 12 月 19 日中共北京市委组织部、中共北京市委宣传部、北京市司法局、北京市人力资源和社会保障局联合公布《关于完善北京市国家工作人员学法用法制度的实施意见》明确要求，坚持把学习宪法及相关法放在首位，深入学习宪法确立的基本原则、国家的根本制度和根本任务、国体和政体、公民的基本权利和义务等内容，培养宪法意识，树立宪法至上理念，自觉遵守宪法，维护宪法实施，确保一切组织和个人以宪法为根本活动准则，确保国家工作人员特别是党的各级组织和领导干部在宪法法律范围内活动。

一、宪法的基本内容

宪法是国家的根本大法，是治国安邦的总章程，在整个国家的法律体系中具有最高的地位和最高的法律效力。宪法的这种性质和地位，决定了各国宪法主要规定有关各国全局性的重大问题，规定统治阶级的根本利益问题。一般来说，宪法的内容主要包括以下几个方面。

（一）公民的基本权利与义务

1. 公民的基本权利

公民的基本权利是指公民依照宪法规定享有的人身、政治、经济、文化等方面的基本权益。根据我国宪法的规定，我国公民享有以下基本权利和自由：

（1）平等权。我国宪法规定："中华人民共和国公民在法律面前一律平等。"这是我国公民的一项基本权利，也是社会主义法制的一个基本原则。其基本精神是：凡我国公民都平等地享有宪法和法律规定的各项权利，也都平等地履行宪法和法律规定的各项义务；任何公民的合法行为，都平等地受到法律保护，违法犯罪行为也都平等地受到法律的制裁；任何公民都不得有超越宪法和法律的特权。

（2）人身自由权。公民的人身自由是公民参加各种社会活动和享有其他权利的先决条件，它包括生存权和自由权。公民人身自由的主要内容包括：

人身自由权，即公民的人身自由不受侵犯，非经人民检察院批准或者决定或者人民法院决定，并由公安机关执行，不受逮捕；禁止非法拘禁和以其他方法非法剥夺或者限制公民的人身自由，禁止非法搜查公民的身体。

人格尊严，即公民的人格尊严不受侵犯，禁止用任何方法对公民进行侮辱、诽谤和诬告陷害。

住宅不受侵犯，禁止非法搜查或者非法侵入公民住宅。

通信自由和通信秘密，即公民的通信自由和通信秘密受法律保护。除因国家安全或追查刑事犯罪的需要，由国家安全部门、公安机关或者检察机关依照法律规定的程序对通信进行检查外，任何组织和个人不得以任何理由侵犯公民的通信自由和通信秘密。侵犯公民的上述人身自由权利构成犯罪的，应当受到刑事制裁。

（3）政治权利和自由。政治权利和自由包括两部分内容：一是政治权利，含选举权和被选举权；二是政治自由，含言论出版自由、集会结社自由和游行示威自由。

选举权和被选举权，这是公民参加管理国家事务的一项最基本的政治权利，体现了我国人民当家作主，管理国家事务的主人翁地位。我国法律规定，凡年满 18 周岁的公民，不分民族、种族、性别、职业、家庭出身、宗教信仰、教育程度、财产状况、居住期限，都有选举权和被选举权。但依法被剥夺政治权利的人除外。

政治自由，这是公民表达个人见解和意愿，进行正常社会活动，参加国家管理的一项基本权利。但公民的这些政治权利和自由必须依法行使，不得损害国家的、社会的、集体的利益和其他公民的合法权利和自由，否则不仅得不到法律的保护，反而要受到法律的制裁。

（4）宗教信仰自由。宗教信仰自由是指每个公民既有信仰宗教的自由，也有不信仰宗教的自由；有信仰这种宗教的自由，也有信仰那种宗教的自由；在同一宗教里，有信仰这个教派的自由，也有信仰那个教派的自由；有过去信教而现在不信教的自由，也有过去不信教而现在信教的自由。

国家保护正常的宗教活动。正常的宗教活动应当：公开的、有组织的；在宗教活动场所进行，不得妨碍社会秩序、生产秩序和工作秩序；与行政、司法和教育相分离；非封建迷信活动；坚持独立自主办教，不受外国宗教势力的干涉和控制。

（5）监督权和取得赔偿权。监督权，公民对国家机关及其工作人员进行批评、建议、申诉、控告或者检举的权利。

取得赔偿权，由于国家机关及其工作人员侵犯公民权利而受到损失的人，有依法取得赔偿的权利。

（6）社会经济权利。社会经济权利的内容包括以下方面：

劳动权，即有劳动能力的公民有获得工作并取得相应报酬的权利。劳动是一切有劳动能力的公民的权利和义务。国家采取各种措施和途径，创造劳动就业的条件，加强劳动保护，改善劳动条件，提高劳动报酬和福利待遇，保障劳动权利的实现。

休息权，即劳动者为保护身体健康和提高劳动效率而休养生息的权利。国家建设和完善劳动者休息和休养设施，规定职工的工作时间和休假制度，保障劳动者休息权利的实现。

退休人员的生活保障权，国家依照法律规定实行企业事业组织的职工和国家机关工作人员的退休制度，并保障退休人员的生活水平不降低。

物质帮助权，即公民在年老、疾病或者丧失劳动能力的情况下，有从国家和社会获得物质帮助的权利。国家建立待业保险、养老保险、社会救济、医疗卫生等社会保障制度，以保障公民享有和行使这一权利。

（7）教育、科学、文化权利和自由。我国宪法规定，公民有受教育的权利和义务，国家培养青少年和儿童在品德、智力、体质等方面全面发展；公民有进行科学研究、文学艺术创作和其他文化活动的自由，国家对于从事教育、科学、技术、文化、艺术和其他文化事业的公民的有益于人民的创造性工作，给以鼓励和帮助，并保障公民享有和行使这些权利和自由。

（8）妇女、婚姻、家庭、母亲、儿童和老人受国家保护。我国宪法规定，妇女在政治、经济、文化、社会和家庭生活各方面享有同男子平等的权利。国家依法保护妇女的合法权益，实行男女同工同酬，培养和选拔妇女干部的政策。同时宪法还规定，婚姻、家庭、母亲、儿童和老人受国家保护；实行计划生育是男女双方的义务；父母有抚养教育未成年子女的义务；成年子女有赡养扶助父母的义务；禁止破坏婚姻自由，禁止虐待儿童和老人；对虐待儿童和老人，以及拐卖妇女和儿童的犯罪，依法严厉惩处。

2. 公民的基本义务

（1）维护国家统一和全国各民族团结。这是我国公民必须履行的基本义务之一。国家的统一和全国各民族的团结，是建设有中国特色社会主义事业取得胜利的基本保证，也是实现公民基本权利的保证。全体公民必须自觉履行这一义务，坚决反对任何分裂国家和破坏民族团结的行为。

（2）遵守宪法和法律，尊重社会公德。我国宪法和法律是工人阶级领导的广大人民群众共同意志和利益的集中体现和反映，遵守宪法和法律就是尊重人民的意志，维护人民的利益；尊重社会公德，是社会主义精神文明的重要内容，是维护社会安定团结的需要。所以，每个公民都应自觉遵守宪法、法律和社会公德，与一切违反宪法和法律、破坏社会公德的行为作斗争。

（3）维护祖国安全、荣誉和利益。这是保障社会主义现代化建设和改革开放顺利进行的需要，任何公民不得为一己私利或小集团的利益而有损国家的安全、荣誉和利益。如果危害国家安全，给国家利益造成损害，要依法追究其刑事责任。

（4）保卫祖国，抵抗侵略，依法服兵役和参加民兵组织。保卫祖国，抵抗侵略是每一个公民应尽的职责，也是维护国家独立和安全的需要，是保卫社会主义现代化建设、保卫人民的幸福生活的需要。所以，每一个公民都必须自觉地依法履行这一光荣义务和神圣职责。

（5）依法纳税。税收是国家财政收入的重要来源之一。它“取之于民，用之于民”。公民依法纳税，对于增加国家财政收入，保证国家经济建设资金的需要，改善和提高人民生活都具有重要意义。每个公民应自觉遵守和执行国家税收法规和政策，与偷税、漏税、抗税的违法行为作斗争，以维护国家的利益。

（二）国家基本制度

1. 人民民主专政制度

国家的性质即国体，指的是国家的阶级本质，体现了各阶级在国家中的地位。

我国现行宪法规定：“中华人民共和国是工人阶级领导的、以工农联盟为基础的人民民主专政的社会主义国家。”工人阶级领导的、以工农联盟为基础的人民民主专政，实质上即无产阶级专政。宪法的这一规定充分表明：我国的国体是人民民主专政，其与无产阶级专政在精神实质和核心内容上是根本一致的。具体说来表现在以下几方面：

（1）工人阶级掌握国家政权、成为领导力量，是无产阶级专政和人民民主专政的根本标志。工人阶级成为国家的领导阶级是由工人阶级的阶级本质和历史使命决定的。工人阶级是现代化大工业的产物，是先进生产力的代表。这就决定了工人阶级最有远见、最大公无私和最具有革命的彻底性。同时，只有工人阶级才能担负起消灭剥削，消灭阶级，解放全人类，最终使人类进入共产主义社会的伟大使命。我国的工人阶级和世界各国的工人阶级一样，是近代中国最进步、最有远见的阶级。更何况中国的工人阶级还有自己的特点：它在旧中国深受帝国主义、封建主义和官僚资本主义的三重压迫，因此革命最坚决；它从承担新民主主义革命的领导重任开始，就始终处于中国共产党的领导之下，成为中国社会中最有觉悟的阶级；它同占中国人口绝大多数的农民有着天然的密切联系，从而能够结成牢固的工农联盟，并以此为基础团结一切爱国者，为振兴中华共同奋斗。因此，工人阶级成为我国的领导阶级是我国历史发展的必然。

（2）无产阶级专政和人民民主专政的国家政权都以工农联盟为阶级基础。列宁认为，社会主义革命中最根本最重大的问题就是工人阶级同农民的关系问题、工人阶级同农民的联盟问题。这也就是说，一方面，无产阶级进行革命斗争，只有同广大农民结成巩固的联盟，才能完成推翻反动阶级的统治、消灭剥削制度和剥削阶级，最终解放全人类的历史使命；另一方面，农民也只有在工人阶级领导下，同工人阶级结成牢固的联盟，才能战胜共同的敌人，坚持社会主义方向，从而获得彻底解放。因此列宁说，工农联盟是无产阶级专政的最高原则。由于我国是农业人口占多数的国家，因此，农民问题不论是在民主革命时期，还是在社会主义革命和建设时期，始终都是我国革命和建设的根本问题。我国革命和建设的历史经验表明，工农联盟不仅是夺取新民主主义革命胜利的重要保证，而且也是社会主义事业胜利发展的重要保证。可以说，没有工农联盟，我国就不可能建立起人民民主专政的国家政权。因此，工农联盟同样也是我国人民民主专政的阶级基础。

（3）无产阶级专政和人民民主专政的国家职能是相同的。国家职能是国家本质的反映和外在表现，是国家在管理社会过程中担负的职责和应起的作用。不管是无产阶级专政的国家，还是人民民主专政的国家，都担负着以下职能：一是维护人民当家作主的权利，在保障人民民主的前提下，不断扩大民主的范围；二是保卫社会主义制度，对那些利用各种机会与方式破坏社会主义建设事业的犯罪分子，进行严肃的打击；三是组织社会主义经济建设和社会主义精神文明建设；四是维护世界和平和促进人类进步事业等。

（4）无产阶级专政和人民民主专政的历史使命也是一样的。两者都是为了建设社会主义，消灭剥削，消灭阶级，最终实现共产主义。

由上述四个方面我们可以看出，人民民主专政与无产阶级专政存在着根本上的一致性，因此人民民主专政实质上即无产阶级专政。

2. 人民代表大会制度

人民代表大会制度是我国的根本政治制度，也就是说，人民代表大会制度是我国的政体。

人民代表大会制度的基本内容，根据 1982 年宪法总纲的规定，可以概括为四个方面：第一，国家的一切权力属于人民。这是根本性的。第二，人民通过民主选举产生全国人民代表大会和地方各级人民代表大会，作为人民行使国家权力的机关。第三，国家行政机关、审判机关、检察机关都由人民代表大会产生，对它负责，受它监督。第四，全国人民代表大会和地方各级人民代表大会对人民负责，受人民监督。这四个相互联系、不可分割的方面，就是民主集中制原则的最完善的表现。它构成了人民代表大会制度的总的概念。

人民代表大会制度具有下列三个方面的特点和优点：

（1）人民代表大会制度具有根本性。根本性表现为：第一，人民代表大会制度是我国人民民主专政的组织形式。它最直接地反映国家本质，表现各阶级在国家生活中的地位。第二，人民代表大会制度是由人民革命直接创造出来，而不是依靠从前任何的法律规定产生的。第三，人民代表大会制度代表了我国政治生活的全部，成为我国政治力量的源泉。综上可知，人民代表大会制度是我国的根本政治制度。

（2）人民代表大会制度具有人民性。人民性表现为：第一，人民代表大会制度具有最广泛的群众基础。第二，人民代表大会制度贯彻国内各民族之间平等原则，包容着全国各族人民的代表积极参与整个国家的政治生活。第三，人民代表大会制度最便于人民行使当家作主的权利，最利于团结全国人民参加国家事务的管理，充分发挥人民群众的积极性和创造性。第四，人民代表大会制度密切联系群众，依靠群众在我国取得了民主革命、社会主义革命和建设、改革的巨大胜利。

（3）人民代表大会制度具有统一性。统一性表现为：第一，作为国家政权组织的人民代表大会制度排除了资产阶级"三权分立"的理论和体制，坚持人民权力的统一。第二，我国是一个统一的国家，全国人民的根本利益是一致的。在此基础上，国家处理中央和地方的关系遵循在中央的统一领导下，充分发挥地方的积极性、主动性的原则。

3. 国家的结构形式

国家结构形式是指国家的整体构成形式，即国家为处理整体和部分、中央和地方之间的相互关系而采取的形式。国家结构形式也指国家的整体和部分、中央和地方之间相互关系的构成方式。

国家结构形式的类型分为单一制和复合制。单一制国家，就是由若干行政区域构成的单一主权国家。它的主要特点是：全国只有一个立法机关，一个中央政府；全国只有一部宪法；公民只有一种国籍；全国按地域划分为若干行政区域，各行政区域接受中央政权机关的统一领导；国家是一个完整的主权国家，也是国际交往中的单一主体。实行单一制的国家如中国、法国、意大利、日本、匈牙利、波兰、蒙古等。复合制在当代主要采取联邦制形式。联邦制国家是指由若干成员单位（共和国、州、邦等）组成的联盟国家。它的主要特点是：除有联邦中央政府外，联邦各组成部分也有自己的中央政权机关；除有联邦的宪法外，联邦各组成部分也有自己的宪法；联邦公民同时也是成员国公民；在对外关系上，联邦是国际交往的主体，但有的联邦国家允许其成员国有某些外交。实行联邦制的国家主要有美国、德国、瑞士、俄罗斯、印度、缅甸、巴西等国。

我国是单一制国家结构形式。其特点是我国通过建立民族区域自治制度解决单一制下的民族问题，通过建立特别行政区制度解决单一制下的历史遗留问题。

（三）国家机构

1. 中央国家机关

（1）全国人民代表大会。我国现行宪法规定："中华人民共和国的一切权力属于人民""人民行使国家权力的机关是全国人民代表大会和地方各级人民代表大会""全国人民代表大会是最高国家权力机关""全国人民代表大会和全国人民代表大会常务委员会行使国家立法权"。这些表明了全国人大的性质和地位，即最高国家权力机关和最高国家立法机关。

根据现行宪法和法律的规定，全国人大由省、自治区、直辖市、特别行政区和军队选出的代表组成。全国人大代表的名额总数不超过 3000 名，由全国人大常委会确定各选举单位代表名额比例的分配。

全国人大行使职权的法定期限即每届任期为 5 年。在任期届满前的 2 个月内，全国人大常委会必须完成下届全国人大代表的选举工作。

根据宪法规定，全国人民代表大会行使下列职权：修改宪法、监督宪法实施；制定和修改基本法律；选举、决定和罢免国家机关的重要领导人；决定国家重大问题；最高监督权；其他应当由它行使的职权。

（2）全国人大常委会。全国人大常委会是全国人大的常设机关，是最高国家权力机关的组成部分，是在全国人大闭会期间行使国家最高权力的机关，也是行使国家立法权的机关。全国人大常委会对全国人大负责并报告工作，接受其监督；在全国人大闭会期间，国务院、最高人民法院、最高人民检察院对全国人大常委会负责并报告工作。全国人大常委会通过的决议、制定的法律，其他国家机关和全国人民都必须遵守执行。

全国人大常委会由委员长、副委员长若干人、秘书长和委员若干人组成。这些组成人员必须是全国人大代表，并由每届全国人大第一次会议选举产生。为了保证全国人大常委会顺利开展工作，集中精力搞好常务委员会的本职工作，宪法规定，全国人大常委会的组成人员不得担任国家行政机关、审判机关和检察机关的职务。而且自十届全国人大起，全国人大常委会还增设了若干专职委员。

全国人大常委会的任期与全国人大相同，即5年。但全国人大常委会与全国人大在任期结束的时间上又略有不同。下届全国人大第一次会议开始时，上届全国人大的任期即告结束。但上届全国人大产生的常委会，则须在下届全国人大常委会产生后，才能结束。它要负责召集下一届全国人大第一次会议。这样才能使全国人大的工作衔接起来，不致因为交接而中断。常委会的委员长、副委员长、秘书长和委员连选连任。但现行宪法规定，委员长、副委员长连续任职不得超过两届。

根据现行宪法规定，全国人大常委会的职权主要有以下几个方面：解释宪法，监督宪法的实施；根据宪法规定的范围行使立法权；解释法律；审查和监督行政法规、地方性法规的合宪性和合法性；对国民经济和社会发展计划以及国家预算部分调整方案的审批权；监督国家机关的工作；决定、任免国家机关领导人员；国家生活中其他重要事项的决定权；全国人大授予的其他职权。

（3）国家主席。中华人民共和国主席是我国国家机构的重要组成部分，是一个独立的国家机关，对内对外代表国家。国家主席是我国的国家元首，依法行使宪法规定的国家主席职权。

国家主席、副主席由全国人大选举产生。产生国家主席和副主席的具体程序是：首先由全国人大会议主席团提出国家主席和副主席的候选人名单，然后经各代表团酝酿协商，再由会议主席团根据多数代表的意见确定候选人名单，最后由会议主席团把确定的候选人交付大会表决，由大会全体代表中过半数以上的代表选举通过。

国家主席、副主席的任期同全国人大每届任期相同，均为5年，连续任职不得超过两届。

根据宪法的规定，国家主席的职权主要有：公布法律，发布命令；任免国务院的组成人员和驻外全权代表；外交权；荣典权。

（4）国务院。中华人民共和国国务院，即中央人民政府，是最高国家权力机关的执行机关，是最高国家行政机关。首先，国务院是中央人民政府，对外以国家政府的名义活动，对内统一领导地方各级人民政府。其次，国务院是最高权力机关的执行机关，表明它从属于最高权力机关，由最高权力机关产生并对它负责和报告工作。再次，国务院是最高行政机关，表明了国务院在国家行政机关系统中处于最高领导地位。它统一领导各部、各委员会以及地方各级行政机关的工作。执行和行政表明了国务院的性质，即国务院是通过在全国范围内进行一系列的组织活动和行政管理活动，执行最高国家权力机关各项决议的国家机关。

国务院由总理，副总理若干人，国务委员若干人，各部部长、各委员会主任、审计长、秘书长组成。国务院总理根据国家主席的提名，由全国人大决定。副总理、国务委员、各部部长、各委员会主任、审计长和秘书长根据国务院总理的提名，由全国人大决定。在全国人大闭会期间，全国人大常委会有权根据国务院总理的提名，变更除副总理、国务委员以外的国务院其他组成人员。国务院总理、副总理、国务委员、各部部长、各委员会主任、审计长和秘书长的任免决定作出以后，都由国家主席宣布任免。

国务院的任期与全国人大的任期相同，即每届为5年。宪法还同时规定，总理、副总理、国务委员连续任职不得超过两届。

宪法关于国务院职权的规定大致有如下几方面：行政法规的制定和发布权；行政措施的规定权；提出议案权；对所属部、委和地方各级行政机关的领导权及监督权；对国防、民政、文教、经济等各项工作的领导权和管理权；对外事务的管理权；行政人员的任免、奖惩权；最高国家权力机关授予的其他职权。

（5）中央军委。我国现行宪法第93条规定："中华人民共和国中央军事委员会领导全国武装力量。"因此，中央军事委员会是全国武装力量的最高领导机关，享有对国家武装力量的决策权和指挥权。现行宪法在国家机构中设置中央军事委员会，不仅明确了人民武装力量在国家体制中的地位，而且对中央国家领导机关分工行使国家权力，加强武装力量建设，都具有重要意义。

中央军事委员会由主席、副主席若干人、委员若干人组成。中央军事委员会主席由全国人大选举产生。全国人大根据中央军事委员会主席的提名，决定中央军事委员会其他组成人员的人选。全国人大有权罢免中央军事委员会主席和其他组成人员。在全国人大闭会期间，全国人大常委会根据中央军事委员会主席的提名，决定中央军事委员会其他组成人员的人选。

中央军事委员会每届任期同全国人大每届任期相同，即5年。

现行宪法规定，中央军事委员会实行主席负责制。中央军事委员会主席有权对中央军事委员会职权范围内的事务作出最后决策。当然，中央军事委员会是作为一个集体来领导我国武装力量的，主席负责制并不否定民主集中制。中央军事委员会主席在对重大问题作出决策之前，必须进行集体研究和讨论，然后再集中正确的意见作出决策。同时，实行主席负责制还因为现代化战争要求机动、灵活，瞬息万变，因此，国家最高军事指挥机关必须具备应付各种复杂军事局面的能力，以便对各种突然出现的军事动向作出果断、迅速的反应。只有采取主席负责制，才能使中央军事委员会主席和中央军事委员会具备应有的权威性，以适应现代化战争的需要。

2. 地方国家机关

（1）地方各级人民代表大会。根据我国现行宪法和《中华人民共和国地方各级人民代表大会和地方各级人民政府组织法》的规定，省、自治区、直辖市，自治州、县、自治县、市、市辖区，乡、民族乡、镇设立人民代表大会。地方各级人大是地方国家权力机关，本级的地方国家行政机关、审判机关、检察机关都由人民代表大会选举产生，对它负责，受它监督。因此，地方各级人大在同级国家机关中处于支配和核心的地位。

地方各级人大由人民代表组成。代表的产生采取直接选举与间接选举并用的方式。不设区的市、市辖区、县、自治县、乡、镇的人大代表，由选民直接选举产生；省、自治区、直辖市、设区的市、自治州的人大代表，由下一级人大选举产生。

地方各级人大的每届任期均为 5 年。

根据现行宪法和地方组织法的规定，地方各级人大的职权主要有：保证宪法、法律、行政法规的遵守和执行，保护机关、组织和个人的合法权利；选举和罢免地方国家机关负责人；决定重大的地方性事务；监督权；制定地方性法规。

（2）县以上地方各级人大常委会。县级以上地方各级人大常委会是本级人大的常设机关，是同级国家权力机关的组成部分，地方各级人大常委会对本级人大负责并报告工作。

根据地方组织法规定，省、自治区、直辖市、自治州、设区的市的人大常委会由本级人大在代表中选举主任、副主任若干人、秘书长、委员若干人组成；县、自治县、不设区的市、市辖区的人大常委会由本级人大在代表中选举主任、副主任若干人和委员若干人组成。各级人大常委会的名额按照法律规定确定。常委会组成人员不得担任国家行政机关、审判机关和检察机关的职务。

县级以上地方各级人大常委会的任期同本级人大任期相同，均为 5 年。

根据宪法和法律的规定，县级以上地方各级人大常委会的职权主要包括以下几方面：在本行政区域内，保证宪法、法律、行政法规和上级人大及其常委会决议的遵守和执行；领导或主持本级人民代表大会代表的选举，召集本级人民代表大会会议；对本级人民政府、人民法院、人民检察院和下一级人大及其常委会的工作进行监督，撤销其不适当的决议、决定、命令等，受理人民群众对国家机关及其工作人员的申诉和意见；依法任免国家行政机关、人民法院和人民检察院的有关工作人员，在本级人大闭会期间，补选上一级人大出缺的代表和撤换个别代表；决定本行政区域内政治、经济、科学、文化、卫生、民政、民族、计划生育工作等重大事项，根据本级人民政府的建议，对本行政区域内的国民经济和社会发展计划、预算作部分变更，决定授予地方荣誉称号；省、自治区、直辖市的人大常委会，在不违背宪法、法律和行政法规的前提下，可以依法制定和颁布地方性法规。

（3）地方各级人民政府。根据宪法规定，地方各级人民政府是地方各级国家权力机关的执行机关，是地方各级国家行政机关。地方各级人民政府从属于本级国家权力机关，由国家权力机关产生，向它负责，受它监督。此外，地方各级人民政府还要服从上级人民政府的领导，向上一级人民政府负责和报告工作，执行上级行政机关的决定和命令。全国的地方各级人民政府都要接受国务院的领导，同时又要发挥自己的主动性，努力搞好工作。

省、自治区、直辖市、自治州和设区的市的人民政府分别由省长、副省长、自治区主席、副主席、市长、副市长、州长、副州长和秘书长、厅长、局长、委员会主任等组成。县、自治县、不设区的市、市辖区人民政府分别由县长、副县长、市长、副市长、区长、副区长和局长、科长等组成。乡、民族乡、镇人民政府，分别由乡长、副乡长、镇长、副镇长组成。

地方各级人民政府每届任期与本级人民代表大会的任期相同，均为5年。

根据宪法和法律的规定，地方各级人民政府主要有以下职权：执行决议、发布决定和命令；领导和监督权；管理各项行政工作；依法保障各方面的权利。

3. 司法机构

（1）人民法院。我国现行宪法第 123 条规定："中华人民共和国人民法院是国家的审判机关。"这一规定明确了人民法院的性质。根据这一规定，在我国审判权必须由人民法院统一行使，即只有人民法院才有审判权，其他任何机关、团体和个人都无权进行审判活动。

根据现行宪法和人民法院组织法的规定，我国人民法院的组织体系组成如下：全国设立最高人民法院、地方各级人民法院和专门人民法院；地方各级人民法院分为高级人民法院、中级人民法院、基层人民法院；专门人民法院包括军事法院、海事法院、铁路运输法院和森林法院等。

我国现行宪法第 127 条第 2 款规定："最高人民法院监督地方各级人民法院和专门人民法院的审判工作，上级人民法院监督下级人民法院的审判工作。"这表明上下级人民法院之间的关系不是领导关系，而是监督关系。宪法这一规定的目的，是为了保障各级人民法院能够依法独立进行审判。根据这一规定，上级人民法院不能直接指挥命令下级人民法院如何进行审判，只能对下级人民法院在审判活动中是否正确适用法律进行审查监督。这种监督主要体现在上级人民法院按照上诉程序、审判监督程序及死刑复核程序对下级人民法院具体案件的监督，纠正错误的判决和裁定。

（3）人民检察院。我国现行宪法第 129 条规定："中华人民共和国人民检察院是国家的法律监督机关。"这一规定明确了人民检察院的性质。从当前人民检察院的法律监督实践来看，人民检察院的法律监督主要是对国家机关、国家机关工作人员是否违反刑法实行监督，以及对在刑事诉讼中公安机关、人民法院和监狱等机关的活动是否合法实行监督，并包括对人民法院的民事审判和行政审判活动的事后监督。

根据宪法和人民检察院组织法的规定，我国人民检察院的组织体系组成如下：全国设立最高人民检察院、地方各级人民检察院和专门人民检察院。地方各级人民检察院分为省、自治区、直辖市人民检察院；省、自治区、直辖市人民检察院分院，自治州和设区的市人民检察院；县、不设区的市、自治县和市辖区人民检察院。专门人民检察院包括军事检察院、铁路运输检察院等。

根据宪法和人民检察院组织法规定，人民检察院实行双重从属制，既要对同级国家权力机关负责，又要对上级人民检察院和最高人民检察院负责。

根据我国宪法和人民检察院组织法等有关法律的规定，各级人民检察院主要行使下列职权，即立案侦查、批准逮捕、提起公诉、侦查监督、审判监督、执行监督等。

（四）宪法的解释与修改

1. 宪法解释

宪法解释，是指宪法制定者或者根据宪法规定享有宪法解释权的国家机关，依据宪法精神对宪法规范的内容、含义和界限所作的说明。宪法解释具有宪法效力。

宪法解释制度是伴随着宪法的出现而产生的。统治阶级制定宪法的目的是为了实施宪法，巩固和发展自己的统治。然而，要实施宪法，就必然会遇到对宪法规范的理解问题，这就需要对宪法有关规定的含义作出明确的解释。

宪法解释是宪法发展的重要方式。宪法发展的方式主要有三种，即宪法修改、宪法解释和宪法惯例。为了保持宪法的相对稳定性，加之宪法修改的程序比较复杂，不可能经常采用修改的方式发展宪法。而宪法惯例又往往需要经过长期实践才能形成。因此，宪法解释就成为宪法发展的重要方式。

宪法解释，对于保证全面、正确地贯彻实施宪法，具有重要作用：一是阐释宪法精神；二是补充宪法缺漏；三是适应社会的发展；四是保障宪法权威，维护法制统一；五是判定违宪行为。

根据不同标准，可以将宪法解释分成不同种类：（1）根据解释的目的和意义不同，可以将宪法解释分为补充解释与违宪解释；（2）根据解释的方法不同，可以将宪法解释分为文法解释、逻辑解释、历史解释与系统解释；（3）根据解释的尺度不同，可以将宪法解释分为字面解释、扩充解释与限制解释。

根据我国宪法的规定，宪法解释由全国人大常委会负责。宪法解释制度在我国的建立，经历了一个发展过程。1954 年宪法对宪法解释问题没有作出明确规定，只规定全国人大监督宪法的实施，全国人大常委会有权解释法律。监督宪法的实施，必然包含对宪法的解释。从广义上说，解释法律也包括解释宪法。实际上，1954 年宪法实施后，全国人大常委会就曾以法令的形式作过宪法解释。1975 年宪法是在国家处于不正常的状态下制定的，它删去了全国人大监督宪法实施的职权，只保留了全国人大常委会解释法律的权力。1978 年宪法总结了这方面的经验教训，不仅明确规定全国人大有权监督宪法和法律的实施，而且把解释宪法和法律作为全国人大常委会的一项职权明确规定下来。1982 年宪法在确认 1978 年宪法规定的同时，重新赋予全国人大常委会监督宪法实施的权力，从而使我国宪法解释制度进一步具体化和完善化。

2. 宪法修改

宪法修改又称“宪法修正”，是宪法制定者或者是依照宪法的规定享有宪法修改权的国家机关或其他特定的主体对宪法规范中不符合宪法制定者利益或社会实际需要的内容而根据宪法所规定的特定修改程序加以删除、增加、变更宪法部分内容的宪法创制活动。

中华人民共和国宪法是我国的根本大法。宪法具有最高法律效力。无论是启动修改宪法的程序、还是修改宪法的主体、方式都需要遵循严格的规定：

（1）宪法修改机关。根据宪法的规定，中华人民共和国全国人民代表大会为最高国家权力机关，是唯一有权修改宪法的机关。

（2）宪法修改程序。为保持宪法的权威性和稳定性，宪法的修改需要按照特别的程序来进行，比修改普通法律更加严格。《中华人民共和国宪法》第 64 条规定：“宪法的修改，由全国人民代表大会常务委员会或者五分之一以上的全国人民代表大会代表提议，并由全国人民代表大会以全体代表的三分之二以上的多数通过。”

（3）宪法修改方式。宪法作为中国民主制度的法律化，是国家组织和活动的总章程，是国家法制的自身基础和核心，所以修改宪法方式的规定必须考虑宪法的稳定性。中国宪法的修改有通过宪法修正案的方式，对宪法部分条文进行修改，例如1988年、1993年、1999年和2004年对现行宪法部分条文的修改；还有重新改写形式，即将原来宪法重新改写，如中华人民共和国1975年宪法、1978年宪法和1982年宪法都是将原来宪法重新改写一遍。

二、树立宪法权威，保障宪法实施

（一）宪法实施的涵义

宪法实施是指宪法规范在现实生活中的贯彻落实，即将宪法文字上的、抽象的权利义务关系转化为现实生活中生动的、具体的权利义务关系，并进而将宪法规范所体现的人民意志转化为具体社会关系中的人的行为。

1. 宪法实施的内容

宪法实施主要包括三个方面：

（1）宪法的执行。宪法的执行通常指国家司法机关在司法活动中贯彻落实宪法的活动。要求这些机构在活动程序和活动方式上必须严格执行宪法的规定，也要求这些机构组织其他国家机关，建立各种制度的过程中严格遵循宪法的规定。

（2）宪法的适用。宪法的适用通常指国家司法机关在司法活动中贯彻落实宪法的活动。虽然在我国的司法实践中，宪法能否被司法机关作为审判活动的依据，学术界尚未达成共识，但宪法具有的一般法律属性，以及世界上其他国家的司法实践表明，宪法适用不仅是宪法实施的重要途径，而且也是法治国家加强宪政建设、树立宪法权威的重要内容。

（3）宪法的遵守。宪法的遵守通常指一切国家机关、社会组织和公民个人依照宪法规定从事各种行为的活动。宪法的遵守是宪法实施最基本的要求，也是宪法实施最基本的方式。宪法的遵守通常包括两层含义：一是依据宪法享有并行使权力和权利；二是依据宪法承担并履行义务。

2. 宪法实施的特点

宪法作为法律的一种，自然具有与普通法律相同的许多特点，因而宪法的实施与普通法律的实施也存在许多共同点。然而，宪法在整个国家法律体系中的地位和作用以及宪法在内容和规范等方面表现出来的特殊性，又决定了宪法的实施具有不同于普通法律实施的特点：

（1）宪法实施的广泛性和综合性。宪法实施的广泛性包括宪法实施范围的广泛性和实施主体的广泛性。宪法是调整国家最基本社会关系的根本法，与其他法律往往只调整国家生活中的一个或几个方面不同，宪法调整的范围涉及国家政治、经济、文化和社会生活等各个方面，这也就是说，国家与社会生活各个领域的活动都必须遵循宪法的规定，都存在着实施宪法的问题。因此，宪法实施范围的广泛程度是其他法律所不能比拟的。与实施范围的广泛性相联系，宪法实施主体也非常广泛。由于社会关系是参与社会生活的各主体之间形成的关系，因而宪法实施的范围涉及我国各种社会关系中一切主体的行为，而且宪法的实施也需要通过社会关系中一切主体的行为才能实现，因此，宪法实施的主体具有广泛性和多样性。我国现行宪法序言明确规定：“全国各族人民、一切国家机关和武装力量、各政党和各社会团体、各企业事业组织，都必须以宪法为根本的法律准则，并且负有维护宪法尊严、保证宪法实施的职责。”由此可见，宪法的实施是一切国家机关、社会组织和公民的职责，而一切国家机关、社会组织和公民也就构成为宪法实施的主体。

所谓宪法实施的综合性，是指宪法的实施不可能单纯是宪法本身或者社会生活某一方面的问题，而是整个国家具有高度综合性的社会问题。既然宪法在法治国家中具有基础性的地位，同时，它的内容又涉及国家和社会生活的各个方面，那么不仅宪法在制定过程中应该高度综合，而且在宪法实施过程中也应该充分考虑国家和社会生活中的各种综合因素，从而在整体上、宏观上切实推进宪法的实施进程。

（2）宪法实施的最高性和原则性。宪法实施的最高性和原则性是由宪法的内容和地位决定的。由于宪法规定的是国家和社会生活中最根本、最重要的问题，因而宪法在国家法律体系中居于最根本的地位、具有最高的法律效力，它不仅直接约束国家的基本法律和其他法律性文件的制定和实施，而且对一切国家机关、社会组织和公民的活动也具有最高的约束力。同时，由于宪法所调整的社会关系十分广泛，因而在具体规定过程中，只能规定调整社会关系的一般原则，因此宪法的实施过程也就表现为宪法规范对所调整的社会关系从宏观上、总体上进行原则指导的过程。这种原则指导主要表现在两个方面：一是宪法确定的是社会关系主体的基本方向和原则标准，一般不涉及人们行为的具体模式，这些具体模式则通常由一般法律进行调整；二是宪法在实施过程中，对人们的行为后果往往只是从总体上作出肯定与否定的评价，从而为一般法律对人们的行为进行具体评价和追究法律责任提供基础和依据。而且宪法实施的最高性和原则性，也决定了宪法实施与一般法律实施之间的关系：宪法实施是一般法律实施的基础，一般法律的实施则是宪法实施的具体化。

（3）宪法实施的直接性和间接性。宪法实施的直接性和间接性包括宪法实施方式的直接性和间接性与宪法制裁的直接性和间接性两大方面。就实施方式而言，其他法律的实施都具有直接性。虽然宪法在实施过程中也具有直接性，但宪法的实施方式主要具有间接性的特点。这实际上是由宪法作为“母法”的特点决定的，也就是说宪法在实施过程中主要是通过具体法律规范来作用于具体的人和事，国家的其他法律和法律性文件是以宪法为基础并且不能与宪法相抵触的，因此对普通法律的实施就是在间接地实施宪法。

同时，既然一切机关、组织和公民个人都必须以宪法为根本的活动准则，那么一切违反宪法的行为，就都必须予以追究。对违宪行为进行追究的方式包括直接制裁和间接制裁两个方面。直接制裁是指直接根据宪法来追究违宪行为的法律责任，通常由国家的代议机关作出，主要适用于国家机关以及国家机关负责人的违宪行为。在我国，直接制裁主要表现为对国家机关违反宪法的法律以及规范性文件、决议、决定和命令等宣布无效，并加以撤销；对违法失职的国家机关负责人根据宪法规定予以罢免。间接制裁则指宪法对违宪行为不直接规定制裁措施，而是通过具体法律来追究法律责任。也就是说它是根据具体法律，对违反宪法原则同时又违反具体法律的行为作出的制裁。这类制裁相对于具体法律是直接的，而相对于宪法来说则是间接的。

（二）加强和完善我国宪法监督制度

宪法监督制度指特定的国家机关依据特定的程序，审查和裁决法律、法规和行政命令等宪法行为是否符合宪法，以维护宪法权威，保证宪法实施和保障公民宪法权利的制度。

1. 我国宪法监督的现状

我国现行宪法在总结我国宪法监督实践经验教训的基础上，根据我国社会主义建设新时期的发展需要，同时借鉴世界其他国家宪法监督的有益做法，对我国的宪法监督制度作出了新的规定，使我国的宪法监督制度得到了进一步的发展和完善。我国现行宪法监督制度的主要特点是：

（1）从宪法监督的机关来看，我国的宪法监督属于代议机关监督体制。按照现行宪法的规定，我国宪法监督的权力属于全国人民代表大会及其常务委员会，可见我国宪法监督机关是代议机关，即最高国家权力机关。同时全国人民代表大会各专门委员会有协助全国人民代表大会及其常务委员会进行宪法监督的职责。强调了地方各级人民代表大会及其常务委员会在宪法监督中的作用。

（2）从合宪审查的方式上看，我国宪法监督采取事前审和事后审相结合的方法。事前审表现为对有关地方性法规的备案和批准程序，对违背宪法规定的地方性法规不予批准；事后审表现为全国人民代表大会有权撤销全国人民代表大会常务委员会违背宪法规定的立法，全国人民代表大会常务委员会有权撤销国务院制定的违背宪法规定的行政法规，全国人民代表大会常务委员会有权撤销地方人民代表大会及其常务委员会制定的地方性法规。

（3）从违宪制裁措施上看，我国宪法监督采取的措施有：撤销违背宪法的法律；不批准违背宪法的法案；罢免违宪责任者的职务；责成违宪机关纠正违宪行为。

2. 完善我国宪法监督制度的理论思考

我国的宪法监督制度得到了进一步的完善，中国特色社会主义宪政建设也取得了一定成就。但也要看到，在现实生活中，不同程度的违宪现象仍然存在，宪法监督制度还存在许多不完备的地方，宪法监督有待进一步专业化、制度化、法律化。

（1）建立专任的宪法监督机关，进一步加强和完善最高国家权力机关的宪法监督职能。为此，可考虑在全国人大现有的体制内建立一个专门负责宪法监督的机关，即宪法委员会。宪法委员会与目前存在的全国人民代表大会各专门委员会一样，由全国人民代表大会选举产生，在全国人民代表大会闭会期间，受全国人民代表大会常务委员会的领导。宪法委员会专门负责调查、研究宪法实施的状况，并就宪法实施中需要解决的问题及时提出意见和建议；对法律、行政性法规、地方性法规等规范性文件，进行初步审查，确定其是否与宪法或法律相一致，并向全国人大及其常委会提出正式的报告意见；监督国务院及其所属机关、最高人民法院和最高人民检察院的活动是否符合宪法；裁决有关国家机关的权限争议，主要是中央国家机关之间、中央与地方之间的权限争议；解释宪法，等等。

（2）制定有关宪法监督的法律，使宪法监督实施进一步规范化、法律化。为了使宪法监督活动具有权威和有效实施，必须根据宪法的有关规定制定有关宪法监督的具体法律，对宪法监督专门机关的组成、职权、行使职权的方式和监督内容、监督程序等进行规定，从而使宪法监督有章可循。

（3）在现有的国家体制内，建立有限的宪法诉讼制度。宪法诉讼是公民的宪法权利受到非法的或不当的侵害后，能向有关机关申诉，消除侵害，并请求给予救济的诉讼制度。我国的现行宪法相对来说比较简括和原则，还谈不上达到了完备无缺的程度。因此，建立相应的宪法诉讼制度是必要的。当然，由于宪法的特殊性质和作用，宪法诉讼应是一种特殊的诉讼。这种宪法诉讼需要受到一定的限制，即凡是有部门法具体保护的权利，一律由部门法加以保护，这就是宪法诉讼的有限性。但是当穷尽部门法而对宪法权利无法给予救济和保护时，就可以通过宪法诉讼来加以解决。建立宪法诉讼制度，是增强宪法权威、完善宪法监督制度不可缺少的环节。

（4）加强和改善党对宪法监督工作的领导。党在宪法监督中的领导地位和作用是由党在整个国家中的地位和作用决定的。在我国，无论是建立宪法监督制度，还是加强宪法监督工作，都离不开党的正确领导。任何企图削弱或者摆脱党的领导的思想和做法都是错误的。另一方面，又必须改善党对宪法监督工作的领导，实现坚持党的领导、人民当家作主和依法治国特别是依宪治国的统一。坚持和改善党的领导，就要求党必须坚持依法执政，依法实施党对国家和社会的领导；要求党的各级组织和全体党员必须模范地遵守宪法和法律，严格按照宪法和法律办事；要求必须消除一些党的组织和党员不尊重及违反宪法和法律的现象，从而切实保证“党必须在宪法和法律的范围内活动”的规定得到贯彻落实。

（5）应该在宪法中明确规定违宪审查制度。所谓“违宪”，是指一国的法律、行政法规、地方性法规、决议、决定、命令等规范性文件以及国家机关工作人员行使宪法、法律规定的职权职责行为与宪法的原则、内容及精神直接相违背。所谓“违宪审查监督制度”，是指通过对一国的立法和行政行为是否符合宪法进行审查，对违宪行为予以纠正和制裁，以保证宪法的实施，维护宪法的尊严。违宪审查的目的是通过建立一套行之有效的违宪审查、纠正机制，保障宪法的真正贯彻与实施；通过对违宪行为的审查处理来保障公民权利和自由的实现，保证国家权力的运行符合宪法和人民的利益，维护宪法所确立的国家政治、经济和社会生活等方面的基本制度和基本原则。依法治国，首先是依宪治国。如果缺乏有效的违宪审查制度，违宪行为不能及时予以纠正，不仅会破坏法制的统一与尊严，不利于实现依法治国的目标，而且也会危及我国改革与开放所取得的成果和社会的稳定。

三、增强宪法意识，遵守宪法规范

（一）加强宪法宣传，增强宪法意识

必须加强宪法宣传教育，提高全民特别是各级领导干部和国家机关工作人员的宪法意识和法治理念。要突出抓好宪法的学习宣传，引导全体国民进一步增强宪法意识，牢固树立一切权利属于人民的观念，牢固树立权利义务相一致的观念，遵守宪法、服从宪法，维护宪法权威。领导干部要做学习和贯彻宪法的带头人。在领导干部应具备的素质中，有宪法观念、有宪法知识是最基本的要求，特别是宪法具有最高法律效力的意识，法律面前人人平等的原则，尊重和保障人权的意识等对形成正确的执政理念和执政行为至关重要。各级领导干部必须熟悉宪法，遵守宪法，做带头人。要加强对青少年的宪法学习教育工作，通过各种宪法宣传活动和载体，在青少年中普及宪法知识，提高青少年的宪法意识和法治观念，培养爱国卫宪的好品质。

宣传部门要加强对宪法宣传工作。具体来说，加强宪法宣传要重点宣传国家的根本制度和根本任务、公民的基本权利、义务和国家生活的基本原则，宣传人民代表大会制度、政治协商制度、民族区域自治制度和以社会主义公有制为主体、多种所有制经济共同发展的基本经济制度，宣传宪法精神、宪法原则以及推进宪法实施的具体要求和举措。

党的十八届四中全会审议通过的《中共中央关于全面推进依法治国若干重大问题的决定》，明确提出了全面推进依法治国的指导思想、总体目标、基本原则，对科学立法、严格执法、公正司法、全民守法等重大任务作出全面部署；并进一步阐述了宪法的精神和原则，更加突出了宪法的重要地位和作用。十二届全国人大常委会十一次会议将 12 月 4 日设立为国家宪法日，对于增强全社会的宪法意识，弘扬宪法精神，加强宪法实施，全面推进依法治国，必将产生深刻影响。

（二）正确处理党的领导与宪法权威的关系

在现代民主国家，政党活动是国家政治生活的重要体现。在实质层面上，执政党是政治权威最主要的代表者，维护执政党的权威要通过对宪法权威的推崇来实现。在我国，作为执政党的中国共产党是国家各项事业的领导者，“中国共产党的领导”“中国共产党的领导下”是宪法序言确定的党的宪法地位。但政党不是国家机关，不能直接行使国家权力，党的领导需要以崇高的宪法权威为保障，只有具备有效的权威能力，党才能领导国家发展和社会建设。因此，要维护党的权威，必须尊崇宪法权威，通过宪法权威获得对执政行为的认同。只有认真落实宪法，才能真正保证执政党的执政地位和执政效力。党模范遵守宪法和法律是维护党的权威的根本途径。

我国现行宪法除了在序言部分确认了中国共产党的领导地位之外，还在第 5 条规定：“一切国家机关和武装力量、各政党和各社会团体、各企业事业组织都必须遵守宪法和法律。一切违反宪法和法律的行为，必须予以追究。”“任何组织或者个人都不得有超越宪法和法律的特权。”这里所讲“各政党”当然包括中国共产党，而且该条款主要规范的就是中国共产党的执政活动。《中国共产党章程》根据宪法的规定，明确规定：“党必须在宪法和法律的范围内活动。”党的十八大报告再次强调了这一点。

依法治国首先要依宪治国，依法执政首先要依宪执政。实行依法治国的基本方略，首先要全面贯彻实施宪法。作为执政党，其执政能力包括：科学判断形势、驾驭市场经济、应对复杂局面、依法执政和总揽全局。这五种能力涵盖了党的执政能力的基本要求，反映了依宪执政的基本要求，即党的执政能力建设的核心是依宪执政，把遵守宪法、执行宪法和运用宪法作为执政活动的基本出发点。

从宪法蕴含的民主、人权、法治、和谐等价值而言，民主是执政的基础，人权是执政的目的，法治是执政的保障。依宪治国、依宪执政，不能反其道而行之，不能把宪法简单理解为一种治理国家、管理社会的工具或手段。在实践中，党的一些地方或部门的党组织确实存在违法、违宪的情况，同时由于缺乏有效的监督机制，已经出现了党的权威同宪法权威相背离的情况，这严重损害了党执政的合法性，也损害了宪法的权威。

执政党落实依宪执政的要求必须严格按照宪法设定的权力范围、确立的原则行使权力，切实提高运用宪法思考和处理问题的能力，推进党的决策活动与决策程序的法治化，切实落实“党在宪法和法律范围内活动原则”。依宪执政最重要的内容就是推动宪法实施。在经济发展、社会变革的宏观背景下，执政党应当实现宪法的稳定性与社会适应性之间的平衡，克服以“改革”“试点”等名义破坏宪法秩序的现象，使宪法在国家政治生活和党的执政活动中得到落实。

（三）把权力关进宪法的笼子里

长期以来，在我国对权力约束的基本方式是“德治”，人们寄托着统治者对“仁义”的道德追求，主张以教育为主的方法，努力去训导统治者不断完善自己的政治人格，极力倡导他们施“仁政”，实行“王道”，坚决反对一味“暴政”，肆意“霸道”。时至当今社会，尤其是在新的历史时期，中国在共产党领导下，继承和发扬中国优良政治传统的同时，还借鉴了人类政治文明成果，提出“依法治国与以德治国相结合”。但也同时指出这种结合必须是建立在以“依法治国”为基本方略的基础上。在坚持“以德治国”的同时，更加注重“依法治国”，特别强调要把权力关进“制度”的笼子里，要用刚性的法律制度来约束国家权力。之所以提出这样的治国方略，是因为新中国成立60多年的历史证明，片面强调政治思想教育，单纯依靠个人觉悟，来保证权力的正确行使是靠不住的。正如邓小平同志所指出：“制度问题更带根本性、全局性和长期性。”建立行之有效的权力监督与制约机制体系，就要打造“制度的笼子”。

“制度”是人们从事各种活动的行为准则的统称，是理性的人们为自己从事经济、政治、文化、社会等各种实践活动时设定的一系列直接管制行为的原则与规则。包括政治制度、经济制度、文化制度、社会制度等各种制度。但是，对于权力的有效控制，唯有法律制度。法律制度与其他制度最大的不同，在于它的国家强制性和它所具有的强大的国家拘束力。“国家的一切权力属于人民”，把权力关进制度的笼子，就是人民要用体现人民自己共同意志的、具有国家强制力的法制材料来编织这个笼子，用法律的武器来保护自己应该享有的权利不受侵犯。在编织这个笼子的法制材料中，最为坚固或最具刚性的基材就是宪法制度。

宪法是最高的法律规范，是人们一切活动的最高行为准则，它规定一个国家最基本的社会制度和最重要的社会关系，集中体现广大人民意志和根本利益，是具有最高法律效力的国家根本大法。宪法作为人类社会关系的一种调整器，其调整的对象，是国家与社会的关系，是权力与权利的关系。其基本精神就是要给国家权力划定一个边界，防止国家权力越权侵犯社会权利，即通过对国家权力规制的手段以实现对人民利益的维护和保障的目的。因此，宪法在编织制度笼子的材料中是最为坚固、最具刚性的材料。它奠定整个法制系统工程的基础，确立一个国家法制体系的基本原则，一切法律、行政法规、地方性法规、条例，包括党的路线、方针、政策都必须建立在这个基础之上，都不得同宪法的原则和精神相违背。习近平总书记在首都各界纪念现行宪法公布实施30周年大会上发表重要讲话时指出：“宪法是国家的根本法，是治国安邦的总章程，具有最高的法律地位、法律权威和法律效力。”“根本法”“总章程”及“最高”的地位、权威与效力的宪法定位，体现了总书记“宪法至上”的完整理念。他说：“维护宪法权威，就是维护党和人民共同意志的尊严。捍卫宪法权威，就是捍卫党和人民共同意志的尊严。保证宪法实施，就是保证人民根本利益的实现。”党的十八大通过的新党章重申：党必须在宪法和法律的范围内活动，这是保障宪法最高法律地位、法律权威和法律效力的根本政治保证。为此，习近平总书记在这次讲话中严肃强调：“任何组织或者个人，都不得有超越宪法和法律的特权。一切违反宪法和法律的行为，都必须予以追究。”

第五讲

推进依法行政　建设法治政府

1978年，党的十一届三中全会开启了中国特色社会主义法治道路的建设历程。在中国法治发展的进程中，“依法行政”原则的提出改变了我国传统行政管理的观念和方式，政府行使的行政权逐渐被纳入法治的轨道。改革开放后，我国政府的改革经历了从依法行政到法治政府的发展历程，前三十年称之为政府法制建设，基本实现了从依靠行政手段到把依法行政作为基本准则的根本性转变。[①] 此后至2020年，可称之为法治政府建设，目标是基本建成法治政府。

一、依法行政与法治政府的历史发展

（一）依法行政与法治政府的认识历程

我国政府的法制建设大致经历了如下阶段：

1. 依法行政准备阶段（1978—1989年）

如果把新中国建立后至50年代末看作是新中国法律制度的创设阶段，那么从1978年始，就开启了法律制度的重建阶段。

---

① 曹康泰：《政府法制·法治政府》，北京：中国法制出版社2010年版，第172页。

1978 年 12 月，党的十一届三中全会召开，会议对民主和法制问题进行了认真的讨论并作出决定："为了保障人民民主，必须加强社会主义法制，使民主制度化、法律化，使这种制度和法律具有稳定性、连续性和极大的权威，做到有法可依，有法必依，执法必严，违法必究……要保证人民在自己的法律面前人人平等，不允许任何人有超于法律之上的特权。"这标志着我们党治国理政的原则、理念和方式发生了重大转变，确立了中国特色社会主义法治的指导方针，为依法行政的提出作了政治上和思想上的准备，奠定了理论基础。

这一阶段的主要成绩是立法，1979 年 7 月召开的五届全国人大二次会议通过了刑法、刑事诉讼法等七部法律，1982 年制定了新宪法，还有经济合同法、三资企业法等调整经济关系的法律、行政法规。1979 年 9 月，中共中央发出了《关于坚决保证刑法、刑事诉讼法切实实施的指示》，正式使用了"社会主义法治"的概念。

2. 依法行政确立阶段（1990—1999 年）

1989 年行政诉讼法颁布，标志着依法行政进入了以规范政府自身行为为重点的阶段，是推进我国依法行政的里程碑。1993 年八届全国人大一次会议上，李鹏总理在《政府工作报告》中指出："各级政府都要依法行政，严格依法办事。一切公职人员都带头学法懂法，做执法守法的模范。""依法行政"概念第一次出现在政府正式文件中。同年 11 月，党的十四届三中全会公报在"加强法律制度建设的主题"下，要求："各级政府机关都要依法行政、依法办事。"这是党的文件中第一次提出"依法行政"。1997 年 9 月，江泽民在党的十五次全国代表大会报告中，明确要求"一切政府机关都必须依法行政，切实保障公民权利，实行执法责任制和评议考核制"。

这十年间，我国先后制定了规范政府行为的行政处罚法、行政复议法等法律。1999 年，国务院召开全国依法行政工作会议，出台了《国务院关于全面推进依法行政的决定》（国发〔1999〕23 号），从思想建设、制度建设和队伍建设三方面进行了统一部署，为全面推进依法行政奠定了基础。

3. 法治政府目标的酝酿阶段（2000—2009 年）

2003 年,《国务院工作规则》修订，提出了依法行政的五项要求，明确“依法行政的核心是规范行政权力”。

2003 年 8 月，国务院法制办组织召开了全国依法行政理论研讨会，为国务院制定《全面推进依法行政实施纲要》作了理论探讨，这次会议首次酝酿提出建设法治政府的奋斗目标。与会代表认为，法治国家作为最先进的国家模式，要求社会是法治社会、政府是法治政府。依法行政作为政府权力配置和运作的基本准则，其目标应当是建设法治政府。①

2004 年 3 月，国务院颁布《全面推进依法行政实施纲要》，提出了“全面推进依法行政，经过十年左右坚持不懈的努力，基本实现建设法治政府的目标”。至此，“法治政府”的概念第一次出现，同时纲要对依法行政的基本原则和基本要求作了详细规定。

2007 年 10 月，胡锦涛同志在党的十七大报告中，既要求“法治政府建设取得新成效”，同时提出要建设服务型政府。2008 年 5 月，国务院发布了《关于加强市县政府依法行政的决定》，开宗明义强调“加强市县政府依法行政是建设法治政府的重要基础，提高市县政府依法行政的能力和水平是全面推进依法行政的紧迫任务”。

4. 法治政府正式提出并确定时间表阶段（2010—2017 年）

2010 年 10 月，国务院发布《国务院关于加强法治政府建设的意见》，进一步提出了推进依法行政，建设法治政府的总体要求和具体措施，丰富了法治政府建设的认识与实践。自此，“建设法治政府”一词越来越频繁地出现在人们的视野中，也越来越多地出现在党和政府的政策文件与发展报告中。

2012 年党的十八大报告明确了“在 2020 年实现基本建成法治政府”的目标。2013 年党的十八届三中全会在加快转变政府职能的主

① 曹康泰：《政府法制 · 法治政府》，北京：中国法制出版社 2010 年版，第 244 页。

题下，再次明确“建设法治政府和服务型政府”的目标。2014 年党的十八届四中全会把“深入推进依法行政，加快法治政府建设”作为依法治国的重要组成部分，提出了法治政府的六要素，即职能科学、权责法定、执法严明、公开公正、廉洁高效、守法诚信。

从依法行政与法治政府的提出与发展历程可以看出，随着时代的发展，党和政府对其认识是不断深化，内容不断明确，目标逐渐清晰。这是党和政府把原有的理论与改革实践逐渐结合的过程，是根据市场经济的要求不断创新理念、不断把理念融入发展实践的历程。

（二）依法行政与法治政府的关系

1. 依法行政的产生

依法行政是现代法治的重要概念，是现代行政管理和行政法的最重要的原则。从各国实践看，依法行政有共性的内容，也有个性的内容，归根结底是同特定的社会政治和经济的发展紧密相关的。我国依法行政实践中的行政执法责任制、考核评议制、政务公开等，都是具有中国特色的内容。但依法行政的源头还要追溯到西方，是随着资产阶级革命成功而逐步发展起来的。其理论基础是早期资产阶级思想家提出的分权论和天赋人权、主权在民等理论学说。依法行政的早期实践，表现在国家三权分立，行政权先后受到立法权和司法权的制约等方面。

美国的 1787 年宪法、法国的 1789 年人权宣言等都对依法行使行政权力有相应的规定，开依法行政之先河。此后西方各资产阶级民主制国家虽然对依法行政的文字表述各有特色，但核心内容都是把行政权置于法律约束之下，依法行政逐步成为西方宪政国家普遍遵循的基本准则。依法行政理念是人类政治实践的经验总结，是人类社会发展的文明结晶。

2. 依法行政的要求

依法行政，简言之，就是行政机关依据法律法规的规定取得行政权力、行使行政权力，并对行政行为的后果承担相应责任的一系列活动。2004 年国务院的《全面推进依法行政实施纲要》是指导各级政府的纲领性文件，对依法行政提出了六项基本要求：

（1）合法行政。行政机关必须遵行有效的法律依据进行行政管理，没有法律授权，行政机关不得减损行政相对人的合法权益或增加行政相对人的义务。

（2）合理行政。行政机关要公平公正地对待行政相对人，行使自由裁量权时，要兼顾行政目标与适当手段、公共利益与相对人权益的平衡，理性遵循适当性、必要性和均衡性的行政法原则。

（3）程序正当。行政机关首先要遵循法定程序，履行回避义务；其次要保障相对人或利害关系人的知情权、参与权和救济权。

（4）高效便民。行政机关要遵守法定时限，建立为相对人服务的价值观，从而在行政管理中追求及时性、便捷性、主动性和广泛性的目标和结果。

（5）诚实守信。行政机关应全面、准确、真实地提供相关信息；行政机关对生效的决定非经法定程序不得撤销或变更；非因相对人的过错而撤销或变更生效决定的，应依法补偿相对人的财产损失。

（6）权责统一。行政机关在享有法定职权的同时也要承担相应的法律责任，表现为有权必有责、权责相对应、用权受监督、违法要追究、侵权须赔偿。

3. 依法行政与法治政府的关系

我国法治建设的模式是自上而下的政府主导型。随着民主与法制建设的发展，中央最早对政府法制建设提出了依法行政的目标。当依法行政发展到一定阶段时，为了推进依法治国的进程，又及时提出了法治政府的目标。2004 年，国务院在《全面推进依法行政实施纲要》中明确提出，依法行政的目标是建设法治政府，这是我国政府法制建设理论和实践上的一个重大突破，是对依法行政规律的新认识。实践中，依法行政和法治政府的内涵和外延是与我国社会政治经济的发展紧密联系的，是一个动态的发展过程，这个过程可以体现为阶段性和层次性。相对于计划经济时代的政府行为，依法行政是目标；而当法治政府被确定为新的目标时，依法行政就成为法治政府的核心内容。

在一定的历史时期，从简约的角度，依法行政可以理解为行政机关规范行政权力保障公民权利的行政活动的总称，依法行政仅是法治政府的标准之一，二者之间是条件与结果的关系：没有依法行政，就没有法治政府；基本实现了法治政府，则意味着依法行政达到了相应的标准。

从条件和结果的关系出发，虽然依法行政与法治政府之间存在你中有我、我中有你的联系，但仍然是两个不同层面的概念，实践中各有侧重：

（1）政府行为的价值出发点不同。依法行政的立足点是“法无授权不可为”，出发点是防止政府滥作为；法治政府的立足点是鼓励政府有所作为，追求服务型政府和创新型政府。

（2）调整政府行为的范围不同。行政权的内容包括产生、配置、行使、监督等方面，依法行政更关注调整行政权力行使范畴的事项，法治政府关注的范畴是全面的，是政府行为的整体，包括产生、配置、决策、执行、监督、被监督等，正因如此，依法行政才被称为法治政府建设的核心内容。

（3）路径选择各有特点。依法行政重点要求行政执法者处理行政机关与行政管理相对人之间关系时，寻求利益平衡的最佳路径，努力追求法律效果与社会效果的统一。法治政府关注行政机关本身与其他社会主体之间最佳关系的路径，选择的原则体现出减少层次和内容以追求行政权力便民化、增加机会和途径以追求行政权力公众参与、通过权力外放实现多元主体共享行政权力等趋向。

在我国的法治建设中，依法行政与法治政府建设是一体建设不能割裂的。十八届四中全会关于“坚持依法治国、依法执政、依法行政共同推进，坚持法治国家、法治政府、法治社会一体建设”的表述，已经蕴涵了依法行政与法治政府的关系。

二、建设法治政府的主要任务

自十八大以来，党的一系列文件都对加快法治政府建设提出了新要求。十八届四中全会对“深入推进依法行政，加快建设法治政府”提出了明确的目标、路径和重要举措，要求“到 2020 年基本建成职能科学、权责法定、执法严明、公开公正、廉洁高效、守法诚信的法治政府”。

2020 年基本建成法治政府，主要有三方面的重大意义：（1）法治政府是社会公平正义的基本保障，是全面建成小康社会的内在要求；（2）法治政府是国家有序发展的基本保障，是全面深化改革的迫切需要；（3）法治政府对法治国家具有示范和带动作用，是全面依法治国的重大任务。

2015 年 12 月，中共中央、国务院公布了《法治政府建设实施纲要（2015—2020 年）》（以下简称《纲要》），把党中央的决策部署进一步具体化、系统化。这是当前和今后一个时期各级党委和政府推进法治政府建设的纲领性文件，也是我国新时期建设法治政府的路线图。

《纲要》针对当前各级行政机关及公务人员存在的突出问题和差距，提出了七项主要任务，并把任务分解为 44 个具体措施。这些具体措施是对各地方各部门创新经验和成果的总结和提炼，体现了政府改革的方向和具体目标。这七项主要任务也是衡量法治政府的主要标准。

（一）依法全面履行政府职能

2013 年，为了推动经济可持续发展，为产业转型升级注入新动力，全国人大通过了《国务院机构改革和职能转变方案》，中共中央、国务院公布了《中共中央国务院关于地方政府职能转变和机构改革的意见》。据此，国务院启动了新一轮行政体制改革，并且不断深化。《纲要》要求的依法全面履行政府职能的 8 项措施，可归纳为三方面：

1. 政府机构设置与职能范围法定化

政府机构设置是政府权力的组织载体，是履行职能的保障。新时期的任务是完善行政组织和行政程序的法律制度；以大部门制为依托优化、理顺政府内部工作关系；完善政府自身的绩效管理制度；科学划分各级政府的共有事权、专有事权、委托事权等，并完善与之对应的财政税收制度。

政府职能法定化的任务表现在《纲要》提出了规范政府职能的清单制度：（1）公开政府权力责任清单。按照《关于推行地方各级政府工作部门权力清单制度的指导意见》，通过梳理、清理、审核、优化、公布、动态管理等流程建立行政权力责任清单，在政府网站等载体公布。（2）建立并公布合法合规的行政事业性收费、政府性基金和政府定价的经营服务性收费清单，清理和取缔乱收费。

2. 转变和创新行政管理方式

现代行政理念要求行政管理采用“服务与合作”、行政管理主体“多元化”的方式。具体要求是：（1）政府要完善宏观调控职能。主要致力于规划、政策、标准等的制定和实施，完善市场准入的负面清单管理模式，维护市场的公平竞争秩序。（2）深化行政审批制度改革。范围上，全部取消非行政许可审批事项，最大限度下放和减少审批；方式上，探索创新在线审批等便民高效的方式，推进相对集中行政许可权；创新上，建立国家职业资格目录清单和行政审批中介清单管理制度。

3. 政府履职重点范围

（1）市场监管方面，树立全国市场统一、公平竞争的指导思想，创新高效便民的管理方式，优化统一的社会信用体系建设。

（2）社会治理方面，加强法律、体制机制、人才队伍、信息化建设，推进社会自治。

（3）公共服务方面，加快实现政府主导的基本公共服务标准化、均等化和法定化。

（4）生态环保方面，不断完善开发、补偿、有偿使用、损害赔偿等法律法规，规范市场主体的权利义务。

“十三五”期间，政府在全面履行职能方面的重点是简政放权、放管结合、优化服务，不断厘清政府“作为”与“不为”的界限，把“命令服从”的管理方式转变为“服务合作”。

（二）完善依法行政制度体系

依法行政首先必须有法可依，因此制度建设是依法行政的基础。这里的“制度”，是指政府行使权力所必须遵守的有效力的规则及其实现机制。制度短缺从政府角度来说会造成行政权力不受约束，从相对人角度说则无法有效抵制行政权力可能造成的侵害。因此，制度建设是法治政府建设的关键。

在我国的法律体系中，行政法规的数量远多于法律，部委规章远多于行政法规，地方政府规章远多于地方性法规，而且还存在大量的具有普遍约束力的规范性文件。这些数量庞大的行政法规范组成了具有中国特色的行政法律体系，从制度上促进了依法行政与法治政府建设，但尚未达到“系统完备、科学规范、运行有效”的目标。《纲要》对上述政府立法及规范性文件的制定与管理提出了 5 项具体措施，可归纳为四方面：

1. 完善政府立法和制定规范性文件的准备程序

主要是健全立法项目向社会公开征集、立法项目论证与评估等准备程序，重要立法由法制机构组织起草或委托第三方起草。

2. 提高政府立法中的公众参与度

拓展社会各方有序参与立法的途径和方式，包括征求人大代表意见，与社会各界代表进行立法协商，积极采取咨询、论证、听证、座谈、调查等多种立法参与方式，健全意见反馈机制。立法草案依法向社会公开征求意见。

3. 健全政府立法和规范性文件生效后的管理制度

定期开展立法后评估。制定机关对规范性文件应统一进行编号、登记和印发，按程序对社会公布；全部规范性文件都纳入备案审查、建议审查范围。建立对行政法规、规章和规范性文件的目录和文本动态化、信息化管理和定期清理的长效机制，及时进行立改废。

4. 政府立法的重点领域及内容限制

立法重点领域包括完善社会主义市场经济体制、完善社会主义民主政治、完善社会主义先进文化、创新社会治理、保障公民权利和改善民生、维护国家安全和保护生态环境、加强政府自身建设等。立法内容上要与改革决策相统一和衔接，及时把成熟的改革成果上升为法律。规范性文件要遵循法律保留原则，不得减损公民法人和其他组织的合法权益或增加义务。

完善依法行政制度体系的重点是坚持立、改、废、释并举的原则，充分提高依法行政法制体系的科学性、民主性、公开性和透明度，关键是提高立法质量。

（三）推进行政决策科学化、民主化、法治化

行政决策也就是政府决策，其本质是政府运用公权力对社会资源和社会利益进行权威性分配的过程。在我国，行政决策受到两方面的约束：一要符合党的路线方针政策；二要符合国家权力机关制定的法律。行政决策是政府履行各种管理和服务职能的首要环节，虽然早在1986年就被提出，但2003年的十六届三中全会公报第一次正式提出行政决策问题。2010年《国务院关于加强法治政府建设的意见》使用了“行政决策科学化、民主化、法治化”的概念。“行政决策科学化、民主化、法治化”的性质是行政决策的优化要素，民主化是基础，科学化是主导，法治化是保证，三要素有机地组合在一起可以帮助决策者优化决策水平，优化的标准包括决策得到社会充分肯定、最大限度追求社会公平和社会资源得到最佳配置等。

《纲要》把“推进行政决策科学化、民主化、法治化”的任务分解为六项具体措施，可归纳为三方面：

第一，健全重大行政决策的程序规定和运作机制。完善包括决策主体、事项范围、法定程序、法律责任等内容的重大行政决策程序规定，规范决策流程。

第二，决策制定过程中的程序规定。（1）公众参与。建设公众参与平台；对重大民生决策进行民意调查；对全局性和涉及群众切身利益的重大决策必须听取利害关系人和人大代表等特定群体的意见。（2）专家论证和风险评估。建立行政决策咨询论证专家库；对专业性技术性较强的决策必须组织专家论证；逐步落实专家信息与论证结果双公开。实施重大决策社会稳定风险评估机制。（3）合法性审查。这是所有重大决策的必经程序，审查时间为提交决策机关集体讨论前，审查力量以政府法制人员为主、外聘法律顾问为辅。（4）集体讨论。也是所有重大决策的必经程序，审议形式是政府常务会议、全体会议或部门领导班子会议，行政首长在集体讨论的基础上享有最终决定权，健全决策审议记录存档制度。

第三，严格决策责任追究。决策机关有权根据实际需要决定是否进行决策后评估；决策效果不好且造成重大损失或拖延决策造成重大损失，对行政首长及相关责任人采用终身责任追究制和责任倒查机制。

行政决策科学化、民主化、法治化的关键是保证决策质量显著提高，减少决策失误。其具体要求立足于我国的实际，针对现阶段存在的乱决策、违法决策、专断决策、拍脑袋决策、拖延决策等问题，从程序和实体上提出若干能够量化的目标要求。《纲要》虽然强调的是“重大行政决策”，但蕴含了“以点带面”“以重大带一般”的要求，因此实践中要抓住“保障科学决策”的核心，善于用科学的制度和程序保证科学的决策结果。

（四）坚持严格规范公正文明执法

行政执法是行政机关履行职能的基本方式，新时期行政执法的形势和环境发生了新变化，人民群众的法治意识、权利意识日益增强，对实现社会公平正义的愿望日益迫切，社会的发展倒逼行政执法能力和执法水平加快提升。在行政执法实践中既存在一些多头执法、重复执法等老问题，又出现了一些制度空白、协调不力等新问题，基于此《纲要》提出了严格规范公正文明的执法基本要求，并且从行政执法体制、程序、方式、责任、人员管理和保障等六方面提出了具体措施。从内容上看，这些措施可以分为指导原则与刚性制度两大类。

第一，行政执法的指导原则。表现在：（1）推进执法重心下移，充实基层执法力量；（2）大幅减少执法队伍种类，在重点领域推行综合执法和跨部门综合执法；（3）理顺城管执法体制；（4）理顺行政强制执行体制；（5）强化科技、装备在执法中的作用；（6）在执法中防止和克服部门利益、地方保护、执法获益等现象；（7）推广行政指导、行政奖励等非强制执法手段；（8）加强执法人员职业道德教育；（9）提高全社会法制意识；（10）各级党政机关和领导干部支持执法机关依法公正行使职权。

第二，行政执法刚性制度。（1）需要完善的行政执法制度：健全行政执法与刑事司法衔接机制；健全行政裁量权基准制度；健全调查取证、告知、罚没收入管理、听证、集体讨论等执法环节的程序规定；健全执法机关之间权限协调机制；健全守法信用记录及奖励惩戒机制；逐步推行执法人员平时考核。（2）需要创新的行政执法制度：建立行政执法机关与司法机关信息共享、案情通报和案情移送制度；建立执法全程记录制度及执法行为的具体操作流程；建立异地执法机关间的权限协调机制；建立统一的行政执法信息平台，进行行政执法公示及执法信息查询；建立统一的执法监督网络平台，便利投诉举报和情况通报。（3）需要严格执行的行政执法制度：重大行政执法决定法制审查的必经程序；严格确定执法责任，建立健全常态化的责任追究机制；坚决排除对执法活动的干预；实行执法人员持证上岗和资格管理；规范对执法辅助人员的全方位管理；执法经费纳入预算足额拨付；罚缴分离收支两条线；禁止下达罚没指标；禁止将收费与罚没收入与部门利益挂钩。

《纲要》提出的关于行政执法的任务和措施，既有原则指引，又有底线规定，为当前和今后一段时期加强行政执法指明了方向和路径。“严格规范公正文明执法”作为有机统一的整体，应当共同推进。只有做到执法内容与执法形式相统一、执法效果与社会效果相统一，才能实现“促进社会公平正义，维护社会和谐稳定”的行政执法价值。

（五）强化对行政权力的制约和监督

随着政府法制建设的发展，我国上下结合、内外结合的行政法制监督制度日益健全和成熟，但仍存在不完善之处，集中体现在监督制度的有效性不足，表现为行政权力配置结构不科学、不协调，行政权力运行过程不够公开透明，对行政权力的制约制度不够健全等。

十六大以来，党中央多次强调要“完善决策权、执行权、监督权既相互制约又相互协调的行政运行机制”，明确把监督权提升到与决策权、执行权平等的地位，这是中央对行政权力配置的新认识和新举措。《纲要》提出了要在新时期“基本建成科学有效的行政权力运行制约和监督体系”的目标，并规定了六项具体的措施，其内容可以归纳为五方面：

1. 政务公开为监督奠定基础条件

社会主义市场经济要求行政权力的运行法治化、精简化、透明化，如果改革不到位，该公开的权力运行机制仍然隐秘化，这就必然导致监督薄弱的后果。2016 年中共中央办公厅、国务院办公厅发布《关于全面推进政务公开工作的意见》，加大了政务公开的力度。国务院办公厅出台的《关于全面推进政务公开工作的意见》实施细则，细化了政务公开的操作流程。政务公开要求的权力清单制度、行政权运作的“五公开”、政务公开参与制度等都为其他监督方式创造了基础条件，提供了有效的切入点。

2. 特定机关监督各有其责

（1）党内监督。《中国共产党党内监督条例》《中国共产党纪律处分条例》《中国共产党巡视工作条例》《中国共产党廉洁自律准则》等党内法规是党内监督的主要依据。党内监督的主体是各级党委和党委主要负责人，监督的内容主要是党风廉政建设和反腐败，监督的重点对象是各级领导班子及其负责人。

（2）人大监督。《中华人民共和国各级人民代表大会常务委员会监督法》规定，各级人大常委会对本级政府监督的重点是关系改革发展稳定大局和群众切身利益、社会普遍关注的问题，监督形式包括听取和审议专项工作报告、对计划、预算执行情况的监督、开展执法检查、规范性文件的备案审查、询问和质询、特定问题调查和撤职案的审议和决定等方面。人大代表有权通过提交建议案对政府实施监督。

（3）政协监督。《中共中央关于加强人民政协工作的意见》《关于加强人民政协协商民主建设的实施意见》规定，政协进行民主监督的主要内容是法律的实施、重大方针政策的执行、国家机关及其工作人员的工作等。政协机构及委员的监督形式包括向党委和政府提出建议案或报告；通过协商会议、视察、提案、建议案、专题调研、大会发言、反映社情民意信息、举报等；参加党政部门组织的调查和检查活动；政协委员应邀担任司法机关和政府部门特约监督员等。政府要为政协履行监督职能提供条件，包括台账制度、知情明政制度、定期通报情况制度等。

（4）法院监督。一是通过行政诉讼对具体行政行为的合法性予以审查，对规范性文件的合法性进行附带审查，作出裁判；二是通过司法建议书指出行政机关管理中的问题并提出改进的意见。行政机关应当执行生效裁判，对司法建议应当反馈。

（5）检察院监督。检察院对行政机关的监督一直停留在理论层面，但随着改革的深入，实践中产生了几种监督的方式。一是督促起诉，检察机关发现行政监管部门不履行对国家资产和社会公益资产的监管职责时，会督促其及时提起民事诉讼，追回国有资产。二是督促行政监管，检察机关发现行政机关不正确履职可能导致国家、社会公共利益遭受损害时，会及时发出检察建议书纠正违法，并及时查处发现的行政执法人员职务犯罪案件。三是行政公益诉讼，《检察机关提起公益诉讼试点方案》规定，行政公益诉讼针对在“生态环境和资源保护、国有资产保护、国有土地使用权出让”等领域负有监管职责的行政机关违法行使职权或者不作为的情况。检察机关对行政机关的监督还需要总结经验，上升到法律层面，推动立法完善。

3. 内部监督专业高效

行政机关的内部监督包括行政层级监督和行政专门监督两类。层级监督是行政机关上级对下级的纵向监督，监督内容是下级行政机关及其公务人员全方位的工作；专门监督是根据宪法和法律的规定独立行使专门职权的监督，主要是监察监督和审计监督。监察内容是监察对象有无执法、廉政、效能方面的违纪问题；审计内容只针对行政机关的财政收支，不涉及其他。行政机关内部监督相对于外部监督，更具专业性、知情性、协调性和效率性，是法治政府建设不可替代的监督手段。《纲要》把行政权力集中部门的分权制、审计人员的任职资格和职业保障制、对国有资金和国有资产审计全覆盖制纳入了内部监督的范畴。

4. 外部监督需要良性互动

外部监督主要指群众监督（也称社会监督）和舆论监督。群众监督是指人民群众直接或间接对行政管理活动提出批评意见，表现为投诉、举报、信访等。优点是可以及时发现问题并及时纠正，但实践中却是最薄弱的环节，群众往往不愿监督、不敢监督或不会监督。对此《纲要》要求建立投诉举报登记制度，畅通各种监督渠道，方便群众反映问题，特别要及时反馈处理意见，建立政府与群众之间一种良性的互动机制。舆论监督表面看是新闻媒体对行政权力的监督，但实质上是社会公众以新闻媒介为载体表达意见，属于间接的群众监督，具有广泛性、公开性、评价性和及时性的特点，但实践中还存在法律制度不完善、舆论本身失准、对行政权力依赖性强、公众参与不充分等问题，特别是互联网等新媒体存在的问题更多，《纲要》提出重视运用和规范网络监督，建立健全网络舆情监测、收集、研判、处置机制，推动网络监督规范化、法治化。

5. 监督目标是纠错问责

行政问责是建设责任政府的必要条件，其根本目的在于回应民意，向人民负责。国内第一个行政问责制度是 2003 年《长沙市人民政府行政问责制暂行办法》。2009 年中共中央办公厅、国务院办公厅印发《关于实行党政领导干部问责的暂行规定》，推进了行政问责的制度化和规范化建设。但目前还存在责任分摊难以确定、集体责任与行政问责关系不协调、问责标准弹性过大、问责情形不统一等问题，《纲要》针对行政机关的懒政、庸政和怠政情形，要求坚决惩处失职、渎职行为。对党风廉政建设责任，主要领导要承担直接责任和领导责任，纪律检查机构要承担监督责任。

（六）依法有效化解社会矛盾纠纷

新时期随着社会结构变迁和利益调整，新型矛盾不断出现，深层次矛盾不断显现。例如，出现了土地房屋拆迁补偿、企业改制、环境污染等引发的新型矛盾；出现了因政策不统一、行政不作为、司法不公等引发的单一纠纷演变为复杂矛盾的情况。新时期的社会矛盾往往表现为主体多元化和群体化、类型多样化、利益复杂化、诉求非政治化等特点。① 《纲要》要求行政机关积极承担预防纠纷、化解纠纷的义务，提出了“通过法定渠道解决矛盾纠纷的比率大幅提升”的目标，五项措施可归纳为四方面：

1. 建立健全处理纠纷的五大机制

（1）预警机制。该机制一般包括矛盾的识别、量化、分析、应对措施等步骤。预警既具有监测功能，也具有调控规范功能；既作事前分析，也作事中调控和事后总结。现代信息技术与大数据的分析方法为有效预警提供了手段支持，2016 年 1 月 28 日，《社会治安综合治理基础数据规范》发布，为预警机制的建设提供了国家标准。

（2）利益表达机制。中国特色的群众利益表达机制包括：通过参政党、妇联、工会、共青团等群众组织表达不同群体、界别的利益诉求；通过人大代表、政协委员、信访等途径表达群众的利益诉求；对涉及群众切身利益的重大行政决策，通过听证制度、公众参与机制、人大代表联系群众等多种方式畅通群众的利益表达渠道。

---

① 张廉、杨伟东、刘丹主编，《政府依法行政教程》，北京：国家行政学院出版社 2013 年 3 月第 1 版，第 187—191 页。

（3）协商沟通机制。协商行政是逐渐兴起的一种行政管理范式，在行政立法、重大行政决策、行政执法等过程中都存在协商沟通的程序，而化解矛盾的协商沟通机制主要表现在各种行政救济渠道中通过调解、和解、撤回请求等方式处理纠纷。

（4）社会救济救助机制。主要指向经济困难的人员提供经济帮助的社会保障制度，包括最低生活保障、特困人员供养、受灾人员求助以及医疗、教育、就业等特定情况的救助等，目前还存在城乡不够平衡、救助方式单一、社会力量参与薄弱、救助效果缺乏长期考虑等问题，尚需进一步完善体制。

（5）处置群体性事件机制。群体性事件是指由人民内部矛盾和纠纷所引起的，通过采取集会、游行、示威等多人参加的方式对社会秩序和行政管理产生一定负面影响的活动。强化依法应对和处置群体事件的机制和能力，应重视几点，一是坚持用处理人民内部矛盾的原则和方法；二是充分考虑群众困难，切实维护群众合法权益和合理诉求；三是保障公众知情权，及时公开信息，正确引导。

2. 行政复议是解决行政争议的主渠道

行政复议是行政机关内部监督和纠错的程序，是比较成熟的行政救济制度。目前存在的主要问题是便民性不够、行政复议力量配置不均衡、复议机关的中立性缺乏保障、程序上缺乏透明性等。《纲要》提出要改革现行的行政复议审理机制、加强基层行政复议的人财物保障。2008 年行政机关开始了“行政复议委员会”的试点，以提高行政复议的权威性、专业性和公信力为目标，吸收外部专家和社会贤达参与行政复议，提供咨询意见，对行政复议制度的改革起到了促进作用。

3. 协调利用多元渠道化解以民事为主的社会矛盾

（1）三大调解联动。人民调解具有中国特色，1982 年被载入宪法，体现着中国文化传统底蕴。人民调解与行政调解对接，表现为行政机关采取委托、移转、邀请等方式将纠纷交由人民调解，人民调解可请求行政机关配合、协助或沟通信息，较为成熟的是公安机关与人民调解的对接。人民调解与司法调解对接，主要是法院立案前的“诉前引导、委托调解”和人民调解协议的司法确认制度。行政调解与司法调解的对接，主要以中央综治办《关于切实做好矛盾纠纷大排查大调解工作的意见》为指导，完善人民调解、行政调解、司法调解联调联动的衔接机制，积极告知当事人解决问题的各种途径，行政机关要积极配合司法调解。

（2）行政裁决。指行政机关依照法律规范的授权，对当事人之间发生的与行政管理活动密切相关但与合同无关的民事纠纷进行审查并裁决的行政行为。包括权属纠纷的裁决、侵权纠纷的裁决和损害赔偿纠纷的裁决等种类。行政裁决在制度上还缺乏统一规范，但效率高、具有强制性，在解决纠纷时具有独特的功能和作用。

（3）仲裁。1995 年仲裁法正式实施，实践中主要是民商事仲裁、劳动人事争议仲裁、农村土地承包仲裁。现存的问题是仲裁作用发挥不够、一些前置仲裁推诿责任、运作流程不够中立等。仲裁具有机构中立、程序灵活、保密性强、一裁终局等优势，特别适合经济快速发展的市场需求，充分发挥仲裁作用是今后的方向。

4. 改革信访制度

信访是具有中国特色的行政救济制度，在特定的历史时期起到了快速解决大量同类问题的作用。但在新时期遭遇困境，甚至在某种程度上损害了司法权威。改革信访制度的具体措施有：一是完善涉法涉诉信访依法终结制度，即对经过中央或省级政法机关审核，认定涉法涉诉信访人反映的问题已经得到公正处理，除有法律规定的情形外，依法不再启动复查程序；二是实行诉讼与信访分离制度，把涉及民商事、行政、刑事等诉讼权利救济的信访事项从普通信访体制中分离出来，由政法机关依法处理；三是建立符合涉法涉诉的信访事项导入司法程序机制；四是健全国家司法救助制度，对因遭受犯罪侵害或民事侵权，无法经过诉讼获得有效赔偿，造成当事人生活困难的，按规定及时给予司法救助；五是优化传统信访途径，利用网络等手段搭建便捷高效的信访渠道。

《纲要》规定的“依法有效化解社会矛盾纠纷”的任务，把切实维护公民、法人和其他组织的合法权益作为根本，把解决群众最现实的利益问题作为化解社会矛盾的关键，是践行“利为民所谋”的行政价值观，是服务型政府的行为出发点，行政机关也只有通过复议、调解、仲裁等法定方式化解社会矛盾，才能最大限度地维护群众合法权益。

（七）全面提高政府工作人员法治思维和依法行政能力

行使行政权力的人员一般包括三类：一是在行政机关工作的人员；二是在非国家行政机关工作但依法定授权行使特定行政职能的人员；三是依社会自治原则和依组织章程行使某些行政职能的人员，如律师协会、野生动物保护协会等。《纲要》强调的政府工作人员主要是指在行政机关工作的人员，其中领导干部是重点。

法治思维是指政府工作人员将法律作为行政管理活动的准绳，思想上崇尚法治、尊重法律，行为上善于运用法律手段保护和实现人民权益，维护社会公平正义，在法治之下想问题、作决策、办事情。

依法行政能力是指国家工作人员依据依法行政原则和要求，按照法定职责和权限实施行政行为并承担相应行政责任的能力。

习总书记指出，领导干部提高法治思维和依法办事能力，关键是要做到以下四点：一是要守法律重程序，二是做到法定职责必须为、法无授权不可为，三是要保护人民权益，四是要受监督。

我国法治政府建设进程加快推进，政府工作人员的法律素养和法治素养必须同步跟进，但实践中还存在以下问题：习惯于按“老办法办事”不习惯依法办事；认为法律的条条框框束缚改革，忽视程序只追求结果；认为法律滞后，不善于运用法治思维和法治方式引领规范改革；不积极学习新法，法律知识陈旧、不系统等。为了提高政府工作人员依法办事的能力，《纲要》提出的四项措施可归纳为三方面：

1. 法治教育培训

2016 年 4 月，中组部等四部委联合印发《关于完善国家工作人员学法用法制度的意见》，明确学法用法的主要内容：

（1）领导干部定期学法。国务院各部门、县级以上地方各级政府每年至少举办一期领导干部法治专题培训班，地方各级政府领导班子每年应当举办两期以上法治专题讲座；各级党校、行政学院、干部学院等要把宪法法律列为干部教育的必修课。

（2）行政执法岗位培训。每年组织开展行政执法人员通用法律知识、专门法律知识、新法律法规等专题培训。

（3）加大对公务员初任培训、任职培训中法律知识的培训力度。

2. 四种法治能力考查测评制度

领导干部任职与否与其法律知识考查和依法行政能力测评结果挂钩；加大法律知识运用的题目在公务员录用考试中的比重；行政执法资格考试特别重视法律素质的测评；实行公务员晋升前进行依法行政考核的制度。

3. 提高法治实践能力

（1）法律顾问审核把关。2016 年 6 月，中共中央办公厅、国务院办公厅印发《关于推行法律顾问制度和公职律师公司律师制度的意见》，要求 2017 年底前，中央和国家机关各部委、县级以上地方各级党政机关普遍设立法律顾问、公职律师，乡镇党委和政府根据需要设立法律顾问、公职律师，国有企业深入推进法律顾问、公司律师制度，事业单位探索建立法律顾问制度。各级行政机关在管理中要发挥法律顾问的审核把关作用。

（2）谁执法谁普法。行政执法机关和执法人员注重通过各种形式和渠道，结合本领域的实际向社会普及法律知识，营造一种社会共同遵守法律的氛围。在普法过程中，行政执法人员应当通过以案释法，培养自身理论联系实际的能力，依托普法提高自身执法水平。

《纲要》部署的七大任务，其基本宗旨就是依法规范行政权力的行使，打造行为规范、透明公开的法治政府。《纲要》的内容是法治政府建设理论研究的重大成果，原则上要在 2019 年底前完成。面对艰巨的任务，《纲要》提出了以下保障措施：（1）加强党对法治政府建设的领导，政府主动向党委报告法治政府建设中的重大问题，建立法治政府建设报告制度并向社会公开；（2）党政主要负责人是法治政府建设的第一责任人；（3）法治政府建设成效要纳入领导干部政绩考核体系，开展定期检查和专项督查；（4）通过宣传示范和通报曝光进行奖惩。

深入推进依法行政、加快建设法治政府，需要全社会的共同努力，单靠行政机关自己的努力是不够的，只有坚持法治国家、法治政府、法治社会一体建设，法治政府才能达到预期目标。

三、北京市法治政府建设的目标与任务

（一）北京市法治政府建设的目标

2014 年 12 月底，北京市委全会审议通过《中共北京市委关于贯彻落实党的十八届四中全会精神全面推进法治建设的意见》，结合北京的实际情况，明确提出北京市法治建设的总体目标是“建设法治中国首善之区”。北京作为首都，必须坚持首善标准，北京将在法治建设中走在全国前列，发挥示范作用。“十三五”期间，北京市法治建设的战略方向是：全面推进北京法治建设，努力建设法治中国首善之区，为全面深化改革，落实首都城市战略定位、建设国际一流的和谐宜居之都，谱写中华民族伟大复兴中国梦的北京篇章提供有力法治保障。

北京市法治建设的战略为北京市法治政府建设指明了方向，北京市政府考量了首都政治功能与实现中央依法治国战略的关系，紧紧围绕以疏解非首都功能为重点的京津冀协同发展战略的现实需要，以法治政府建设跨越式发展的视角，提出了“率先建成法治政府，依法行政和法治政府建设总体水平处于全国前列”的目标。

在具体路径上，北京市政府提出了“十三五”期间法治政府建设的七大体系 28 项任务的工程。七大体系包括以依法全面履行政府职能为导向的行政权力运行体系；以行政程序立法为统领的依法行政制度体系；

以大数据信息平台为基础的法治政府建设综合评价体系；以法治保障和服务为重点的依法行政能力建设体系；以规范行政权力运行为目标的监督体系；以法治社会建设为载体的社会治理建设体系；以法治精神法治思维为核心的行政法治文化体系。

截至2016年，北京市监督政府行为的地方性法规主要有7件；规范政府共同行为的地方性规章主要有16件。

1. 北京市地方性法规

北京市预算审查监督条例（2017年施行）；北京市各级人民代表大会常务委员会检查法律法规实施情况办法（2008年施行）；北京市各级人民代表大会常务委员会听取和审议人民政府、人民法院和人民检察院专项工作报告办法（2008年施行）；北京市信访条例（2007年施行）；北京市预算监督条例（2002年施行）；关于市人民政府向市人民代表大会常务委员会报告重大事项的若干规定（1996年施行）；北京市行政性事业性收费管理条例（1994年施行）。

2. 北京市政府规章

北京市行政执法机关移送涉嫌犯罪案件工作办法（2017年实施）；北京市人民政府规章制定办法（2016年实施）；北京市行政规范性文件备案规定（2016年实施）；北京市行政调解办法（2015年实施）；北京市人民政府办理人民代表大会代表建议、批评、意见和人民政治协商会议提案办法（2015年实施）；北京市政府信息公开规定（2015年实施）；北京市重大建设项目稽察办法（2014年实施）；北京市文化市场综合行政执法办法（2012年实施）；北京市行政问责办法（2011年实施）；北京市实施城市管理相对集中行政处罚权办法（2008年实施）；北京市违反土地管理规定行政责任追究办法（2002年实施）；北京市关于重大安全事故行政责任追究的规定（2001年实施）；北京市行政处罚听证程序实施办法（1996年实施）；北京市实施行政处罚程序若干规定（1996年实施）；北京市预算执行情况审计监督暂行办法（1995年实施）；北京市实施《国家赔偿费用管理办法》的规定（1995年实施）。

（二）北京法治政府建设的亮点与问题

2015 年 11 月，北京市委全面深化改革领导小组审议通过了《法治中国首善之区建设重要举措实施规划（2015—2020 年）》。根据规划的相关要求，2016 年 5 月，北京市推进依法行政工作领导小组制定了《北京市法治政府建设实施方案（2015—2020）》，部署了北京市法治政府建设的 47 项任务及完成时间表。

近两年，北京市法治政府建设的力度很大，基本上按照时间表完成了工作。按照《纲要》的要求，北京市政府向社会公开了 2016 年的法治政府建设情况报告，总结了 2016 年的工作，取得了可观的成绩。

2015 年，主管法制副市长向市人大常委会汇报“北京市统计条例（草案）”的起草情况，不再由负责起草工作的部门负责人汇报，这在全国地方政府中首开先河，体现了市政府对立法工作的全局把握，打破了部门立法的传统。

2015 年，北京市政府法制机构组织起草了 8 项规范政府共同行为的立法项目，贯穿行政权力运行的各个关键环节，构成了规范政府共同行为的综合制度体系。

2015 年 4 月，北京市行政执法信息平台一期工程建成并投入使用，通过数据归集便于对全市行政执法整体把握并调控，从而提高行政执法整体效能。这是全国首个地方政府搭建的行政执法信息服务平台。

制定《行政应诉工作规则》，组织“一把手”和办案人员旁听开庭，邀请专家现场点评；将行政机关负责人出庭应诉、履行法院生效裁判、研究落实司法建议书等情况纳入依法行政考核内容。

各行政机关发挥积极性，创新法治政府建设措施：朝阳区依托教育基地培训领导干部法治思维；平谷区政府常务会向公众开放；石景山区全面推行行政执法综合体制改革；市地税局首推总法律顾问制度。

深化街道管理和服务体制创新，推进街道“大科制”改革。

在全国率先制定市、区、街道（乡镇）重点领域政务公开三级清单。

市政府组织编写年度重点工作完成情况系列读本，并首次作为市人民代表大会会议材料。

在国务院办公厅组织的全国政府网站季度抽查中，北京市合格率始终保持100%，在省级政府中排名第一。

开发行政复议申请网上服务平台，方便群众申请行政复议。

上述措施，其特点在于创设，在于建构。法治政府建设是与中国特色的社会主义市场经济体制紧密联系在一起的，在实践中，需要摒弃过时的制度，需要完善和调整存在不足的机制，更需要创新解决新问题的思路和理念。在有限的时间内，实现北京市法治政府建设的跨越式发展，离不开思想的解放和制度的创新。

中国政法大学法治政府研究院从2014年至2016年连续三年发布了100个城市的“法治政府评估报告”，北京市在全国的排名分别为第2名、第3名和第14名。评估结果显示：全国的法治政府建设都在加快，对北京这样一个特大城市来说，法治政府建设的进步需要付出更多的努力。

北京市法治政府建设目前存在的主要问题可以归纳为以下几点：

（1）少数领导干部、部分行政机关工作人员依法行政意识不强，对行政相对人的合法权益重视不够，公众满意度不高。如行政复议机关忽视本身应当依据职权履行的调查核实义务，对一些程序性问题疏漏，对基本信息审查马虎；行政执法作风不够严谨规范，程序存在瑕疵，导致行政相对人的不信任并激化矛盾。

（2）运用法治思维和法治方式解决问题的能力不足。如工作人员对信息公开申请不会履行释明义务、不予公开的答复不合法；区政府对相对人实质权利的申请事项因判断不清而不履职。

（3）基层法治建设力量比较薄弱。2014年至2016年，北京三中院审理的违法建设行政案件，败诉率分别达到23.93%、25%、31.91%，乡镇政府首当其冲。[①] 行政机关对法律理解适用存在偏差，正当程序意识薄弱；行政文书制作不规范，有损行政行为的合法性。

（4）履行职能不充分。行政机关对于应当主动履行的法定职责未主动履行，部门之间不协调或系统之内存在职权冲突或交叉。如街道与城管执法分队之间存在责任冲突；下沉街道的城管执法分队被多头派活。

（5）法律制度建设尚有待完善。如公房类承租案件缺少相关管理依据，各区公房承租人变更申请的审查标准不一致；街道承担属地管理的职责却缺少相应的执法职权。

（6）配套协调保障措施不够充分。如依法行政考核的公开度不足，对被考核部门的压力不够；城管分队下沉街道后人事制度没有完全理顺。

（7）京津冀协同发展中区域发展立法引领缺位，协同行动规则尚未齐备，协同发展的配套工作机制仍不健全。

解决上述问题的主要抓手就是以公众需求为导向，以提升社会公众的满意度为路径选择。衡量法治政府水平和能力的标准是能否让人民满意，关键所在是政府机关对公众主体地位的认可和尊重，其外在表现就是政府服务意识的到位。

（三）加快北京市法治政府建设的建议

1. 国家工作人员在法治政府建设中要正确处理三大关系

（1）努力实现法治政府与服务政府的融合统一。法治政府和服务政府都是现代政府的形态，“坚持把法治作为治理城市的基本方式；坚持把群众满意作为政府工作的第一标准”，阐述的就是法治政府和服务政府互寓其中的关系。政府部门及其工作人员，思想上要把二者统一起来：法治政府是形式，服务政府是内容；法治政府是轨道，服务政府是目标；法治政府是制度基础，服务政府是价值取向。法治政府讲规则，服务政府讲效率。如果把“法治”与“服务”分割开来，就不是真正的法治政府。

---

① 王涵：《北京市三中院通报违法建设行政案件审判情况》，《民主与法制时报》2016 年 12 月 12 日。

“让民众满意”是法治政府与服务政府的共同要求。

（2）努力实现政府治理与社会治理的良性互动。政府治理为社会治理提供制度保障，创造治理环境；社会治理发挥自身活力，参与公共事务，监督行政权力。二者的良性互动整体推进的是国家治理。把握好政府治理与社会治理的关系，政府起着主导作用：一是简政放权，重新分配对公共事务的治理权力；二是要对自身传统的作用和地位进行自我调适，敢于承认在某些领域社会治理优于政府治理。政府下放权力，才能激发社会治理主体的活力。政府要敢于肯定人民群众的首创精神，积极培育社会治理主体。尊重社会治理，引领社会治理，政府治理自身就进入了良性循环，二者的关系就会实现协调与平衡。

（3）努力实现现代管理与传统管理的优势互补。建设法治政府需要“传统管理向现代管理”转型，包括理念、体制机制和手段方式的转变。但现代不是对传统的绝对否定，而是对传统的扬弃。建立现代管理体系，既要摆脱传统理念、方式的羁绊，也要传承传统文化的精华，这需要政府及其工作人员自省的能力和决断的勇气。运用现代技术手段为法治政府建设服务符合时代要求，但现代技术的应用并不能完全取代传统的管理手段和方式。把握传统管理与现代管理的关系，不变的是政府为民服务的宗旨，改变的是陈旧观念和落后手段。根本宗旨不能变，管理理念和管理手段要与时俱进，这才是改革的真谛。

2. 善于以法治保障京津冀的协同发展

（1）探索推进区域立法。针对疏解非首都功能，从根本上治理大城市病，有必要考虑立《首都圈法》《区域发展促进法》等。坚持区域发展规划法定，提高规划执行力。倡导国家层面为京津冀协同发展提供法律支持，特别是从国务院层面出台《促进区域协调发展条例》及部委层面的相关规章。

（2）以协议方式确立协同发展的合作规则。京津冀三地政府在党委的领导下，共同签订协同发展方面的具体协议，经各地人大批准后产生法律效力。如果发生情势变更，允许修改或废除不适合的条款。

（3）完善协同发展规则的实施机制。对需要政府主动推动的重点协同发展领域，有效的实施机制是设立具备领导、监督、协调、强制和问责功能的领导小组，以中央督导为后盾。针对潜在的行政和地方保护主义，可以设立跨区的法院和仲裁系统。权利受到损害的当事人可以借助独立的法院和仲裁系统获得法律救济。

3. 破除城市管理综合执法重心下移的体制机制障碍

（1）通过立法赋予街道执法主体地位。依据行政处罚法第 16 条、行政强制法第 17 条的规定，省、自治区、直辖市人民政府可通过授权，赋予属地街道城管执法的主体地位。建议北京市可根据实际需求，随着城市管理综合执法重心下移的推进需求，适时推进政府规章，授权街道乡镇的行政处罚权和行政强制权，由街道乡镇的综合执法队负责属地执法，法律责任由街道乡镇承担。

（2）重新调整市、区两级城管综合执法机构职能。市局主要负责制定政策法规和标准性规范、教育培训和业务指导。市城管局直属队承担的执法任务，可适用指定管辖，由市城管委确定由某区负责，或成立专案组负责。区级负责人员招录、培训，以及区级重大跨属地街道的指挥调度、指导监督，区级城管部门不再承担具体综合执法任务，区城管执法分队全部下沉街道。取消市级城管考核，街道执法队由区城管和街道考核，区城管由区政府考核。执法力量尽可能下沉属地。

（3）合理界定综合执法与专业执法的职权事项。界定原则一是尽量保持审批主体与处罚主体的一致性；二是性质类似、对象相同的事项宜由一个机构管理，不宜按照时间段等标准分割管理；三是专业性、技术性较强需要检测的事项宜划归专业执法。对上述事项，属地综合执法部门行使监控报告权。

“权力与权利”的关系是法治政府建设的核心问题。建设法治政府应抓住两大核心要素：一是法治理念的确立；二是符合理念的制度设计。在当前形势下，北京市法治政府建设面临的最大挑战，是在政府工作人员中树立坚定的法治理念。法律制度是躯体，法治理念是灵魂。“理念往往具有一种内在的力量，甚至可以超越法律规则本身而发挥法律规则起不到的作用。”

法治理念是法律面前人人平等的理念，是权力来自人民、受人民监督的理念，是法无授权不可为和行政权力尊重公民权利的理念。当政府部门及其工作人员在拥有坚定的法治理念的同时遵循了法律制度，建设法治政府的目标就会早日实现。

第六讲

首都经济社会发展的法治保障

北京市国家工作人员学法用法制度实施意见强调，要学习运用与首都经济社会发展和人民生产生活密切相关的法律法规。在京津冀协同发展、疏解非首都功能的大背景下，认真学习运用控制人口规模、治理交通拥堵、防控大气污染等市场经济法律法规和生态环境保护法律法规，以及教育、就业、收入分配、社会保障、医疗卫生、文化发展等保障和改善民生方面的法律法规，不断提高运用法律手段管理经济社会事务的水平。

一、将经济社会发展纳入法治轨道的必要性

2015 年 10 月，党的十八届五中全会通过了《中共中央关于制定国民经济和社会发展第十三个五年规划的建议》（以下简称《建议》），这是同十八届三中全会关于全面深化改革、十八届四中全会关于全面依法治国相互配合的发展篇章。《建议》明确指出，法治是发展的可靠保障，必须坚定不移走中国特色社会主义法治道路，加快建设中国特色社会主义法治体系，建设社会主义法治国家，并明确要求，把经济社会发展纳入法治轨道。在法治轨道上推进经济社会发展，对于确保如期全面建成小

康社会具有十分重要的意义。习近平总书记指出，发展是目的，改革是动力，法治是保障。市场经济是法治经济，和谐社会是法治社会。我们要深刻认识法治对经济社会发展的有力保障作用，增强厉行法治的自觉性和坚定性。

（一）法治是社会主义市场经济的内在要求

习近平总书记提出，厉行法治是发展社会主义市场经济的内在要求。做出这样的判断，是源于法治是市场经济存在和发展的必要条件。市场经济的运行，市场秩序的维系，国家对经济活动的宏观调控和管理，以及生产、交换、分配、消费等各个环节，都需要法治的保障。世界经济的实践证明，一个比较成熟的市场经济体制，必然要求并具有比较完备的法治。当前，我国在经济发展新常态下出现的一些趋势性变化，使经济社会发展既面临机遇又面临不少困难和挑战，调结构、转方式、促创新任务十分艰巨。适应新常态、把握新常态、引领新常态，更加有效地应对各种风险和挑战，迫切要求通过全面依法治国，加快形成以保护产权、维护契约、平等交换、公平竞争、有效监管为特点的统一透明、规范有序的市场环境，着力解决制约经济持续健康发展的重大问题。只有厉行法治，进一步健全社会主义市场经济体制，确保市场主体权利平等、机会平等、规则平等，才能营造鼓励大众创业、万众创新的良好环境，推动经济转型升级，使社会主义市场经济既生机勃勃又井然有序。

（二）法治是社会主义和谐社会的重要特征

加快建设法治社会，是因为和谐社会本质上也是法治社会。社会主义和谐社会，本质上是民主法治、公平正义、诚信友爱、充满活力、安定有序、人与自然和谐相处的社会。法治既是和谐社会的重要特征，也是构建社会主义和谐社会的可靠保障。法治是社会稳定的“压舱石”，是人民维护合法权益的“重武器”，也是实现社会公平正义的根本途径。当前，我国社会正处于大转型时期，经济体制深刻变革，社会结构深刻变动，利益格局深刻调整，思想观念深刻变化。这种空前的社会变革，给我国发展带来巨大活力，同时也出现了区域、城乡、经济社会发展不协调，部分社会成员收入差距拉大等突出问题。构建社会主义和谐社会，迫切要求更加注重发挥法治在社会治理中的重要作用，坚持在法治轨道上统筹社会力量、平衡社会利益、调解社会关系、规范社会行为，依靠法治解决社会矛盾和问题，充分发挥法治在促进、实现、保障社会和谐方面的重要作用。

（三）法治是全面深化改革的有力支撑

实践证明，改革是决定当代中国命运的关键一招，是党和人民事业大踏步赶上时代的重要法宝。改革只有进行时，没有完成时。实现“十三五”时期发展目标，破解发展难题，厚植发展优势，必须牢固树立创新、协调、绿色、开放、共享的发展理念。坚持“五个发展”，是关系我国发展全局的一场深刻变革，对于推动中国经济社会走出一条更高质量、更有效率、更加公平、更可持续的发展新路具有重要意义。坚持“五个发展”，必然要求继续全面深化改革，为发展提供持续动力。当前，改革进入攻坚期和深水区，“涉险滩”“啃硬骨头”，迫切需要以法治凝聚改革共识，以法治平衡各方利益，以法治引导、推动、规范、保障改革。要着力处理好改革和法治的关系，坚持在法治下推进改革，在改革中完善法治，做到重大改革于法有据，实现改革和法治同步推进，增强改革的有效性和穿透力，增强法治的科学性和保障力，更好地促进党和国家事业发展。

（四）法治是实现党和国家长治久安的制度保障

法治和人治的关系历来是人类政治文明史上的一个基本问题，也是各国在实现现代化过程中必须面对和解决的一个重大问题。纵观世界近代史，凡是顺利实现现代化的国家，没有一个不是较好解决了法治和人治问题的。相反，一些国家虽然一度实现了快速发展，但最终却出现经济社会发展停滞甚至倒退的局面，这种情况很大程度上与法治不彰有关。在世界社会主义发展史上，一些国家发生“人存政举、人亡政息”的悲剧，重要原因之一也是没能跳出人治怪圈，没能解决好法治和人治问题。历史和现实都告诫我们，要跳出历史周期律，实现长期执政，要走好中国道路，实现党和国家长治久安，必须推进国家治理体系和治理能力现代化，坚持依法治国，为党和国家事业发展提供根本性、全局性、长期性的制度保障。

二、首都经济社会发展中需要克服的难题

近十余年以来，随着城市化进程加快和人口的快速增长，北京逐步形成了拥有2000多万常住人口的特大型城市，人口、资源、环境的挑战和压力越来越大。然而，由于多方面的原因，北京市自身一直没有系统、全面、及时地认识和反思粗放式发展所带来的问题。近五年来，北京市在经济社会发展中受到资源制约日趋明显，生态环境尤其是大气污染问题日益突出，交通拥堵持续未能有效缓解，城乡基础设施、公共服务设施还不能满足公众需求，防灾减灾能力明显不足等现象不一而足，这体现了北京作为首都在城市发展的理念、政策、体制机制、方式方法等方面还存在许多深层次问题的思考没有梳理清晰。

不识庐山真面目，只缘身在此山中。2014年2月以来，习近平总书记两次到北京视察工作，并在多次重要讲话中系统和全面地指出了北京市发展中存在的问题，高屋建瓴地为首都未来的发展绘就了蓝图。结合习近平总书记系列讲话精神，我们认为要建设好首都，推动北京持续健康发展，需要付出长期艰苦的努力，处理好国家战略要求和自身发展的关系，需要在服务国家大局中提高自身的发展水平。通过系统的总结和分析，我们认为未来首都经济社会发展中主要存在如下方面亟待反思和解决的问题。

（一）“都”与“城”关系定位不清：四个中心的战略定位确立

建国以后，北京市在建设与发展方面取得了巨大的成绩，然而，随着近年来经济社会发展的不断深化，一些长期积累的问题不断显现，主要体现为北京市作为国家首都功能承载能力的弱化，非首都功能不断积聚，如一般性制造业、区域性物流基地和区域性批发市场、部分教育医疗等公共服务功能以及部分行政性、事业性服务机构等分布不合理。回顾过往的城市发展规划当中，没有清晰的区分“都”与“城”的关系，没有自觉的协调好北京市作为首都城市发展中人口、资源、环境、产业等出现的紧张关系，进而影响和弱化了首都功能的发挥，这的确反映了首都意识和首都城市发展的战略定位不够明确。2014 年 2 月，习近平总书记就推进北京发展和管理工作时提出，要明确城市战略定位，坚持和强化首都全国政治中心、文化中心、国际交往中心、科技创新中心的核心功能，深入实施人文北京、科技北京、绿色北京战略，努力把北京建设成为国际一流的和谐宜居之都。习近平总书记的讲话，一针见血地指出北京市发展中各种问题的总根源，并为新北京建设指出了明确的方位和坐标。

（二）如何实现建设新北京思路不清：以京津冀协同发展、雄安新区建设实现非首都功能疏解

客观地讲，在以往北京市的建设发展过程中，也不是没有意识到城市发展中积累的方方面面的问题，也并非没有思考和采取过有针对性的应对措施，从过往的城市建设的具体思路看，还是希望从增量入手采用一些缓和的措施，因而取得的效果并不明显。然而一个城市的再造，需要壮士断腕，自我疗伤的勇气，其关键问题是始终没有下定决心从存量入手采取有效措施解决北京的问题，这的确是应当汲取的经验和教训。2014 年 2 月，习近平在京津冀协同发展工作座谈会上指出：“推动京津冀协同发展是一个重大国家战略。”该战略的核心是有序疏解北京非首都功能，调整经济结构和空间结构，走出一条内涵集约发展的新路子，探索出一种人口经济密集地区优化开发的模式，促进区域协调发展，形成新增长极。2015 年

2 月，习近平总书记在中央财经领导小组第九次会议上提出："作为一个有 13 亿人口大国的首都，不应承担也没有足够的能力承担过多的功能。"2016 年 5 月 27 日，习近平主持召开中共中央政治局会议强调，雄安新区是党中央批准的首都功能拓展区，同上海浦东、广东深圳那样具有全国意义，这个定位一定要把握好，是疏解北京非首都功能、推动京津冀协同发展的历史性工程。2017 年 6 月，习近平总书记主持中央政治局常委会会议，专题听取北京城市总体规划编制工作的汇报时指出，要紧紧抓住疏解非首都功能这个"牛鼻子"来提升首都功能，提升发展水平。习近平总书记多次强调北京要靠创新发展，要舍得"白菜帮子"，精选"菜心"，腾笼换鸟，调整结构。要加强对疏解的引导，切实为北京减重减负。

（三）大城市"病"的治理经验不足：规划、管理与治理待精细化

2015 年 11 月，习近平总书记主持召开中央全面深化改革领导小组第十八次会议，对改进城市管理工作提出了明确要求："推进执法体制改革改进城市管理工作，要主动适应新型城镇化发展要求和人民群众生产生活需要，以城市管理现代化为指向，坚持以人为本、源头治理、权责一致、协调创新的原则，理顺管理体制，提高执法水平，完善城市管理，构建权责明晰、服务为先、管理优化、执法规范、安全有序的城市管理体制，让城市成为人民追求更加美好生活的有力依托。"2017 年 7 月，北京市委书记蔡奇在北京市第十二次党代会讲话指出，北京市发展中最主要的是人口资源环境矛盾依然突出，"大城市病"还比较严重，影响了首都功能的发挥，影响了服务保障水平的提升。同时，城市精细化管理水平不高，治理污染、改善环境、缓解交通拥堵等还需下更大气力。第一，城市规划设计中的预见性不足，在城市建设特别是基础设施建设质量上，没有形成适度超前、相互衔接、满足未来需求的功能体系，没有有效遏制城市"摊大饼"式发展；第二，城市管理精细化程度不高，在健全城市管理体制，提高城市管理水平，尤其是市政设施运行管理、交通管理、环境管理、应急管理，推进城市管理目标、方法、模式现代化上有差距。第三，大气环境治理力

度还要加强，在应对雾霾污染、改善空气质量等方面的措施采取、重点领域治理、考核指标明确和环境执法监管上还要进一步完善。第四，要加快推进执法重心和执法力量向市县下移，推进城市管理领域大部门制改革，实现机构综合设置，健全法律法规体系和执法制度，特别是要建设一支过硬的执法队伍，真正做到依法、规范、文明执法。

（四）社会事业发展水平与和谐宜居城市要求有差距

十八大以来，习近平总书记指出："人民群众对美好生活的向往，就是我们工作努力的方向。"北京作为伟大祖国的首都，要率先建设成为和谐宜居的一流国际大都市，这就要着力解决那些关系到群众切身利益领域存在的问题，切实采取措施保障改善民生、扩大优质公共服务供给，目前看，还有大量工作要做。

在教育方面，要努力办好人民满意的教育，要针对学前教育资源供给不足的问题采取措施，推动优质义务教育资源均衡发展，深化基础教育综合改革，完善现代职业教育格局。

在医疗方面，要回应人民群众"看病难、看病贵"的呼声，积极推动健康北京建设，深化医药卫生体制改革，促进公立医院改革和社会办医规范有序发展，完善覆盖城乡的基本医疗卫生制度，大力开展全民体育健身活动，努力提供全生命周期的卫生与健康服务。

在就业方面，要实施更加积极的就业政策，加强就业培训和精准帮扶，鼓励以创业带动就业，实现更加充分、更高质量的就业，保持城乡居民收入增长与经济发展同步，完善惠农政策，拓宽就业渠道，健全增收机制，精准帮扶低收入村和低收入农户，努力实现农民收入持续增长。

在社会保障方面，存在覆盖范围不够、城乡差距明显和公共服务不健全的问题，要提升公共服务覆盖水平，缩小城乡基本公共服务差距。要统筹社会保险和社会救助，完善失业、工伤和生育保险制度，健全医疗和养老保险体系，积极发展扶老、助残、救孤、济困等社会福利和慈善事业。积极应对人口老龄化，完善以居家为基础、社区为依托、机构为补充、医养相结合的养老服务体系，建设街乡养老照料中心、社区养老服务驿站，支持社会力量参与，探索形成专业化运营新模式，满足多样化养老服务需求。

三、首都经济社会发展中已经采取的措施

党的十八大召开以来，北京市委、市人大、市政府在依法治国，全面推进法治国家、法治政府和法治社会一体化建设的指导思想下，认真贯彻落实党的十八届三中、四中、五中全会精神，高举中国特色社会主义伟大旗帜，以马克思列宁主义、毛泽东思想、邓小平理论、“三个代表”重要思想、科学发展观为指导，深入贯彻习近平总书记系列重要讲话精神，坚持党的领导、人民当家作主、依法治国有机统一，坚定不移走中国特色社会主义法治道路，坚决维护宪法法律权威，依法维护人民权益、维护社会公平正义和安全稳定，全面深化改革。结合习近平总书记视察北京发表的系列重要讲话，为坚定落实首都城市战略定位、建设国际一流的和谐宜居之都，谱写中华民族伟大复兴中国梦的北京篇章提供了有力法治保障。在北京市法治建设的总体目标和实践路径中，从北京市改革发展稳定工作实际出发，立足北京市实际和发展阶段性特征，不断完善法治建设工作，在地方立法、加强法治实施、严密法治监督、强化法治保障，实现科学立法、严格执法、公正司法、全民守法，建设法治中国首善之区进行了行之有效的探索和努力。

（一）积极开展地方性法律法规的创制，为首都经济社会发展发挥引领作用

1. 地方人大立法工作

北京市人民代表大会及其常务委员会作为地方立法机关，在党的十八大和党的十八届四中、五中、六中全会召开以来，结合习近平总书记对北京市城市发展做出的系列重要讲话，近 5 年来主要在以下领域有

效开展地方立法活动，为首都经济社会的发展提供了重要的制度保障。

所属领域	法规名称	制定时间
公共服务	1. 北京市控制吸烟条例	2014年
	2. 北京市院前医疗急救服务条例	2016年
	3. 北京市全民健身条例	2017年
公共交通	4. 北京市轨道交通运营安全条例	2014年
公共卫生健康	5. 北京市食品安全条例	2012年
	6. 北京市人口与计划生育条例	2014年
	7. 北京市居家养老服务条例	2015年
	8. 北京市动物防疫条例	2014年
市场监督管理	9. 北京市专利保护和促进条例	2013年
	10. 北京市促进中小企业发展条例	2013年
	11. 北京市建设工程质量条例	2015年
	12. 北京市旅游条例	2017年
环境保护	13. 北京市河湖保护管理条例	2012年
	14. 北京市湿地保护条例	2012年
	15. 北京市实施《中华人民共和国防震减灾法》	2013年
	16. 北京市大气污染防治条例	2014年
	17. 北京市水土保持条例	2015年
其他地方制度	18. 北京市审计条例	2012年
	19. 北京市各级人民代表大会常务委员会规范性文件备案审查条例	2012年
	20. 北京市实施《中华人民共和国全国人民代表大会和地方各级人民代表大会代表法》办法	2014年
	21. 北京市人民代表大会代表建议、批评和意见办理条例	2014年
	22. 北京市统计条例	2015年
	23. 北京市预算审查监督条例	2016年
	24. 北京市制定地方性法规条例	2017年

2. 地方政府行政法规制定工作

北京市人民政府作为一级地方政权组织，在党的十八大，十八届三中、四中、五中、六中全会召开以来，结合习近平总书记对北京市城市发展做出的系列重要讲话，在北京市委的坚强领导下，在北京市人民代表大会的监督下，近5年来主要在以下领域有效开展地方行政性法规活动，为首都经济社会的有序运行管理提供了重要的制度基础。

所属领域	法规名称	制定时间
公共服务	1. 北京市促进慈善事业若干规定	2013年
	2. 北京市快递安全管理办法	2013年
	3. 北京市实施《居住证暂行条例》办法	2016年
公共交通	4. 北京市机动车停车管理办法	2013年
	5. 北京市人民政府关于修改《北京市机动车市场管理暂行规定》	2014年
	6. 北京市实施国家重大活动保障措施的若干规定	2014年
公共卫生健康	7. 北京市农业植物检疫办法	2013年
	8. 北京市人民政府关于废止《北京市生育服务证管理办法》的决定	2016年
	9. 北京市人民政府关于修改《北京市社会抚养费征收管理办法》的决定	2017年
市场监督管理	10. 北京市建设工程施工现场管理办法	2013年
	11. 北京市蔬菜零售网点建设管理办法	2013年
	12. 北京市组织机构代码管理办法	2013年
	13. 北京市人民政府关于废止《北京市渔业资源增殖保护费征收办法》的决定	2014年
	14. 北京市民用建筑节能管理办法	2014年
	15. 北京市重大建设项目稽察办法	2014年
	16. 北京市生产安全事故隐患排查治理办法	2016年
环境和文化保护	17. 北京市地下文物保护管理办法	2013年
	18. 北京市人民政府关于废止《北京市城市自来水厂地下水源保护管理办法》的决定	2015年
其他制度	19. 北京市人民政府关于修改《〈北京市见义勇为人员奖励和保护条例〉实施办法》的决定	2014年
	20. 北京市门楼牌管理办法	2014年
	21. 北京市政府信息公开规定	2014年
	22. 北京市行政调解办法	2015年
	23. 北京市国家工作人员宪法宣誓组织办法	2015年
	24. 北京市行政规范性文件备案规定	2016年
	25. 北京市税收征收保障办法	2016年

3. 非首都功能疏解与城市发展规划制定

（1）《新增产业禁止和限制目录》。为深入贯彻落实首都城市战略定位，加快构建“高精尖”的经济结构，切实推动京津冀协同发展，市发展改革委、市教委、市经济信息化委、市国土局、市环保局、市住房城乡建设委、市交通委、市农委、市商务委、市卫生计生委联合制定了《北京市新增产业的禁止和限制目录（2014 年版）》。目录管理措施分禁止性、限制性两类。禁止性是指该行业不允许新增投资项目或新设立市场主体；限制性是指对一些行业做出区域限制、规模限制和产业环节、工艺及产品限制，主要考虑从本市现阶段发展实际出发，有区别地加以限制。2015 年，北京市修订了《北京市新增产业的禁止和限制目录（2015 年版）》，全市性的禁限措施更严格：涉及小类共计 599 项，占全部国民经济行业分类的比例由 32% 提高到了 55%，增加了 23 个百分点 。主要内容包括禁止新建商品交易市场设施；“不再新设立或新升格普通高等学校”和“禁止新设立面向全国招生的一般性培训机构”；城六区“严控其他总部企业新迁入或新设立”“禁止新设立或新迁入市属行政事业单位”“禁止新设立或新迁入非紧密型行政辅助服务功能”；餐饮业禁用地下空间；全市禁止新、扩建高尔夫球场等高耗能、高耗水、影响城市环境等行业，从严禁限，从增量入手，引导新增功能和产业的发展更绿色低碳、更有助于改善生态环境。自 2014 版《禁限目录》发布以来，北京不予办理工商登记业务累计达 1.5 万件，其中制造业、农林牧渔业、批发和零售业新设市场主体数分别下降 77%、37.8%、29.8%，使得非首都功能疏解取得明显效果。

（2）城市发展规划全面修订。北京市目前人口已经达到 2100 多万，接近 2020 年 2300 万的人口调控目标，已经逼近承载极限。因此，必须对现有格局实现合理的布局与规划，对存量进行调整。过去几年，北京以及京津冀的新布局已经逐步清晰。按照习近平总书记的要求，这些规划需要把握好战略定位、空间格局、要素配置，坚持城乡统筹，落实“多规合一”，形成一本规划、一张蓝图。这意味着首先是城市定位要清晰，空间布局要合理，发展要均衡；其次是要落实“多规合一”，将国民经济和社会发展规划、城乡规划、土地利用规划、生态环境保护规划等多个规划融合到一个区域上，实现一个市县一本规划、一张蓝图，解决现有各类规划自成体系、内容冲突、缺乏衔接等问题。

北京市新版规划草案在2017年向市民进行了公告，征询意见和建议。2017年5月，北京市委十一届十四次全会一致同意将《北京城市总体规划（2016年—2030年）（送审稿）》按程序上报党中央、国务院审定，目前已经获得中央政治局审议通过，进一步明确了习近平总书记提出的“四个中心”的战略布局。建设全国文化中心，“重点抓好‘一核一城三带两区’，即以培育和弘扬社会主义核心价值观为引领，以历史文化名城保护为根基，以大运河文化带、长城文化带、西山永定河文化带为抓手，推动公共文化服务体系示范区和文化创意产业引领区建设。”在政治中心的布局方面，将建立“首都功能核心区”，其核心职能就是政治职能，首要的任务就是服务中央。关于科技创新中心，主要包括“三城一区”。“三城”落位到中关村科学城、未来科学城、怀柔科学城。一区包括北京经济技术开发区和顺义新城。关于“国际交往中心”，北京城市副中心区、怀柔雁栖湖等形成企业、经济、金融、文化的国际交往区域。“雄安新区”也进入新版规划。规划报告指出：建设河北雄安新区，是千年大计、国家大事，将与城市副中心共同形成北京新的两翼。

4. 城市治理方面精细化

（1）城市综合治理体制——开墙打洞治理。市十二届党代会提出，要紧紧抓住疏解非首都功能这个“牛鼻子”，以疏解整治促提升专项行动为主要抓手，突破搬迁市场、拆违、整治“开墙打洞”等难点问题，注重回应社会关切，多从群众需求考虑问题，抓好背街小巷与农村环境整治等短板，确保疏解整治促提升专项行动取得扎实效果。会议强调，要提高城市精细化管理水平。北京要构建超大城市治理体系，就看精细化管理水平。城市管理到治理，都要注重精治、共治、法治。要落实习近平总书记强调的，城市管理应该像绣花一样精细。背街小巷最能体现精细化管理水平，城市管理要向街巷胡同延伸。各区要落实好街巷长制与小巷管家，在精细处见功夫。要坚持依靠群众、发动群众来管理城市，探索多元有效的共治方式。要坚持依法管理。北京作为首都，更要作出表率。违法建设、开墙打洞等城市乱象，必须坚持依法治理，打持久战。疏解整治促提升专项行动要坚定不移推进，在实施中又要注意研究解决遇到的问题。

据北京市发改委通报的北京市“疏解整治促提升”专项行动的“成绩单”显示，北京市2017年第一季度已整治“开墙破洞”6091处，完成全年计划的37.8%。其中城六区整治5932处，完成全年计划的38.1%；核心区整治3257处，完成全年计划的61.4%。全市“开墙破洞”专项整治工作成效初显，城市环境得到有效修复提升。“在有效拆除违法建设，遏制无证无照经营和‘开墙打洞’违法行为的同时，各区政府也将结合实际情况，对街道及公共服务设施进行规范升级和改造，并通过扶持、引入各类规范化、连锁化、品牌化生活服务设施满足周边居民需求，优化社区环境，提升公共服务和生活品质。”

（2）大气污染治理。2014年APEC会议在北京举办期间，习近平总书记提出：“我们正在全力进行污染治理，力度之大，前所未有，我希望北京乃至全中国都能够蓝天常在，青山常在，绿水常在，让孩子们都生活在良好的生态环境之中，这也是中国梦中很重要的内容。”为了落实总书记的精神，近年来北京市严格落实《北京市大气污染防治条例》，推动农村“煤改清洁能源”，最大限度压减电力行业的本地排放，完成剩余的4000蒸吨工业和供暖燃煤锅炉的清洁能源改造，基本淘汰远郊区、平原地区10蒸吨及以下燃煤锅炉，大兴、房山平原地区和通州基本实现无燃煤锅炉。全面推动燃气设施氮氧化物减排；加大工业企业调整退出步伐，全面清理整治散乱污企业，关停退出一般制造业和污染企业；促进排放挥发性有机物重点行业企业的转型升级；铁腕执法，强化督察问责，组建环保警察队伍，对环境领域违法犯罪活动予以严厉打击，形成震慑；深化区域大气污染协作机制，在环保部的统筹调度下，加强与周边省区市的协调联动，统一会商、统一预警、统一应急、联动执法，做好空气重污染应急工作。

在机动车污染排放治理方面，为了降低机动车使用强度和较少污染排放，北京市近年来采取了如下应对措施：

第一，机动车限行。根据《中华人民共和国道路交通安全法》和《北京市实施〈中华人民共和国大气污染防治法〉办法》有关规定，自2010年4月起，北京市对本市其他机动车(含已办理长期市区通行证的外省、区、市进京机动车)继续实施按车牌尾号工作日高峰时段区域限行交通管理措施，限行时间为7时至20时，范围为五环路以内道路(不含五环路)。上述政策截至目前已经实施了7年，据统计2015年、2016年年均PM2.5浓度下降5%以上。2017年，北京市重点聚焦将PM2.5浓度控制在60微克/立方米左右的核心目标，全力以赴治理大气污染。

第二，机动车排放标准的提高。截至2015年底，北京市基本完成黄标车淘汰工作。2016年11月，北京市启动国一、国二排放标准轻型汽油车将于2017年实施工作日全面限行的工作，并以政策补贴8000到12000元不等金额，以鼓励国一、国二排放标准机动车提前进行淘汰，在全市范围内实施新机动车国五排放标准。

（3）水资源保护。2017年4月13日，市政府审议通过了《北京市进一步全面推进河长制工作方案》。按照党政同责的要求，建立了市、区、乡镇（街道）、村四级河长体系，根据中央六大任务，结合北京实际补充完善了河长"三查、三清、三治、三管"的工作任务。市委组织部、市编办、市水务局根据《北京市进一步全面推进河长制工作方案》，明确了市河长制办公室主要职责，包括：依据市总河长、市级河长的决策部署，贯彻国家有关法律法规和政策措施，落实责任主体；组织各成员单位开展监督、检查、考核、奖励工作等。制定了《北京市河长制考核办法》，确定了河长制考核对象、考核内容、考核方式，每年按照当年工作重点出台河长制工作考核方案和评分标准。一是制定了河长制会议制度，包括市总河长、市级河长会议制度和市级河长制办公室成员单位联席会议制度；二是制定了河长制巡查制度，明确了乡镇（街道）、村级河长定期巡查和巡查员日常巡查制度；三是制定了河长制督导检查制度；四是制定了河长制信息共享和报送制度。制定“一河一策”实施方案。为贯彻“一河一策”的治理思路，北京市对河长制任务提出“四化”要求，即“细化、量化、具体化、项目化”。明确各级河长“三查、三清、三治、三管”任务和措施，建立了“一书、一图、一表”（“一图”，就是河道基本信息和管理目标任务全部标注上图，落实到具体河段和区域。“一书”，就是制定治理目标责任书，细化责任分工，逐级落实责任单位、责任人。“一表”，就是建立治理工作年度进度表，强化过程监管和考核）的管理机制。

（4）城市公共交通拥堵治理。北京“城市病”的主要原因之一是人口无序过快增长，严重影响了首都核心功能的发挥，交通拥堵问题就是上述问题的一个现象。目前本市机动车保有量已达570余万辆，机动车高强度使用造成了交通拥堵和空气污染，由城市核心区向外蔓延，已远远超出道路资源和环境的承载力。近年来本市持续实行机动车总量调控（摇号限购）和工作日高峰时段尾号限行的机动车需求管理措施，同时对非京籍人士购车和外埠进京车辆也实行了限制政策，这些政策措施使交通拥堵不断加剧的势头得到了一定程度的遏制，取得了一定的治理成效。近年来，北京市下大气力综合施策、治理交通、缓解拥堵。第一，网约车治理。2016年12月，市交通委官网发布《北京市人民政府办公厅关于深化改革推进出租汽车行业健康发展的实施意见》（以下简称《实施意见》）、《北京市网络预约出租汽车经营服务管理实施细则》（以下简称《细则》）和《北京市私人小客车合乘出行指导意见》（以下简称《合乘意见》）等三个政策文件，并于印发之日起开始实施。第二，共享单车。2017年4月，为促进共享自行车规范、协调和可持续发展，倡导绿色出行，根据《中华人民共和国道路交通安全法》《北京市非机动车管理办法》和国家有关部委的要求，北京市交通委员会会同相关部门，在广泛调查研究的基础上，结合本市实际，制定了《北京市鼓励规范发展共享自行车的指导意见（试行）》（以下简称《指导意见》）。

（5）城市公共服务体系建设。第一，提升就业服务能力。加强就业服务和管理工作。加快建立城乡统一的就业失业管理制度。对重点群体和重点区域实施帮扶倾斜。针对城乡就业困难人员，探索综合评价标准，规范认定程序，完善帮扶制度，实施精细化就业援助。针对重点地区，研究建立重大项目就业影响评估机制，对就业影响较大地区利用失业保险基金给予支持。

第二，筑牢社会保障网底。统筹社会保险制度，进一步完善城乡居民基本养老保险制度，实现城乡居民基本养老保险基金市级统筹管理。建立统一的城乡居民医疗保险制度，完善重、特大疾病保障机制，健全职工大额医疗费用补助制度，全面实施城乡居民大病保险制度。完善生育保险政策；健全失业保险与促进就业联动机制；健全工伤保险制度体系。完善社会救助和福利制度。统筹实施救助政策，完善基本生活救助、临时救助和专项救助制度体系，实现各项制度之间的协调发展和有序衔接。统筹推进扶老、助残、救孤、济困等福利事业，提高优抚安置保障水平。提升社会防灾减灾能力。

第三，推进教育优质均衡发展。近年来，北京市教育委员会制定《关于进一步推进义务教育学校校长教师交流轮岗的指导意见》《北京市支持乡村学校发展若干意见》《北京市教育委员会关于印发政府购买公共教育服务实施方案（试行）》，以多种形式扩大学前教育资源，构建以公办幼儿园和普惠性民办园为主体、公办民办并举的学前教育服务体系。提升基础教育均等化水平。根据城市区域功能调整和人口分布变化，差异化增加小学、初中学位，进一步扩大优质高中教育资源。保障特殊群体受教育权利。加强教师队伍建设，合理均衡配置教师资源。

第四，提供更好的医疗卫生服务。近年来，北京市卫计委制定了《北京市社区卫生服务机构支持居家养老服务的指导意见》《北京市公立医院特许经营管理指南（试行）》《北京市社区卫生服务提升工程实施方案（2016—2020 年）》《北京市卫生和计划生育委员会政府购买服务指导性目录》《加强北京市康复医疗服务体系建设的指导意见》等医疗卫生政策。持续开展健康教育，提升居民健康知识水平。提升公共卫生服务水平。强化疾病预防控制体系建设。结合居住区和人口分布变化，补充配置社区卫生服务中心、站和村卫生室等基层医疗卫生服务机构。优化医疗卫生服务资源结构，增强中医服务能力，提升妇幼健康服务能力，加强康复护理服务，强化精神卫生服务机构建设。加强医疗卫生人才队伍建设，提高公共卫生人才保障水平。

第五，建设完善的养老与社会优抚服务体系。近年来，北京市民政局在社会福利与救助方面制定了《北京市特困人员救助供养实施办法》《北京市困难残疾人生活补贴和重度残疾人护理补贴制度实施办法》。在养老方面，制定了《北京市街道（乡镇）养老照料中心建设资助和运营管理办法》《关于加强老年人分类保障的指导意见》《关于开展社区养老服务驿站建设的意见》、实现居家养老服务覆盖所有城乡社区（村），提升社区养老服务能力，构建功能完备、支撑有力的社区养老服务网络。为了构建层次分明的机构养老服务格局，鼓励社会办养老机构，制定了《社会力量兴办非营利性社会福利机构运营资助办法》，满足多样化养老服务需求。

第六，提供更多更好的公共文化体育服务。加强文化惠民，为群众提供内容丰富、形式多样的公共文化产品和服务。开展全民健身运动，制定大众健身运动等级标准管理办法，利用媒体普及健身知识，营造全面健身社会氛围。

（二）加强法治政府建设，实现政府活动全面纳入法治轨道

党的十八届五中全会《建议》指出，加强法治政府建设，依法设定权力、行使权力、制约权力、监督权力，依法调控和治理经济，推行综合执法，实现政府活动全面纳入法治轨道，法治政府基本建成。北京市第十二次党代会重申“北京市要率先建成法治中国的首善之区”。近年来在落实上述要求的过程中，北京市就法治政府建设的推进在如下领域做出了努力。

1. 建立权力清单制

“法无授权不可为，法定职责必须为”是法治政府建设的根本要旨，2015 年北京市政府办公厅公布了《关于建立市政府部门权力清单责任清单制度的通知》，其中明确北京市建立政府部门权力清单、责任清单制度，并要求北京市政府各部门在网站和行政服务窗口公布权力清单中涉及本部门的行政职权事项。截至 2017 年上半年，北京市明确将制定市区两级政府统一的权力清单，市政府部门权力减至 2131 项，76 项权力取消。根据审议的“放管服”改革重点任务分工方案，除了市区统一的权力清单，北京市还将制定 5 张清单，包括中介服务事项清单、涉及企业和群众创业办事证明清单、市场准入负面清单、各类行政许可证件清单和职业资格许可认定清单等，进一步激发市场和社会活力。

2. 创新城市行政管理体制

2015 年 12 月，中央召开城镇化工作会议，习近平在会上发表重要讲话，分析城市发展面临的形势，明确做好城市工作的指导思想、总体思路、重点任务。提出在“建设”与“管理”两端着力，转变城市发展方式，完善城市治理体系，提高城市治理能力，解决城市病等突出问题。北京作为一座超大型城市，各方面的管理任务都很重。北京市委十一届十次全会根据中央城市工作会议精神，调整设立市规划和国土资源管理委员会、市城市管理委员会，不断提升首都城市规划建设管理水平，要形成城市管理合力，进一步完善综合管理与专业管理相结合、多部门共同履行城市管理职责的格局。深化街道管理和服务体制创新，推进新建街道“大科制”改革，推动管理和服务重心下移。根据城市管理体制变化要求，北京市深入推进行政执法体制改革，认真落实《中共中央国务院关于深入推进城市执法体制改革改进城市管理工作的指导意见》，推进城市管理、水务、交通等领域综合执法，完成石景山区、门头沟区和平谷区等 3 个试点区全国综合执法试点任务，并将试点情况报送中央编办。进一步优化横向、纵向部门间权责配置关系，健全完善行政执法协调机制，不断强化政府法制机构职权争议裁定职能。

3. 规范政府行政行为

2015 年以来，根据国务院深化行政审批制度改革要求，北京市持续精简行政审批事项，完成 197 项中央指定省级部门实施的非行政许可审批事项清理工作，不再保留“非行政许可审批”这一审批类别。根据国务院部署，取消 77 项中央指定地方实施的行政审批事项。截至 2017 年，北京市共取消、下放审批事项 539 项，精简比例达到 60%。在优化投资项目审批流程，2016 年北京市修订出台《北京市政府核准的投资项目目录（2016 年版）》，全市核准事项减少 65%。认真落实《国务院关于北京市开展公共服务类建设项目投资审批改革试点的批复》，研究制定《北京市公共服务类建设项目投资审批改革试点实施方案》，进一步压缩审批时限，提高审批服务效率，有效促进北京城市副中心和中央国家机关在京重点项目建设。推进全市统一的投资项目在线审批监管平台建设，实现对市区两级投资审批部门和投资项目全覆盖。出台《北京市固定资产投资项目代码管理办法》，创新投资管理方式，建立健全协同审批监管机制。上述措施有效地提高了企业办事效率，对于首都经济社会发展良好营商环境的塑造具有积极效果。

（三）塑造法治环境

党的十八届五中全会《建议》要求，弘扬社会主义法治精神，增强全社会特别是公职人员尊法学法守法用法观念，在全社会形成良好法治氛围和法治习惯。落实这方面要求，一是加强法治文化建设，把法治教育纳入国民教育体系和精神文明创建内容，循序渐进地提高全民规则意识和法律素质。要创新法治宣传方式，提高舆论引导能力，使人民群众认识到法律既是保护自身权利的有力武器，也是必须遵守的行为规范，培育人们办事依法、遇事找法、解决问题用法、化解矛盾靠法的良好氛围和法治习惯。二是加强和创新社会治理，加强社会治理基础制度尤其是社会诚信制度建设，完善守法诚信褒奖机制和违法失信行为惩戒机制，完善城市社区和乡村治理机制，提高社会治理法治化水平，使尊法守法成为全体人民的共同追求和自觉行动。三是抓住领导干部这个“关键少数”，增强公职人员尊法学法守法用法观念，带头尊崇法治、敬畏法律，带头学习法律、掌握法律，带头遵纪守法、捍卫法治，带头厉行法治、依法办事，带动全社会共同推进全面依法治国。2015 年 11 月，北京市委十一届八次全会审议通过了《中共北京市委关于制定北京市国民经济和社会发展第十三个五年规划的建议》，其中提出将北京建设成为法治中国的首善之区。法治中国首善之区的建设，务必增强全体市民尊法守法学法用法观念，营造良好法治氛围。近年来，北京市围绕社会主义核心价值理念的要求，在如下方面推动首都法治环境的优化。

1. 弘扬法治精神，建设法治文化

法治宣传教育是法治文化塑造的一项长期性任务，结合法治中国首善之区的建设和城市管理的实际，北京市加强“七五”普法工作的推进，坚持把法治教育融入执法司法实践、精神文明建设和法治创建活动；坚持把领导干部带头学法、模范守法作为树立法治意识的关键，完善国家工作人员学法用法制度；坚持把法治教育纳入国民教育体系和精神文明创制内容，利用宪法日和法治宣传周开展群众性法治宣传活动，使广大市民成为社会主义法治的忠实崇尚者、自觉遵守者、坚定捍卫者。

2. 加快社会信用体系建设，营造优良信用环境

2016 年，北京市人民政府发布《关于加快社会信用体系建设的实施意见》，提出加快社会信用体系建设是服务首都城市战略定位、建设国际一流和谐宜居之都的重要基础，是促进经济发展方式转变、加强和创新首都社会治理的重要手段。以邓小平理论、“三个代表”重要思想、科学发展观为指导，深入贯彻落实党的十八大、十八届三中、四中全会精神和习近平总书记系列重要讲话特别是考察北京工作时的重要讲话精神，紧紧围绕首都城市战略定位，以健全信用规章制度和标准体系、形成覆盖全社会的征信系统为基础，以推进政务诚信、商务诚信、社会诚信和司法公信建设为主要内容，以建立健全守信激励和失信联合惩戒机制为重点，以促进信用信息公开、共享、应用和信用服务市场发展为支撑，

大力推进诚信文化建设，努力强化诚信意识，在全社会广泛形成守信光荣、失信可耻的浓厚氛围，使诚实守信成为全体市民自觉的行为规范，为促进首都社会和谐稳定和经济平稳健康发展奠定基础。

3. 依托资源优势，坚持服务为民

建立完备的法律服务体系，是全面落实依法治国方略的重要环节，是依法维护人民利益，维护社会公平正义的一项重要任务。近年来，北京市政府通过把公共法律服务纳入基本公共服务体系，不断扩大法律援助覆盖面、优化首都法律服务资源布局，健全完善公证人职业规范体系不断提升首都法治服务环境的质量与公信力。

4. 深化司法管理体制改革，夯实社会公正

公正是法治的生命线，司法公正是法治环境的决定性因素。近年来，北京市司法系统通过开展司法责任制和人员分流管理改革、成立知识产权法院和跨行政区划法院、立案登记制度改革、陪审员制度改革试点等思想改革措施，加强对司法活动的监督，努力让人民群众在每一个司法案件中感受到公平正义。

5. 加强机制建设，健全社会矛盾多元化解机制

党的十八届四中全会指出："健全社会矛盾纠纷预防化解机制、完善调解、仲裁、行政裁决、行政复议、诉讼等有效衔接、相互协调的多元化解纠纷解决机制。"近年来，北京市在多元纠纷解决机制地方立法，健全人民调解委员会、加强不同纠纷机制联动工作体系建设等方面进行了尝试，对于维护首都政治安全和经济社会稳定具有积极作用。

四、法治中国首善之区建设中需要进一步思考的问题

2015 年 11 月，北京市委十一届八次全会审议通过了《中共北京市委关于制定北京市国民经济和社会发展第十三个五年规划的建议》（以下简称《建议》），其中将提升城市治理能力，发挥法治在城市治理和社会

管理中的重要作用，善于运用法治思维、法治方式建设和管理城市作为“十三五”时期北京发展的基本要求之一，并提出要在未来五年内，将北京建设成为法治中国的首善之区。时不我待，距离上述目标的实现还剩不到 3 年的时间，对市民的承诺鞭策全市上下必须凝心聚力，以高度的历史使命和改革的担当精神不断推进法治中国首善之区的加速实现，所以在有限的时间里必须根据习近平总书记提出的辩证思维的方法，以高度的政治责任感处理好如下重大问题。

（一）城市定位与发展中的“舍与得”

2016 年到 2020 年这五年，必将是对北京具有重大意义的五年，必将是不断自觉运用辩证思维，以更高的政治站位和历史担当精神实现首都经济社会发展质与效的提升的历史阶段。在五年中，北京要运用高度的政治智慧，本着为人民福祉提升的宗旨，以法治思维和法治理念妥善处理好城市定位与发展中的“舍与得”。要舍弃单纯追求经济高增长，得到结构优化、人民群众获得感增加的经济社会发展模式；要舍弃非首都功能定位的产业集中发展模式，实现产业结构调整升级的再造；要舍弃“三高”行业，求得宜居优美的蓝天碧水；要舍弃“摊大饼”的城市建设模式，得到城市发展空间的新格局。结合前一段北京市疏解非首都核心功能的情况看，各部门通力合作以行政权力为依托的疏解过程，是对以往首都发展中缺位和越位加以矫正。但是也要注意这个过程中法治方式和法治方法的合理运用，严格按照法律程序的要求，本着依法疏解、文明疏解、有序疏解的工作要求，回应城市发展中的合法与合理诉求，这也是法治中国首善之区建设的应有之意。在“得”的方面，首都的战略定位的实现要靠公共资源与市场资源的协同实现，而不单纯靠行政方式推动，只有从建设公平正义的经济社会环境入手，从恪守合法诚信的政府角色入手，从立法和制度建设发挥引领作用入手，才能积极吸引社会各界力量，助力伟大建设目标的实现。只有善于运用法治思维和法治方式与法治手段，才能正确处理好首都经济社会发展中的舍与得的辩证关系，两者是有机的结合，具有相辅相成的作用，在未来的城市发展过程中，不能从割裂的角度加以片面的理解。

（二）超大城市治理的"刚与柔"

蔡奇书记在十二次党代会报告中指出，提升精细化管理水平。城市管理要像绣花一样精细，坚持问题导向，以钉钉子精神抓整改，用群众满意度来衡量。深化城市管理体制改革，健全综合管理体系，更加注重运用法律法规、制度、标准来管理城市。2014年以来，北京市石景山区成为北京唯一的城市管理体制改革试点区，推行城市管理综合执法试点，将城市管理力量下沉到街道层面，在一定程度上改变了部门分工过细，职责交叉的状态，解决原来互不隶属、谁也管不了谁的问题。2016年7月22日，根据北京市委十一届十次全会相关部署，北京市人民政府决定：设立北京市城市管理委员会，初步形成城市管理合力，进一步完善综合管理与专业管理相结合、多部门共同履行城市管理职责的格局。通过上述体制和机制的变化，执法力量和执法手段均有所加强，这在近两年来以"疏解整治促提升"等为代表的专项行动中已经初见效果。拆除违法建设，占道经营、无证无照经营和"开墙打洞"整治，城乡接合部整治，地下空间和群租房整治，棚户区改造，直管公房及"商改住"清理整治已经有效的改变了城市的面貌。然而，从法治中国首善之区、和谐宜居国际都市和四个中心建设的目标来看，需要调动政府和全社会等方方面面的资源参与其中，形成多主体共治的状态，绝不是政府单打一的局面。北京作为一个拥有近2300万人口的特大型城市，在治理中并无现成的经验可以借鉴，这就需要有效进行城市治理创新机制建设，发挥政府的主导作用，确定不同的治理问题，采用不同的治理手段，体现出"管理精治""参与共治""依法治理"相结合的特征。在多元、协同治理过程中，更要多从辩证思维出发，结合治理对象和目前综合协调运用柔性的治理手段。例如，在下一步以城市核心区为代表的背街小巷的治理中的"街巷长"制和"推进平房和老旧小区物业化管理"等就体现着城市精细化管理的创新思维，在这个治理过程中，更多要依靠地方资源和区域居民，从属地管理与治理相结合的角度探索治理的新途径。同时，还可以结合市场化的手段，以政府购买公共服务补贴等形式，引入社会力量的物业标准化服务，同时可根据居民的生活需求和场地实际情况，在服务范围内，利用社会力量，有针对性地开展便民服务活动。在这个过程中，各方治理主体可以通过合同或契约的方式约定各自职权、权利和义务，从而为相关治理目标的实现或治理过程中可能遇到的纠纷制定规则，这也有助于在法治方式下推动各种社会资源和社会主体参与城市依法治理的生动实践。

（三）法治中国首善之区建设的“破与立”

法治中国首善之区的建设，一方面要深刻思考中国特色社会主义法治道路、法治理论和法治体系的建设问题，寻求与破解北京“首善之区”建设的法治坐标。要牢牢结合十八大以来习近平总书记倡导提出的“富强、民主、文明、和谐，倡导自由、平等、公正、法治，倡导爱国、敬业、诚信、友善”为代表的社会主义核心价值观，紧密围绕以“依法治国、执法为民、公平正义、服务大局、党的领导”为特征的中国特色社会主义法治理念，体现党的领导、人民当家作主和依法治国的有机统一。另一方面，正如习近平总书记所说，“要坚持立法先行，发挥立法的引领和推动作用”。在北京下一步的法治建设过程中，要紧扣北京作为全国政治、文化、国际交往、科技创新中心的战略定位，分别涉及依法推动科技创新、人才发展和科技成果转化，城乡规划建设管理、生态环境保护、历史文化名城保护和发展，推进全国文化中心建设、加快完善互联网领域立法，保障和改善就业、就医、就学、社会保障、住房、养老服务等民生问题。要着力加强首都法治建设的重点领域立法，不仅要体现出“京腔京韵北京话”，还要坚决与中央“决定”、国家经济发展战略相呼应，又具有阶段性、区域性特点。这就要求进一步加强党对立法工作的领导，加强重点领域立法，完善立法协商、立项论证、预案研究、立法后评估等工作机制，提高地方立法科学化、民主化水平。着力加强与改革决策相衔接的立法，做到重大改革于法有据，实践条件还不成熟、需要先行先试的，由市人大按照法定程序作出授权；着力加强区域间的立法协调，为推动京津冀协同发展提供法制支撑。

第七讲

党内法规建设

七五普法除了要学习宪法法律，还要深入学习宣传党内法规。适应全面从严治党、依规治党新形势新要求，切实加大党内法规宣传力度。突出宣传党章，教育引导广大党员尊崇党章，以党章为根本遵循，坚决维护党章权威。大力宣传《中国共产党廉洁自律准则》《中国共产党纪律处分条例》等各项党内法规，注重党内法规宣传与国家法律宣传的衔接和协调，坚持纪在法前、纪严于法，把纪律和规矩挺在前面，教育引导广大党员做党章党规党纪和国家法律的自觉尊崇者、模范遵守者、坚定捍卫者。

一、党内法规概述[①]

党内法规是我们党立党、管党、治党的重要依据，是形成我们党创造力、凝聚力、战斗力的重要保证。

（一）党内法规的定义

党内法规，又称党法、党的法规、党规党法，是党的中央组织以及

① 参见李忠:《党内法规建设研究》，北京：中国社会科学出版社 2015 年版，第 1—23 页。

中央纪委、中央各部门和省区市党委制定的规范党组织的工作、活动和党员行为的党内规章制度的总称。作为党内制度的重要组成部分，党内法规充分反映了全党意志，集中体现了党的路线方针政策，对于建立和维护党内秩序，确保党内生活和党内关系正常化，规范化，确保全党在思想上、政治上、组织上、行动上团结统一，具有重要意义。

党内法规主要有以下特征：第一，特定性，党内法规由特定机关即党的中央组织以及中央纪委、中央各部门和省区市党委制定，省级以下党组织无权制定。第二，普遍性，党内法规适用于各级党组织和广大党员。第三，强制性，党内法规是一种行为规则，以党的纪律作保障，对党组织的工作、活动和党员行为具有约束力。

党内法规和国家法律、党内制度、党内文件等概念既相互联系又有所区别。

党内法规和国家法律是一对容易引起争议的概念。党内法规和国家法律都带有“法”字，都是通过严格程序制定、具有规范性和约束力的行为规范；国家法律是党内法规的制定约束，党内法规是国家法律的重要保证；一些党内法规和国家法律联系密切、相互渗透。从根本上说，党内法规和国家法律是一致的，都是党的意志和人民意志的高度统一，都是党的基本理论、基本路线、基本纲领、基本经验、基本要求的具体体现。两者的不同之处在于：一是制定主体不同，党内法规由省级以上党组织制定，法律由国家立法机关制定。二是适用范围不同，党内法规适用于各级党组织和广大党员，法律适用范围更广，适用于国家机关、社会组织和全体公民。三是实施方式不同，党内法规依靠党的纪律约束实施，法律以国家强制力为保障。四是行为规范的要求不同，党内法规对党员的要求，比法律对公民和普通国家机关工作人员的要求更为严格。

党内制度是较多与党内法规相提并论的概念。党内法规和党内制度都是党的制度建设的重要组成部分，与党的思想建设、组织建设、作风建设、反腐倡廉建设密不可分，统称为党内法规制度。党内法规是党内制度的成文表现形式，多数党内制度是以党内法规的方式明文规定的。

但两者又有所不同。一是概念外延不同。党内制度的外延大于党内法规，除党内法规外，党内制度还包括党内不成文制度、省级以下党组织制定的党内制度以及属于党内制度范畴的各种体制机制。二是制定主体不同。党内法规由省级以上党组织制定，党内制度由各级党组织制定。三是构成体系不同。党内法规体系是以党章为核心和根本，准则、条例为基础和主干，规则、规定、办法、细则为延伸和枝节的框架体系；党内制度体系是以党章为根本、以民主集中制为核心，以党的组织体制和活动机制为重要内容，党的各项具体制度为补充的完整体系。

党内法规与党内文件是人们容易混淆的另一对概念。广义上的党内文件包含党内法规在内，狭义上的党内文件是与党内法规相对应、不包含党内法规的党的文件。这里所说的党内文件是狭义上的党内文件。总的看，两者都是党的机关实施领导、处理公务的具有特定效力和规范格式的文书，但两者又有所区别。第一，从制定主体上看，党的各级组织都可以根据形势任务的需要制定文件，但党内法规只能由省级以上党组织制定。第二，从内容上看，党内文件主要规定政策措施，比较原则；党内法规主要规范党组织和党员的行为，以规则为主，比较具体。第三，从形式上看，与党内文件不同，党内法规以条文化的方式表述，使用固定名称，在逻辑、结构、语言等方面更加严谨、规范。第四，从稳定性上看，党内文件随着形势任务的发展变化作相应修改，具有较大灵活性；党内法规具有较大稳定性，轻易不作修改。

（二）党内法规的分类

根据 2012 年中共中央颁布的《中国共产党党内法规制定条例》将党内法规分为 7 类：党章、准则、条例、规则、规定、办法、细则。这 7 类名称，反映党内法规的基本内容、适用范围和效力等级，对于党内法规的制定、执行和遵守具有重要意义。

党章是最根本的党内法规，是党的建设的总章程，是党为保证全党政治上、思想上、组织上、行动上的团结统一，根据马克思主义建党学说的基本原理，总结和吸取党在长期实践中形成的历史经验和创新成果制定的章程。它是党内政治生活和党内关系的基本规范，对党的性质和宗旨、纲领和路线、指导思想和奋斗目标、组织原则和组织机构、党员的义务和权利以及党的纪律等作出明确规定，集中体现了全党意志和全国人民心愿，集中体现了党的基本理论、基本路线、基本纲领、基本经验、基本要求和各项方针政策，在党内具有最高权威性和最大约束力，是我们党把握政治方向的根本准则，是各级党组织坚持从严治党的根本依据，是全体党员加强党性修养的根本标准。党章是党内法规制度体系的根基，是制定其他党内法规的基础和依据，由党的全国代表大会修改并发布。党的二大制定的党章是党成立后制定的第一个党章。现行党章是 1982 年 9 月党的十二大通过，2012 年 11 月党的十八大对其进行了第六次修改，共 11 章 53 条。

准则是党内法规制度体系中仅次于党章的重要基础性党内法规，对全党政治生活、组织生活和全体党员应当遵循的行为标准作出原则规定，由中央委员会全体会议或者中央政治局会议审议批准，以中共中央名义发布，具有较高权威性和相对稳定性。党的历史上制定过两部准则，一是 1980 年 2 月中共中央制定、2016 年 10 月修订的《关于新形势下党内政治生活的若干准则》，二是 1997 年 3 月中共中央制定、2015 年 10 月修订的《中国共产党廉洁自律准则》。

条例是党的中央组织制定的对党的某一领域重要关系或者某一方面重要工作作出全面系统规定的党内法规，是党内法规制度体系的主干。主要有以下特点：一是广泛性，条例调节的对象通常是党内生活中某一领域或者某一方面比较重大的问题；二是原则性，条例比较原则概括，相对稳定；三是权威性，条例由党的中央组织制定，以中共中央名义发布，具有较大权威性和约束力。党的历史上制定的比较重要的条例有《中国共产党党内法规制定条例》《中国共产党党员权利保障条例》《中国共产党全国代表大会和地方各级代表大会代表任期制暂行条例》《党政领导干部选拔任用工作条例》《中国共产党地方委员会工作条例》《中国共产党纪律处分条例》《中国共产党党内监督条例》《中国共产党巡视工作条例》《中国共产党问责条例》等。

规则、规定、办法、细则是党内法规制度体系的枝节，党的中央组织、中央纪委、中央各部门和省区市党委都可以制定。

规则是规范党的领导机关的议事程序和工作方法的党内法规。通常分为两类：一类是议事规则，规范党的全国代表大会、中央委员会全体会议以及中央纪委全体会议和党的省级代表大会、党委全体会议讨论决定问题的活动；一类是工作规则，规范中央政治局、中央政治局常委会以及中央纪委常委会、省级地方党委常委会讨论决定问题的活动。规则主要有以下两个特点：一是特定性，规则主要适用于领导机关；二是内部性，规则主要规范的是领导机关的议事活动和内部工作程序。

规定调整党内政策性问题或者某一方面工作，是较为常见的党内法规。规定和条例都对党的某些问题或者某方面工作作出规定，两者的不同之处在于：

第一，规范对象不同。条例通常规范的是比较重大的原则性问题或者某一方面重要工作，内容全面系统；规定通常规范的是党内生活中的一般性问题或者某一方面工作，范围和对象比较集中，措施和要求比较具体。

第二，制定主体不同。条例由党的中央组织制定，适用于全党，具有较高地位和较大权威性；规定既可由党的中央组织制定，也可由中央纪委、中央各部门和省区市党委制定，适用于制定机关的管辖范围。

第三，稳定性不同。条例主要调整长期性事务，相对稳定，轻易不作变动修改；规定主要调整具体事务，相对灵活，随着现实条件的变化需作相应变动修改。

办法是对贯彻执行条例、规定或者进行某项具体工作的方法、步骤和措施作出规定的党内法规。主要有以下特点：一是程序性，办法主要规定的是工作方法、实施步骤和具体措施，属于程序性法规，这是办法的最典型特征；二是针对性，办法通常就单项工作作出具体的或者补充性的规定；三是可操作性，办法是贯彻执行条例、规定或者开展某项工作的操作规范，相对于条例、规定来说，更加明确具体，更具可操作性。

细则是对条例、规定的内容作出明确解释或者更加详细具体的规定，以便于条例、规定的理解、执行和遵守的党内法规。从制定机关看，细则可分为两类，一类由条例、规定的制定机关制定，其适用范围和效力与条例、规定相同；一类由省区市党委根据条例、规定的基本精神结合本地实际制定，须报条例、规定制定机关备案，其适用范围和效力仅限于省区市党委的管辖范围。细则主要有以下特点：一是附属性，细则是为保证条例、规定正确实施制定的，是条例、规定的配套规范，不能脱离条例、规定单独存在，这是细则的最典型特征；二是授权性，细则是根据条例、规定的要求制定的，不得同条例、规定相抵触，不得超越条例、规定的框架创制新的规范；三是补充性，细则是对条例、规定中有关内容的含义、界限、程序、责任的细化、具体化，使之更具可操作性；四是不完整性，细则只是对条例、规定中需要明确的内容予以明确，体系上可能不完整，结构上可能有所变化。细则和办法都是根据条例、规定制定的，都是为了便于有关规定的贯彻执行，两者的不同之处在于：制定办法的主要目的是明确进行某项工作的方法、步骤和措施，制定细则的主要目的是明确有关规定的含义；办法可以脱离条例、规定单独存在，细则通常以条例、规定的存在为前提；办法属于程序性规范，细则可能既包含程序性规范，也包含实体性规范；办法体系完整、结构严密，细则的体系、结构通常不完整。《中国共产党党内法规制定条例》颁布前，除以上7类名称外，党内法规制定机关还使用过决定、决议、通知、意见等作为党内法规的名称。条例颁布后，经清理这些党内法规中的有效部分可以作为党内法规继续保留；党内法规制定机关制定党内法规，应当规范使用党内法规的名称，不得使用条例规定的7类名称之外的其他名称。

（三）党内法规的体系

党内法规是立党的总章程，是管党治党的重要工具，是党治国理政的重要载体，是提升党的建设科学化水平的重要保障。

2013年颁布的《中央党内法规制定工作五年规划纲要（2013—2017年）》（以下简称《规划纲要》）和2014年出版的《中国共产党党内法规选编（2007—2012）》根据党内法规的调整对象对党内法规体系进行分类。可将党内法规体系分为八个部分：（1）党章及相关法规；（2）党的领导和党的工作方面法规；（3）思想建设方面法规；（4）组织建设方面法规；（5）作风建设方面法规；（6）反腐倡廉建设方面法规；（7）民主集中制建设方面法规；（8）机关工作方面法规。

二、加强党内法规制度建设

（一）加强党内法规制度建设的必要性

加强党内法规制度建设，是制度治党的必然要求，是保障全面从严治党的基本表现形式。《中国共产党第十八届中央委员会第六次全体会议公报》指出："办好中国的事情，关键在党，关键在党要管党、从严治党"，"坚定推进全面从严治党，坚持思想建党和制度治党紧密结合，集中整饬党风，严厉惩治腐败，净化党内政治生态。"全面从严治党，核心是加强党的领导，基础在全面，关键在严，要害在治。"思想建党"是全面从严治党的灵魂，而"制度治党"则是全面从严治党的载体。从制度层面解读全面从严治党，"全面"要求制度治理的范围要全，涵盖党的各个领域、各个方面和各个部门。"从严"则要求遵纪守法过程中，坚持执纪要严、监督要严、惩治要严。"治党"则强调了从严治党，思想引导，制度先行。

制度治党要坚持党章为本、宪法至上原则，实现党纪与国法的有机统一，这是全面从严治党最有力的保障。制度治党，全面从严治党同样也是中国特色社会主义法治的基本要求。党的十八届四中全会明确强调："党的领导是中国特色社会主义最根本的特征，是社会主义法治最根本的保证。把党的领导贯彻到依法治国全过程和各方面，是我国社会主义法治建设的一条基本经验。”“纲纪不彰、党将不党、国将不国”，只有抓牢“制度治党”这个“牛鼻子”，党的核心领导地位才能得以彰显，才能形成党领导立法、保证执法、支持司法、带头守法的全面统筹局面。制度治党，全面从严治党必须要纳入中国特色社会主义法治建设的轨道上来。首先，完善党内法规体系，夯实治党的制度根基。党内法规是管党治党的重要依据，党规治党是中国特色社会主义法治体系的重要组成部分。要不断深化治国理政的制度体系建设，完善党内法规，坚持“法纪贯通、纪严于法、纪在法前”，实现党规与国法的协调统一。其次，扎紧制度的笼子，防范权力的滥用。习近平总书记强调要形成管权、管人、管事的制度，全方位扎紧制度笼子，有什么漏洞就堵什么漏洞，权力行使到哪里、监督就跟进到哪里。一是建立“法定职权必须为、法无授权不得为”的权力清单制度；二是强化“有权必有责、失责必追究”的问责机制。三是强化执纪监督，保障制度治党的实效。制度的生命力在于执行，必须要强化执纪监督，实现问责的制度化与程序化。把党内监督同国家监察、群众监督结合起来，同法律监督、民主监督、审计监督、司法监督、舆论监督协调起来，形成监督合力。四是长效高压反腐，捍卫制度的威严。腐败是社会毒瘤，任其兴风作浪，必将亡党亡国。必须强化制度的权威，严格执纪和违法惩处相结合，合力营造“不敢腐、不能腐、不易腐”的长效机制。[①]

（二）当前党内法规制度存在的问题

党内法规制定是引领和推动党的建设的基础性工作，是形成完善的党内法规体系的关键性工程。长期以来，我们党高度重视党内法规制定工作，特别是2013年《中国共产党党内法规制定条例》颁布以来，党内法规的制定过程更加民主，内容更加科学，形式更加规范，制定质量显著提升。但也要看到，制定工作中仍存在一些值得关注的共性问题，主要表现在：

一是结合实际不够紧密。中央党内法规出台后，有的地方和部门在

① 王立峰：《制度治党，保障全面从严治党》，载《法制与社会发展》2016年第6期。

制定细化措施或配套规定时，只是照抄照搬、层层转发，为制定而制定，不考虑自身实际。

二是制定程序不够严格。一些地方和部门制定党内法规时调查研究不够充分，没有深入基层一线，存在闭门造车现象，规定的措施办法不切合实际，缺乏针对性；征求意见不够全面，没有广泛听取党组织、党员及专家学者的意见，党内法规出台后接受度和认同度低；不严格按照《党政机关公文处理工作条例》有关重要文件应当实行前置审核的规定，审议前不进行合法性、合规性、合理性审查，埋下了违法违规隐患。

三是内容形式不够科学。在内容方面，党内法规制定权限不够清晰，一些地方和部门制定党内法规时仍存在越权制定、与法律衔接不够紧密等问题；有的党内法规过于原则、笼统，只有定性规定，缺乏量化标准；有的过于具体、琐碎，缺乏稳定性和可行性；有的欠缺程序性规定、保障性规定、制裁性规定，缺乏操作性和约束性；有的仍然带有部门保护主义、地方保护主义色彩甚至违法违规问题。在形式方面，有的党内法规存在名称使用不当、未用条款表述、审批主体不合规等问题，影响了党内法规的实施效果。制定质量是党内法规制定工作的生命线。加强党内法规建设，建立健全党内法规制度体系，必须把提升制定质量作为当前一项重要工作切实抓紧抓好。①

（三）加强党内法规制度建设的措施

1. 进一步明确制定权限

党内法规制定权限不清分为两种情况：

一是党内法规制定主体的制定权限不清。《中国共产党党内法规制定条例》第 3 条列举了中央党内法规的制定权限，但其中第三、四、五项，即党员义务和权利方面的基本制度、党的各方面工作的基本制度、涉及党的重大问题的事项中，什么是“基本制度”“重大问题”，没有具体、

---

① 参见李忠：《党内法规建设研究》，北京：中国社会科学出版社 2015 年版，第 96—107 页。

可操作的标准，需通过制定实施细则或解释的方式予以明确。

二是党内法规与国家法律的制定权限不清。党内法规制定必须在宪法和法律的范围内活动，这是共识和前提，但在干部工作、党的纪律等具体问题上，二者的制定权限有时并不十分清晰。要根据全面深化改革和全面推进依法治国的精神，按照宪法和党章的规定，在坚决维护党的领导的条件下，通过党内法规的制定完善，科学合理划分党与政府、人大和其他社会组织的权力，明确党的各级组织和非党组织中党组的权限，避免因权限不清带来隐患。处理好党内法规与国家法律的关系，要做到两个“确保”：一要确保党内法规不侵犯国家立法权，党内法规只能规范和调整与党内政治生活有关的事项，不得以规代法；二要确保党内法规不与国家法律相抵触，党内法规不得随意限制和剥夺公民的权利和自由，不得随意免除宪法和法律规定的义务和责任，不得随意追究宪法和法律确认的合法行为。

2. 进一步严格制定程序

制定党内法规，应当遵循比制定一般党内文件更加严格的程序，以程序的严格性、民主性确保党内法规的科学性、规范性。要严格按照《中国共产党党内法规制定条例》的要求制定党内法规，当前要重点把握好调查研究、征求意见、前置审核三个环节。要深入基层、深入一线，了解基本情况，听取群众意见，找准问题症结，研究对策措施。要在尽可能大的范围内征求意见，对涉及党的重大政策、党内重要决策、党员重大利益等事项的党内法规，可以向全党征求意见；对社会关注度高的重要党内法规，可以进行党外论证，通过举办听证会、专家咨询会等方式征求专家学者和普通群众的意见，必要时将党内法规草案上网征求意见。要实行前置审核，重点进行合法性、合规性、合理性审查，严把政治关、政策关、法律关，不仅要进行可行性论证，还要进行不可行性论证，确保草案合法合规、制度措施可行、已征求相关部门意见。

3. 进一步提高针对性和可操作性

针对制定工作中层层转发、“克隆”现象突出的问题，要树立问题意识，一切从党的建设实际出发，加强对全局性关键性问题和人民群众普遍关注的热点难点问题的研究，在研究新情况、总结新经验的基础上确定制定项目、制定党内法规，对有缺陷、不完善的党内法规，要及时修改完善；对需要细化的党内法规，要尽快制定实施细则；对已过时的党内法规，要适时加以废止；对可能出现的新问题，要及时制定党内法规予以防范。针对法规条文过于原则、衔接不紧等问题，要注意增强党内法规的可操作性，党内法规的内容一定要具体明确、简便易行，既要有实体性规定、也要有程序性保障性规定，既要有原则规定、也要有具体措施，既要赋予权利、也要匹配义务，既要有行为要求、也要有责任追究，确保党内法规行得通、做得到、管得住、用得好。

4. 进一步完善制定技术

目前，一些地方和部门的党内法规制定水平还有待提高。建议尽快制定党内法规制定技术规则，对党内法规的名称、结构、用语、表述方式、基本要求等作出全面系统规定，推进党内法规制定工作规范化、制度化。实践中还可通过汇编优秀党内法规、点评党内法规、加强对下指导、召开全国性党内法规工作会议等方式，交流经验做法，提高制定技术。

三、增强党内法规的执行力

党的十八届四中全会提出，提高党内法规执行力。执行力是党内法规的生命力，关系到党的执政效率高低和党的执政使命能否完成。党内法规如果只是写在纸上、挂在墙上、说在嘴上，无异于一纸具文。近年来，各地区各部门比较重视党内法规的贯彻执行，党内法规的执行力有所提升。但由于各方面原因，实践中“制度失灵”“制度空转”的现象仍然比较普遍，执行不力已成为党内法规建设的短板。

（一）当前党内法规执行中存在的问题

一是制度规定难落实。党内法规的内容不科学是党内法规执行不力的重要原因。一些党内法规不符合实际，一出台就束之高阁；一些党内法规提倡性、号召性规定多，禁止性、强制性要求少，“硬度”不够；一些党内法规仅提出一般性要求，缺乏实施程序、监督检查措施和惩戒追责机制，成了“没有牙齿的老虎”；一些党内法规有关执行主体的规定不合理，或者执行主体缺位、无人执规，或者多头执规、“龙多作旱”；一些党内法规的规定不周延、不严谨，造成制度漏洞和盲区；一些党内法规的规定交叉重复甚至相互冲突，各级党组织和广大党员无所适从。

二是执行机制不健全。一些党内法规发布后，由谁负责执行、谁负责监督，并不十分明确。实践中有的党内法规通过专门督查、定期报告等方式反映贯彻落实情况，来时轰轰烈烈、去时一阵风，不利于全面真实反映党内法规的执行情况。

三是贯彻执行不平衡。有的党内法规，如八项规定发布后，领导重视，各方盯守，执行得严格、彻底，而大多数党内法规发布后，监督检查不到位，长期乏人问津。

四是工作体制不完善。工作体制是贯彻执行党内法规的重要保证。目前，党委法规工作机构设置普遍偏低。中办法规局是正局级机构，省区市党委办公厅法规工作机构大多是处级机构，而全国人大常委会法工委、国务院法制办均为正部级机构，省级人大常委会法工委、政府法制办均为正局级机构。此外，党委法规工作机构人员力量较为薄弱，存在定编不足、人员不到位、人员流动过快、素质能力不高、工作兼项过多等问题。市、县党委普遍缺乏从事党内法规工作的专门机构和人员。

五是执行能力待提高。部分执规人员对党内法规的学习领会不准确、不透彻，实践中没有掌握“应该”与“不得”的界限，影响了党内法规的执行效果。

（二）提升党内法规执行力的举措

一要增强党内法规的科学性和可行性。针对制度规定难落实的问题，在制定党内法规时，要重点关注执行主体是否合理、职责权限是否适当、措施是否可行接地气、标准是否量化可操作、条款是否周延严谨、惩戒力度是否与违规程度相当等，从源头上化解党内法规执行难问题。

二要建立党内法规执行的责任机制。根据党章，党的地方组织和基层组织要执行包括党内法规在内的上级党组织的指示和决议，各级纪委的主要任务之一是维护党章和其他党内法规。因此，在党内法规执行问题上，应当明确各级党委的主体责任和各级纪委的监督责任，并建立落实责任的具体措施，形成实实在在的工作支撑。

三要加大监督检查力度。要完善党内法规执行督查机制，明确督查的主体和职责，坚持自上而下监督和自下而上监督相结合，坚持全面监督与重点监督相结合，努力形成全面覆盖、全程跟进、组织严密、协调有力的党内法规执行监督检查体系。各级党委及纪检机关要抓好经常性的党内法规执行监督检查，加强对违反党内法规行为的查处，对违规行为做到“零容忍”，切实改变“雷声大、雨点小”“鞭子高高举起，总是轻轻落下”的现象。要探索建立互联网实时监督平台，借鉴中央纪委监察部网站“监督曝光”栏目的做法，受理群众举报，使党内法规执行受到社会公众监督，解决“看得见的管不着”“管得着的看不见”问题。

四要健全工作体制。鉴于中央和地方的党委法规工作机构与国家法制工作机构相比规格普遍偏低，党的十八届四中全会对加强和改进党对法治工作的领导提出了明确要求，为适应新形势新任务的需要，建议条件成熟时适当提升党委法规工作机构规格，同时适当增加人员编制。各地区各有关部门要抓住机遇，尽快建立健全党委法规工作机构，在省级党委充实法规工作人员，改善知识结构配置，保持队伍相对稳定，在市级党委设置专门法规工作机构，在县级党委配置专门法规工作人员，并帮助解决设施条件、经费保障、工作开展等方面遇到的实际困难。

五要提高执规人员的能力素质。执规人员的能力素质高低与执规水平高低直接相关。要通过编写党内法规培训教材、开办党内法规专题研讨班、组织党内法规工作培训班、到中央和省级法规工作机构轮岗培训等方式，不断提升执规人员的执规意识和能力水平。[①]

四、党内法规与国家法律的关系

中国特色社会主义法治体系既包含国家法律体系，也包含党内法规体系。国家法律与党内法规都是规则制度，具有公共性、规范性、普遍适用性等特征，所以，二者存在一致性的方面；同时，由于二者的制定主体、适用主体等的不同，因而，二者也存在重大差别。要把公权力关进国家法律和党内法规的制度笼子里，需要正确处理国家法律与党内法规的关系。

党内法规是规范党组织、党员关系的一系列制度规范的总称，国家法律是调整公民之间以及各种社会关系的法律规范制度的总称，二者在国家治理体系与治理能力现代化建设中都在发挥着非常重要的作用。因而，一方面，需要完善党内法规体系建设，让党内法规真正成为管党治党的重要依据，成为党廉政建设的有力保障；另一方面，中国特色社会主义法治体系是包含党内法规在内的各领域规范的一个有机整体，党内法规与国家法律间既有区别，又有一致性，所以，党内法规体系建设需要与国家法律建设相辅相成，依法治国与依规治党需要统筹推进，一体建设。[②]

（一）党内法规与国家法律间的一致性

邓小平同志非常重视国家制度的建设，这也包括党内制度建设。制度治党命题的提出，是经历“文化大革命”的历史挫折之后，邓小平对执政党建设的传统路径反思的结果。2011 年我国庄严宣告已经基本形成社会主义法律体系，国家法治建设步入新的历史时期。在新的历史时期，特别是党的十八届四中全会提出要建立完善的社会主义法治体系，而完

---

① 参见李忠:《党内法规建设研究》，北京:中国社会科学出版社 2015 年版，第 108—125 页。

② 王勇 :《再论党内法规与国家法律间的关系》，载《理论与改革》2017 年第 3 期。

善的社会主义法治体系是包括党内法规体系的，这促进了党内法规制度的全面建设与发展，同时，基于党内法规与国家法律密切联系，二者统筹建设的命题也提到了议事日程。

党内法规与国家法律都是制度规范，都是在党的领导下制定的，都必须坚持中国共产党的领导这一基本原则不动摇，所以必然存在着密切一致性关系。事实上，二者具有相同的价值目标取向，都是希望国家更繁荣，人民的生活更加美好，它们是统一于人民利益福祉这一价值目标之下的。邓小平同志就曾把党内法规同国家法律制度放在同等重要的地位看待，特别是在十一届三中全会上，他重点强调了党规党纪的重要性，指出："国有国法，党要有党规党法。党章是最根本的党规党法。没有党规党法，国法就很难保障。……对于违反党纪的，不管是什么人，都要执行纪律。"所以，尽管二者规范的事务并不相同，但却是可以相互促进的，在功能发挥上也是可相互补充的。

党内法规与国家法律都是制度规范，都规范着人们的行为，实质上，由于党员也是国家公民，所以，国家法律与党内法规规范的对象具有相融性。这种规范对象的相融性具有重要的意义，因为中国共产党是工人阶级的先锋队，是先进生产力的代表，基于规范对象的相融性，这让国家法律的实施有了更可靠的保障。

执政党坚持依法治国、坚持依宪执政，要求"各级领导干部要带头依法办事，带头遵守法律，牢固树立法律红线不能触碰、法律底线不能逾越的观念，不要去行使依法不该由自己行使的权力，更不能以言代法、以权压法、徇私枉法"，党内法规以党的纪律作为实施保障，对党员的要求更加严格甚至苛刻，以严肃的纪律确保各级党组织、党员及党的领导干部，有牢固的底线不能逾越，这让党模范遵守法律成为可能。事实上，党员及党的领导干部是公民中的优秀分子，其守法行为具有示范意义，这种示范，会促进人们对法律的尊重与遵守，也会促进法律的实施。党内法规与国家法律都是制度规范，这需要不断的予以建设与完善。

人不以规矩则废，党不以规矩则乱。2013 年 6 月，习近平总书记在全国组织工作会议上指出："对我们这样一个拥有 8500 多万党员、在一个 13 亿人口大国长期执政的党，管党治党一刻不能松懈。如果管党不力、治党不严，人民群众反映强烈的党内突出问题得不到解决，那我们党迟早会失去执政资格，不可避免被历史淘汰。"党更好地执政，就需要依法执政，需要完善的国家法律制度；同时，也需要通过完善的党内制度从严规范党员、各级党组织的行为。列宁指出："无产阶级在争取政权的斗争中，除了组织而外，没有别的武器"，"它所以能够成为而且必然会成为不可战胜的力量，就是因为它根据马克思主义原则形成的思想一致是用组织的物质统一来巩固的，这个组织把千百万劳动者团结成一支工人阶级的大军。"[①] 而这个坚定的组织是通过完善的党内法规予以保障的。有规可依，这是管党治党的前提与基础；有法可依，这是治国理政的前提与基础。这就需要执政党不断完善党内法规体系与国家法律体系的建设。

（二）党内法规与国家法律间的区别

国家法律是全体人民共同意志的体现，党内法规是中国共产党全体党员意志的体现，二者所体现意志的范畴是不同的，所以，两者也是存在重要区别的，这主要表现在：制定主体不同、制定程序不同、调整对象不同、调整范围不同、适用主体不同等诸多方面。

在制定主体和制定程序上，国家法律主要是由全国人民代表大会及其常委会制定的，党内法规则是省级及省级以上的党委组织制定的；在制定程序上，国家法律遵循《立法法》规定的程序，而党内法规则是遵循《中国共产党党内法规制定条例》规定的程序。显然，在这方面，二者截然不同。

尽管遵循的程序不同，但是，在如何保障具体国家法律与党内法规的质量方面，在如何完善具体制度的体系建设方面，都是需要实现制度建设的科学化，需要正确反映客观规律，找准相关规律的。

① 列宁：《列宁选集》（第一卷），北京：人民出版社 1972 年版，第 510 页。

当然，这又有细微的差别。比如在党内法规制定层面，要意识到“依规治党是党在取得执政地位后对于党内治理的一种主体自觉，其前提是党内已经运行多年的制度文本以及全党对于党内各项规范和规则的认可”。这要求党内法规是良性的、科学的。党内法规的科学性不仅要求党内法规自身的科学化，还要强调党内法规各个条文之间、不同的规定之间以及党内法规与国家法律之间的协调统一，真正实现党内法规制定的科学化之目标，最终为从严治党的实践助力。

所以，党内法规的制定和执行还遵循一些特有的基本原则，比如依据党章原则，不得与宪法法律相抵触原则等。

显然，这些特有的原则不同于国家法律所遵循的原则，具有特殊性。在具体的实践中，完善党内法规体系建设需要依据党章，遵循宪法，并发扬党内民主，通过民主科学的程序设计保障其质量。《中华人民共和国宪法》第 5 条规定：“一切国家机关和武装力量、各政党和各社会团体、各企业事业组织都必须遵守宪法和法律。”《中国共产党章程》规定：“党必须在宪法和法律范围内活动。”《中国共产党党内法规制定条例》第 7 条第 3 项规定，制定党内法规应“遵守党必须在宪法和法律范围内活动的规定”的原则。这些原则在党内法规体系建设中，必须贯彻始终。在党内法规实施中，由于党内法规是中国共产党党员的行为底线，适用主体是党的组织，适用范围是党员、党的组织，具有局限性，所以它的实施主要是靠具体的纪律予以保障的。

而对于国家法律来说，其调整的是社会关系和社会秩序，它对所有的社会成员、组织、机关具有约束力，它的实施依靠的是国家强制力，适用法律的主体是国家机关，它是全体中华人民共和国公民必须遵循的行为底线。

具体来说，法律可分为公法、私法，在私法领域，法律调整平等主体之间的相互关系，一方一旦违法，另一方当事人可以提起诉讼，由国家的司法部门作出裁决。在这里，适用法律作出裁决的主体是国家的司法部门，法律实施依靠的是国家强制力。在公法领域，法律调整国家公权力与私人权力之间的关系，以行政执法为例，它直接是行政公权力对外的运用，行政相对人一旦违法，就会受到行政处理。在这里，适用法律的主体是各级行政机关以及公法授权的组织，法律实施依靠的仍是国家强制力。当然，一旦公权力侵犯了行政相对人的合法权利，行政相对人可以提起行政诉讼，由国家的司法部门做出裁决，在这种情况下，适用法律做出裁决的主体则是国家的司法部门，但法律适用主体仍是国家机关。显然，无论是在私法领域、还是在公法领域，党组织都不是国家法律的适用主体，法律的实施最终依靠的是国家强制力。

党内法规的适用主体是党的各级组织，它是以党的纪律作为实施保障的，并不依靠国家强制力，这是二者的重要区别。

总之，二者存在着重大区别，而“从实质上看，二者的区别则体现为治理理念、治理机理的不同。依法治国与依规治党是两种不同的治理方式。不同的权利义务来源和作用机制，决定了对党与对国家治理方式的差异。”①

（三）党内法规与国家法律间的衔接与协调

党的十八届四中全会通过的《中共中央关于全面推进依法治国若干重大问题的决定》中强调党内法规制度建设专题研究要“注重党内法规同国家法律的衔接和协调”。在2016年12月召开的全国党内法规工作会议上，习近平总书记指出：“我们党要履行好执政兴国的重大历史使命、赢得具有许多新的历史特点的伟大斗争胜利、实现党和国家的长治久安，必须坚持依法治国与制度治党、依规治党统筹推进、一体建设。”这说明，需要做好党内法规与国家法律之间的衔接与协调工作，依法治国与依规治党需要统筹推进、一体进行，这种指导思想实质上是习近平总书记治国理政思想的又一次升华。

1.《中华人民共和国宪法》与《中国共产党章程》的衔接问题

《中华人民共和国宪法》是国家的根本大法，《中国共产党章程》是

① 张冬云：《依法治国与依规治党的关系辨析》，载《四川日报》2016年7月14日。

党的根本大法。党内法规中的“宪法”就是党章。在我国，中国共产党是执政党，做好党内法规与国家法律的衔接工作，实质上是处理好党与国家的互动关系问题，处理好党的意志与人民意志的一致性问题。毛泽东 1944 年 7 月在接见英国记者斯坦因时说：“我们的党员在中国人口中当然只占很小的一部分，只有当这一小部分人反映大多数人的意见，并为他们的利益而工作时，党和人民之间的关系才是健康的。”这句话实质也是要求党的意志要与人民的意志保持一致。

要让党与人民意志一致起来，做好党内法规与国家法律的衔接工作，首先需要考虑的应是宪法与党章之间的衔接与协调问题。

我国宪法明文规定：“一切国家机关和武装力量、各政党和各社会团体、各企业事业组织都必须遵守宪法和法律。一切违反宪法和法律的行为，必须予以追究。”《中国共产党章程》规定：“党必须在宪法和法律的范围内活动。”这实质是明确了二者之间的关系。在明确二者关系的基础之下，需要创建相关制度，搭建宪法与党章的衔接平台，通过制度建设及具体机构的运作，实现二者的衔接问题。

在这个建设过程中，要始终坚持党的领导，让宪法的精神与党章的精神紧密结合。宪法与党章的关系协调好了，就会树立二者的权威，让其均提高到至关重要的地位，并促进二者的实施。

宪法与党章，内容再好，如果得不到实施，那也只不过是一种摆设，或者仅仅只是一种愿望而已；相反，如果其基本内容得到实施，得到人们普遍的认可，那么，社会就会有方向，就会有目标，也会有路径，中华民族的伟大复兴也就能够最终实现。

2. 国家法律与准则、条例等其他党内法规间的衔接问题

党内法规与国家法律都是中国特色社会主义法治体系不可或缺的组成部分，全面从严治党，“就是严格按照国家的法律和党的法规来规范党组织和党员的行为，通过党的各项具体制度来保证国家的宪法和党章成为党组织和党员的最高行为准则。”所以，全面从严治党，离不开党内法规，也离不开国家法律。

同时，《中国共产党党内法规制定条例》指出党内法规的制定要“遵守党必须在宪法和法律的范围内活动”的原则，这要求党内法规的具体内容要符合国家法律的基本要求，不得与国家法律存在抵触的情况。在具体的实践中，由于党内法规通常只规定党内事务，与法律调整的对象一般不会重叠，但是，准则、条例等其他党内法规与国家法律也需要有衔接，一旦有重叠，要尽快转化为国家法律，要“善于把党的意志转化为国家意志”。国家法律与准则、条例等其他党内法规间的衔接是以坚持党对立法工作的领导为前提的，而党的领导应是宏观领导和具体工作领导的有机统一。

在宏观层面，党需要制定出符合客观规律的用以指导立法的路线、方针和政策，通过党的宏观领导，给具体立法的实践指明方向和道路以及具体的立法目标；在微观层面，党的中央组织、地方组织应把党的路线、方针、政策同国家的实际需要结合起来，通过具体机构实施对立法工作的有效指导。比如在立法实践中，以地方立法为例，省人大常委会主任会议研究通过的五年立法规划和年度立法规划，都要报送省委审查，地方立法机关在法规草案通过前一般要将其报送地方党委审查。这保证了各地立法工作能够紧紧围绕中央和地方党委的重大决策和中心工作，服从并服务于党和国家以及本地工作大局。这与相应的党内法规制度体系的建设目标是一致的，并可相互促进。当前，注重党内法规同国家法律的衔接和协调，处理好党内法规与国家法律之间的关系，就会不断提高党内立法和国家立法的科学化水平，这也有助于强化领导干部的法治思维，把法治方式带入党内去解决问题。

把权力关进制度的笼子里，已经成为全党全社会的共识。在中国，驯服权力的制度笼子有一个显著特点，即它是由国家法律与党规党纪共同铸就的，是国家法律与党内法规的双轮驱动。必须注重在“加强党内法规制度体系建设”“加快形成内容科学、程序严密、配套完备、运行有效的党内法规制度体系”的同时，注重党内法规同国家法律的衔接和协调，这样才会既提高党内法规的执行力，又促进党员、干部带头遵守国家法律法规，把国家法律的实施落在实处。国家法律与党内法规形成合力，同向发力，社会必然会井然有序，国家必然会繁荣昌盛。

总之，党内法规作为中国特色社会主义法治体系的重要内容，尽管其与国家法律存在重大区别，但是，它与国家的法治精神是一致的、相容的，而不是冲突的，党内法规与国家法律都是制度，具有一致性。

习近平总书记指出："全面推进依法治国，必须努力形成国家法律法规和党内法规制度相辅相成、相互促进、相互保障的格局。"当前，全面从严治党是党和国家各项工作顺利推进的路径和根本保证。

而对于如何实现全面从严治党，这就需要在准确理解党内法规的本质和内涵基础上，建立完善的党内法规制度体系，这是实现全面从严治党的基础和保障；同时，还要意识到，党内法规与国家法律具有密切关系，依法治国与依规治党的建设应该统筹考虑，共同推进。只有真正地搞好二者的共同建设，让党与法科学地互动，我们党才可能实现更好地依法执政，也才能永葆生机与活力。①

依法治国、依法执政、依规治党，三者密切相关，互为因果，相辅相成。无论是依法执政，还是依规治党，都必须以法律和党内法规为依据来推进。党员领导干部是公权力的行使者，应受到宪法和法律约束；作为中国共产党党员，应受到党内法规的约束。因此，在这种双重约束下，对党员领导干部提出了更高和更严的要求。解决中国的问题关键在党。党的自身建设是党执政兴国、治国理政的第一要务。因此，依法执政和依规治党是推进依法治国的必然要求，也是新时期加强和改进党的领导方式的主要内容。依法治国的必然要求依法执政；依规治党，保持机体健康我们党才有资格和能力执政，带领全国人民去实现建设法治国家的目标。②

---

① 参见王勇：《再论党内法规与国家法律间的关系》，载《理论与改革》2017 年第 3 期。

② 参见沈国明：《论依法治国、依法执政、依规治党的关系》，载《东方法学》2017 年第 4 期。

第八讲

中国特色社会主义法治文化建设

党的十八届四中全会决定指出，法律的权威源自人民的内心拥护和真诚信仰。人民权益要靠法律保障，法律权威要靠人民维护。必须弘扬社会主义法治精神，建设社会主义法治文化，增强全社会厉行法治的积极性和主动性，形成守法光荣、违法可耻的社会氛围，使全体人民都成为社会主义法治的忠实崇尚者、自觉遵守者、坚定捍卫者。“七五”普法规划要求推进社会主义法治文化建设。以宣传法律知识、弘扬法治精神、推动法治实践为主旨，积极推进社会主义法治文化建设，充分发挥法治文化的引领、熏陶作用，使人民内心拥护和真诚信仰法律。

一、推进社会主义法治文化建设的意义

文化是民族的血脉，是人民的精神家园。2014 年 10 月 15 日，习近平总书记在文艺工作座谈会上指出：“文化是民族生存和发展的重要力量。人类社会每一次跃进，人类文明每一次升华，无不伴随着文化的历史性进步。”文化对一个国家、一个民族的发展进步起着至关重要的作用。

我们今天使用的“文化”（Culture）一词是个舶来品，是 19 世纪末通过日文转译从西方引进的。大致有内涵不同的三种文化观：广义文化

观、中义文化观和狭义文化观。广义的文化观认为，文化是人类创造的一切，主要包括精神文化、制度文化和物质文化。中义的文化观认为，文化是指社会的意识形态，以及与之相适应的制度和组织机构。狭义的文化观认为，文化仅指社会的意识形态或社会的观念形态，即精神文化。① 从文化角度看，法治文化是以“法治”为治国理政基本方式所形成的一种社会文化形态；从法治角度看，法治文化是以“文化”为表现形式和主要内容的一种法律统治形态。两个角度相辅相成、殊途同归。基于对文化和法治的一般理解，可以把法治文化作出广义和狭义的不同界定。广义地讲，法治文化是一个国家中由法治价值、法治精神、法治理念、法治思想、法治理论、法治意识等精神文明成果，法律制度、法律规范、法治措施等制度文明成果，以及自觉执法、守法、用法等行为方式共同构成的一种文化现象和法治状态；狭义地讲，法治文化是关于法治精神文明成果和法治行为方式相统一的文化现象和法治状态。②

党的十八届四中全会首次将“建设社会主义法治文化”写入全会决定，充分体现了党在新形势下对中国特色社会主义法治文化建设的重要性、现实性、紧迫性的深刻认识和科学把握。所谓中国特色社会主义法治文化，是由体现社会主义先进文化内在要求的法治价值、法治精神、法治意识、法治理念、法治思想、法治理论等精神文明成果，反映中国特色社会主义民主政治本质特征的法律制度、法律规范、法治机制等制度文明成果，以及自觉依法办事和尊法守法等行为方式共同构成的一种先进文化现象和法治进步状态。③ 简言之，中国特色社会主义法治文化是以社会主义法治理念为导引、以社会主义法律制度为主干、以依法办事和自觉守法为基础、以构建社会主义法治秩序为目标的法治文明状态。

---

① 李林：《中国语境下的文化与法治文化概念》，载《中国党政干部论坛》2012 年第 6 期，第 11 页。

② 李林：《中国语境下的文化与法治文化概念》，载《中国党政干部论坛》2012 年第 6 期，第 11 页。

③ 李林：《我国社会主义法治文化建设的若干问题》，载《哈尔滨工业大学学报（社会科学版）》2012 年第 5 期。

在社会转型时期，文化不改，新的制度、法律便很难真正发挥作用。因此，在新时期，在新形势下，戮力厘清中国特色社会主义法治文化建设的基本特征，坚持大力开发和弘扬中国特色社会主义法治文化建设的核心内容，着力推动中国特色社会主义法治文化建设的真正实现，具有重大的现实意义和长远的历史意义。法治文化是法治建设的根本支撑和保证，对全面推进依法治国、建设社会主义法治国家的意义重要而深远。[①]

第一，社会主义法治文化是社会主义法治建设的理论基石。党的十八届四中全会指出："推进法治理论创新，发展符合中国实际、具有中国特色、体现社会发展规律的社会主义法治理论，为依法治国提供理论指导和学理支撑。"作为社会主义法治文化的基本内核，法治理论是法律制度、法律体系和法治实践的理论基石，也是社会主义法治建设的行动指南。全面推进依法治国是一个系统工程，是国家治理领域一场广泛而深刻的革命，唯有在科学理论的指导下，才能实现"建设中国特色社会主义法治体系，建设社会主义法治国家"的总目标。习近平总书记强调："实践创新和理论创新永无止境。"社会主义法治建设是崭新的事业，没有现成的经验和模式可以借鉴，每前进一步都是一种尝试与探索，都必须有创新的、科学的、系统的理论来有力指导和正确引领。

第二，社会主义法治文化是全面推进依法治国的内生动力。人民权益要靠法律保障，法律权威要靠人民维护。法治只有上升到文化的层面，成为人们的一种内在修养、一种自觉约束、一种生活方式，才能真正展现出其精神和价值，才能使法治的目标、理想落地生根。法治文化以保障私权利、规范公权力为价值取向，让人们认识到法律不仅是约束行为的规范，也是保障权益的武器，使法治建设成为全社会的基本共识，汇聚起全面推进依法治国的强大力量。目前，中国特色社会主义法律体系已经形成，全社会法治观念明显增强，但同党和国家事业发展要求相比，

---

① 张效廉：《大力建设社会主义法治文化》，载《求是》2015年第9期。

同人民群众期待相比，同推进国家治理体系和治理能力现代化目标相比，法治建设还存在许多不适应、不符合的问题，其中一个重要原因就在于，法治文化的推动力和内驱力没有得到充分地激发与运用。

第三，社会主义法治文化是全面推进依法治国的重要保证。“文化是民族的血脉，是人民的精神家园。”实现中华民族伟大复兴中国梦和“两个一百年”奋斗目标，推进“四个全面”战略布局，必须充分发挥文化引领风尚、教育人民、服务社会、推动发展的作用。社会主义法治文化是社会主义先进文化的组成部分，是法治建设的实践内容和基本要素，为法治建设提供精神动力、智力支持和文化条件，离开法治文化的法治建设，只能是无源之水、无本之木，根本无法实现。历史和实践也表明，从人治社会向法治社会转变，既是健全和完善法律制度、法律体系的过程，同时也是不断丰富和发展法治文化，以现代观念和法治理念推动法治建设的过程。党的十八大以来，习近平总书记提出的“宪法的伟力在于人民出自真诚的信仰”“提高全体人民特别是各级领导干部和国家机关工作人员的宪法意识和法治观念”“坚持运用法治思维和法治方式解决矛盾和问题”等重要思想，彰显了我们党对法治文化的高度重视，必将为法治建设奠定更加坚实的文化基础。

二、中国特色社会主义法治文化建设的基本特征

现阶段建设中国特色社会主义法治文化，应当首先把握五个特征。

（一）导向上的政治性

社会主义法治具有鲜明的阶级性、政治性和党性，因此，建设社会主义法治文化应当坚持政治与法治的有机统一，不能只讲法治不讲政治，更不能只讲政治不讲法治；应当坚持党的领导、人民当家作主和依法治国的有机统一，三者一体，相辅相成，缺一不可；应当围绕中心，服务大局，坚持以社会主义法治来实现政治效果、社会效果和法律效果的有机

统一；应当以人为本，保障人权，坚持以社会主义法治来实现执法、司法、法律监督的政治性、人民性和法律性的有机统一；应当坚持社会主义方向，在社会主义法治文化建设中实现树立社会主义法治理念、弘扬社会主义法治精神、崇尚社会主义法治价值、增强社会主义法治观念、提高社会主义法治意识的有机统一。

（二）内容上的法律（法治）性

社会主义法治是以国家意志的形式并通过制度、规则等来调整社会关系的行为规范，法律性是其区别于道德、纪律、宗教戒律、乡规民约、党内规章等行为规范的重要特征。建设社会主义法治文化，必须充分体现其法律（法治）性的特征，形成并完善以宪法为核心的法律体系，运行以法律为构建基础的各项制度（包括立法制度、执法制度、司法制度、法律监督制度、普法制度、依法办事制度、守法制度、诉讼制度等），遵循并创新以法学为学科支撑的各种法学原理、法律原则和理论学说等。建设社会主义法治文化，既要防止法治虚无主义和人治文化，也要防止法治万能主义和法治意识形态化。①

（三）受众上的实用性

“文化总是人的文化，生活总是人的生活，历史总是人的历史。”② 社会主义法治文化建设离不开对人的影响和教化，离不开传播手段和传授过程。从个人和社会角度看，为什么要实行法律的统治、接受法治的约束、信仰法治的文化……在西方国家，主要是根据文艺复兴和启蒙运动传播的政治法律学说，在资产阶级革命成功后付诸实施而逐步形成法治社会和法治文化的。在我国，则主要是执政党和国家精英在对“文化大革命”等惨痛教训的反思和对实行“人治”的否定过程中，通过摸着石头过河的路径，

① 李林：《我国社会主义法治文化建设的若干问题》，载《哈尔滨工业大学学报（社会科学版）》2012 年第 5 期。

② 周熙明：《我国文化建设亟需解决的几个问题》，载北京市人大常委会课题组编写：《推进全国文化中心建设》，北京：红旗出版社 2012 年版，第 209 页。

选择了“发展社会主义，健全社会主义法制”的民主政治发展道路。如何把执政党和国家精英选择的法治道路变为社会大众的选择及其生活方式？法治如何才能被社会大众自觉遵守？主要靠外在的力量是行不通的。根据实际需要、从实际出发，实行法治和依法治国，决定了要把国家法治的要求内化为社会大众的价值认同和信仰习惯，其内驱力必然是“实用主义”的，即法治的有用性和有利性。西方国家解决社会大众对法治的内需力问题，主要依靠大众化的宗教、文化教育和道德说教，辅之以利益诱导和国家强制力。在我国的法治文化中，由于缺乏宗教文化的支撑，不得不更多地采用普法教育和强制执行的方式，并更多地采用趋利避害式的利益引导，在这个基础上再逐步从利益驱动转向内在需求，使之成为一种生活方式。

（四）过程上的长期性

中国特色社会主义的法治建设和法治文化建设，是相互依存、紧密结合的实践过程，由诸多因素决定，必然是一个长期的发展过程。首先，“旧中国留给我们的，封建专制传统比较多，民主法制传统很少。”① 这个历史特征和现实国情，决定了加强社会主义法治文化建设，彻底否定和铲除人治文化，清除和改造非法治文化，将是一项长期艰巨的历史任务。其次，西方法治社会、法治文化的形成，经历了古代文明、古希腊文化、罗马帝国、神权统治等千年以上的历史，近代以来又经历了数百年的发展，至今尚不完善。社会主义法治文化也不可能一蹴而就。再次，我国仍处在并将长期处于社会主义初级阶段，社会主义制度的不断完善，社会主义优越性的充分体现，生产力的高度发达，科技文化的全面发展，社会文明程度和道德素养的全面提高，社会公平正义的充分实现……都需要经历一个长期的实践过程。最后，社会大众真正认同法治、信仰法治，养成良好的法治行为习惯，中国要形成独具特色的法治文化非一日

① 邓小平：《党和国家领导制度的改革》，载《邓小平文选》（第二卷），人民出版社 1983 年版，第 332 页。

之功，更不可能毕其功于一役，这是一个长期的积淀、筛选、比较、淬炼的过程。

（五）背景上的文化性

一方面，中国特色社会主义法治文化在形成和发展过程中，受到中华传统政治法律文化、苏联东欧社会主义法律文化、西方大陆法系和英美法系的法治文化的影响，吸收了道德文化、宗教文化、社会文化、政治文化、行为文化、管理文化等文化因素，是人类先进文化的集大成者；另一方面，社会主义法治文化本身是“文化建设”，必然具有“文化”软实力的特征，即民族的凝聚力、国际的影响力、社会的稳定力、道德的影响力、统一的向心力、历史的传承力、舆论的导向力、宗教的替补力、文艺的创新力、时空的定位力、信息的控制力、新潮的同化力、时尚的倡导力、知识的保护力、文明的扩散力、生态的平衡力、文化的主权力。建设社会主义法治文化，应当把文化软实力的一般特征与法治文化的专业特征结合起来，把文化建设的一般要求与法治文化建设的特殊要求结合起来，真正体现社会主义法治的文化性和文化软实力的内在特征。[①]

不忘本来才能开辟未来、善于继承才能善于创新。优秀传统文化是一个国家、一个民族发展的根本。“中华优秀传统文化已经成为中华民族的基因，植根在中国人内心，潜移默化影响着中国人的思想方式和行为方式。”[②]“抛弃传统、丢掉根本，就等于割断了自己的精神命脉。”[③]习近平总书记还曾经指出，一个国家、一个民族的强盛总是以文化兴盛为支撑的，中华民族伟大复兴需要以中华文化发展繁荣为条件。中国是世界上文明发达最早的国家之一，法制文明是中国古代文明的重要构成和明显标志。中国古代法制文明中有许多超越时空、具有普遍价值的因素。

---

① 李林：《我国社会主义法治文化建设的若干问题》，载《哈尔滨工业大学学报（社会科学版）》2012 年第 5 期。

② 习近平：《习近平谈治国理政》，北京：外文出版社 2014 年 10 月版，第 170 页。

③ 习近平：《习近平谈治国理政》，北京：外文出版社 2014 年 10 月版，第 164 页。

例如，注重法律的人文精神，强调以人为本，以民为本，社会和合；善于通过人文精神对社会成员心理和观念世界的整合与引领，来维系和引导整个社会；注重礼法互补，主张德治与法治并存，强调明德慎刑；注重法律的教育功能，主张以法为教，强调法律的任务不仅是“禁暴惩奸”，而且要“弘风阐化”，仁义礼乐者，皆出于法；注重治国者、执法者的道德品质以及对国家的责任感和使命感，主张为官者、执法者要清正廉洁，光明正大，发挥以吏为师的榜样作用；注重法律的综合意义，主张对法律条文和典籍从天理、国法、人情的有机结合上予以解释和注释，法律的实施不能就事论事；注重变法促进，强调通过变法革新来解决社会深层次矛盾，保持社会稳定，推动社会发展。在全球化的潮流面前，割舍文化背景，当代中国特色法治文化将无法创建和发展。我们要在对中华传统法律文化的丰富资源进行梳理和甄别的基础上，对其进行现代化的改造和扬弃，把那些能够与以科学、理性、民主、自由、公平、人权、法治、和平、秩序、效率为内容的时代精神融为一体的文化传统融入社会主义法治之中，使中国法治的民族精神和时代精神浑然一体，形成具有中国特色的法治话语体系和法治文化，增加中国在世界上的法治话语权，增加国际法治话语体系中的中国元素。[①]

2017 年 2 月 18 日，在首届人民法治论坛上，福建省寿宁县人民法院院长林松涛作了题为“落实‘两创’精神，让梦龙无讼文化焕发新活力”的精彩发言。林松涛指出，以习近平同志为核心的党中央提出全面依法治国，既要吸收中华法制的优良传统，也要借鉴世界各国法治的有益做法。如何吸收中华法制的优良传统呢？关键是按照习近平总书记反复强调的，要大胆实践，要对民族优秀文化传统进行“创造性转化，创新性发展”。明朝崇祯七至十一年（1634—1638 年），年过花甲的冯梦龙从故乡江苏来到千里之外的闽东北寿宁任知县，翻开个人生平摇曳多姿的崭新一页，写下地方历史浓墨重彩的一笔。他根据当时寿宁“岭峻溪深，

---

① 张文显：《论中国特色社会主义法治道路》，载《中国法学》2009 年第 6 期，第 13 页。

民贫俗俭”的特点，提出一个施政纲领：“险其走集，可使无寇；宽其赋役，可使无饥；省其谳牍，可使无讼。”其中“省其谳牍，可使无讼”是其司法纲领。“无讼”是中国传统诉讼理念的一大特色[①]——在社会关系的领域，中国古代的和谐观念演化为一个具体原则，那就是“无讼”。[②]冯梦龙无讼文化是优秀的传统文化和宝贵的精神财富。据不完全统计，习近平同志至少 8 次点名称赞冯梦龙，8 次引用冯梦龙名言，其中党的十八大之后点赞 5 次。寿宁法院与冯梦龙文化始终相伴同行，是冯梦龙文化的挖掘者、继承者、转化者、宣传者和受益者，寿宁法院通过目标规划、内涵诠释、模式转化、品牌运作、宣传引领等围绕冯梦龙无讼文化进行“两创”实践，取得了收获。2013 年以来，寿宁法院连续 4 年实现诉讼案件数全省最少、万人诉讼比全省最低。寿宁法院以“三级化讼”为龙头，逐步形成司法品牌集群效应。以冯梦龙文化为内容特色的历史文脉得到了传承发展。冯梦龙无讼文化连同法院院训、法院精神，成为凝聚寿宁法院干警精神力量、涵养法官精神品质的重要源泉。[③]

三、中国特色社会主义法治文化建设的核心内容

（一）宪法法律至上

我国现行宪法在序言中庄严宣告：“本宪法以法律的形式确认了中国各族人民奋斗的成果，规定了国家的根本制度和根本任务，是国家的根本法，具有最高的法律效力。全国各族人民、一切国家机关和武装力量、各政党和各社会团体、各企业事业组织，都必须以宪法为根本的活动准则，并且负有维护宪法尊严、保证宪法实施的职责。”在正文第五条明确规定：“中华人民共和国实行依法治国，建设社会主义法治国家。国家维

---

① 林荣松：《“三言”与冯梦龙的“无讼”梦》，载《福建江夏学院学报》2017 年第 1 期。

② 梁治平：《寻求自然秩序中的和谐》，北京：中国政法大学出版社 2002 年版，第 214 页。

③ 耿振善：《大力推进中国特色社会主义法治文化建设——首届人民法治论坛会议综述》，载《人民法治》2017 年第 3 期。

护社会主义法制的统一和尊严。一切法律、行政法规和地方性法规都不得同宪法相抵触。一切国家机关和武装力量、各政党和各社会团体、各企业事业组织都必须遵守宪法和法律。一切违反宪法和法律的行为，必须予以追究。任何组织或者个人都不得有超越宪法和法律的特权。”社会主义中国以最高法——宪法的形式，确认了宪法法律至上的原则，为建设中国特色社会主义法治国家奠定了观念、制度的基础。同时，基于中国共产党的执政党特殊地位，《中国共产党章程》在总纲中也明确指出，“党必须在宪法和法律的范围内活动”。以上规定，就是“宪法法律至上”的制度表达，是建设中国特色社会主义法治国家必须深刻把握的内涵。

根据《中华人民共和国宪法》和《中国共产党章程》的规定，宪法法律至上，是指在我国的社会调整系统中，以宪法法律为核心的法律系统是最重要的、最权威的，在各种社会调整手段中，它不仅具有至上性，而且具有排他性，即其他任何社会调整手段不得与之相对抗，因而也是所有社会关系参加者必须遵守的。

宪法法律至上的内涵至少应包含以下基本内容：

第一，在我国的社会调整系统中，以宪法法律为核心的法律系统，是最重要的、最权威的。在任何社会，调整人们的社会生活、社会关系的手段都是多种多样的，如思想、理论、道德、礼仪、习惯、法律等，这些思想、规范都受一定社会经济基础的制约，在一定的条件下，可以构成适应一定经济基础的社会调整系统。所谓社会调整系统，是建立在一定社会经济基础上的、适应一定时期社会生活需要的、由若干子系统构成的复杂整体。社会调整系统总体上可以分为思想、观念系统和规范、制度系统，后者实际上是前者的制度化体现。在规范制度系统中，包括以宪法法律为核心的法律系统、政策系统、社会团体规范系统、乡规民约系统、习惯系统、社会道德系统等，它们共同实现着对社会关系的调整作用。可见，社会调整系统是由上层建筑中不同的子系统构成的系统，其各个子系统基于各自的不同特质，在整个系统内部相互联系、相互制约、相辅相成、对立统一。不同时期，各子系统在国家整个社会调整系统中的地位和作用也有所不同。这是由社会生活、归根结底是由社会物质生活的需要制约的，例如，我国的社会调整也曾经一度以政策为基本手段，发展到今天，思想、政策的主导、指导地位仍应坚持，但坚持依法治国，对人们社会行为的调整必须坚持以宪法、法律为最高的、基本的手段，必须维护宪法、法律的权威。这种变化是对新情况的新认识，标志着党的领导方式和领导水平的不断提高。①

第二，宪法法律是人人必须遵守的，法律面前人人平等。在我国任何社会关系参加者，自然人、法人、外国人、无国籍人、社会团体、执政党、参政党，都毫无例外地必须遵守宪法法律。一切国家机关和武装力量、各政党和各社会团体、各企业事业组织和个人等，都不得有超越宪法和法律的特权，决不给以言代法、以权压法、徇私枉法提供土壤。有法必依、执法必严、违法必究，任何人违反宪法法律都应当依法承担相应的法律责任。宪法法律至上保证了党的事业至上与人民利益至上的统一：一方面，在党章和宪法中都规定党必须遵守宪法法律，不能违反人民意志、超越国家权力任意而为；另一方面，我们的法律是在党的领导下制定的，是党的主张和人民意志的统一。②

第三，宪法法律在社会调整中具有排他性，不得以其他社会规范为根据对抗宪法法律。在现实的国家和社会生活中，无论是中央还是地方都普遍存在以种种借口违反宪法法律的现象。这些现象的存在，极大地破坏了法的权威和尊严，导致国家政令难以落实，对有中国特色社会主义事业危害极大。宪法法律至上，不允许借口政策、道德等理由违反宪法法律。当然，这并不是说，宪法法律的制定、实施，不需要加强思想、道德、政策的宣传等工作，不需要其他社会规范的配合。严格遵循宪法法律至上，应杜绝以下现象：其一，借口维护党的领导违反宪法法律；其二，借口政策、道德、思想工作违背宪法法律；其三，借口地方或部门的局部利益违背宪法法律；其四，借口具体问题具体分析违背宪法法

① 孙国华、田聚英：《论宪法法律至上》，载《人民论坛》2011年第20期。

② 孙国华、田聚英：《论宪法法律至上》，载《人民论坛》2011年第20期。

律等。[①]

第四，宪法法律至上，维护宪法和法律的权威，形成宪法和法律的信仰是关键。习近平总书记指出，法律要发生作用，首先全社会要信仰法律。法律信仰是人们基于信任、尊重、信服而以法律为行为准则的主观认知及判断。[②] 没有信仰，宪法和法律不过是一纸空文，形同虚设，所谓权威更无从谈起。要真正形成对宪法和法律的信仰，就必须切实贯彻落实宪法和法律的各项规定，将宪法和法律作为人们的基本行为准则，并在日常生活中自觉遵守宪法和法律的规定。社会主义法治文化建设的重要任务，就是要引导每个公民都应该做社会主义法治的忠实崇尚者、自觉遵守者、坚定捍卫者，使法律成为每一个公民的精神支柱，从而崇尚法律，懂得法律的神圣。

第五，宪法法律至上，并不是说宪法、法律是不受其他现象制约的、是不发展的，或不能予以修改和废止的。随着社会生活的发展变化，宪法法律也要随之变化。也就是说，宪法法律一经制定、公布生效，在其没有被修改废止以前是至上的、人人必须遵守，也是排它的、不能以任何理由和借口与之相对抗。[③]

（二）规则意识

改革开放以来随着我国经济社会的快速发展，人民的收入有了很大的提高，生活水平得到了极大的改善，但遗憾的是很多人的规则意识并没有像他们的收入一样得到大幅度的提高，不诚信、不遵守交通规则、办事“走后门”等不守规则的现象屡见不鲜。不守规则的行为给他人的生活和正常的社会秩序带来不便，容易引起和激化矛盾，不提高广大人民的规则素质将严重影响我国经济社会的健康发展。教育虽然说有利于

---

① 孙国华、田聚英：《论宪法法律至上》，载《人民论坛》2011年第20期。

② 周叶中、祝捷：《论中国特色社会主义法治文化》，载《武汉大学学报（哲学社会科学版）》2008年第4期。

③ 孙国华、田聚英：《论宪法法律至上》，载《人民论坛》2011年第20期。

提高人们的规则意识，但是教育毕竟费时费力，如果不守规则的人反而比守规则的人能得到更大的好处，这不仅是不公平的，而且也会动摇遵守规则人的积极性。现代国家的一个重要标志就是规则之治，而法律就是最明显、最有效的规则。法治文化的核心是法治，法治也叫规则之治。一个国家善于用规则来调整人与人之间的关系，来治理国家，来解决各种纠纷，而且人们遵守这个规则，可以说这个国家已经形成了法治文化。推进中国特色社会主义法治文化建设既有利于依法治国目标的实现，也有利于提高人民的规则意识。[①] 我国政府高度重视物质文明和精神文明协调发展，当前我国的物质文明程度远超精神文明，弥补精神文明的差距需要加强先进文化的引导和建设。作为一种先进文化，中国特色社会主义法治文化与当代的市场经济、民主政治和精神文明建设相伴而生，规则意识是其建设的重要内容之一。

（三）公平正义

东汉许慎的《说文解字》：“灋，刑也。平之如水，从水。廌，触不直者去之，从去。”人类社会发展到当今，“法”与“公平”几乎成了同义词，而“公平正义比太阳还要有光辉”。公平正义是中国特色社会主义法治文化的价值追求。党的十七大报告指出，“实现社会公平正义是中国共产党人的一贯主张，是发展中国特色社会主义的重大任务”。同时，公平正义也是社会主义和谐社会的基本特征。建设中国特色社会主义法治文化，将会有力地促进社会公平正义的实现。随着经济的快速发展，我国社会利益格局发生深刻变化，片面追求经济利益、忽视社会公平正义的现象时有发生，这些无疑有违社会主义的本质以及社会主义和谐社会的基本特征。中国特色社会主义法治文化以公平正义为价值追求，要求宪法和法律以促进公平、维护正义为首要目标，并在实践中通过维护宪法和法律的权威，使公平正义得以实现。

恰如恩格斯所指出的公平“始终只是经济关系在其保守方面或在革

---

① 陈洁：《中国特色社会主义法治文化建设的现实趋向》，载《甘肃社会科学》2016年第6期。

命方面的观念化、神圣化表现”[①] 一样，社会主义的公平正义观并不是平均主义，而是与经济发展相适应，并体现在社会生活中人们的一般观念之中。社会主义法治文化中的公平正义应当包括规则、权利、结果三个方面的公平。（1）规则中的公平正义是指立法过程中要充分吸收各方的利益诉求，规则要体现公平正义，社会主义国家绝对不能在立法中充斥着大量的不平等条款。（2）权利中的公平，是指公民在享有的权利上应当基本平等。一般情况下，不能因为出身、性别、家庭背景等无法通过个人努力而改变的因素而有所差异，特殊情况下，允许存在若干不公平的权利平衡先天不足。社会主义中应有的公平正义不是强制拉平各方的差距，而是提供相对平等的先天条件和公平的竞争环境。（3）结果的公平正义是指在法律适用或实施中应当同案同判，相同情况相同处理，类似情况类似处理。要做到结果公正，就需要执法人员和司法人员在执法和司法过程中能够排除事实和法律之外因素的影响。[②] 我国国情复杂，符合国法的处理并不一定符合天理和人情，此时则需要依赖执法和司法人员通过法律解释手段来弥合国法和民情之间的冲突。

公正是法治的生命线。社会主义法治建立在生产资料公有制基础上，以促进社会公平正义、增进人民福祉为出发点和落脚点，实现立法公正、执法公正和司法公正的有机统一是社会主义法治的内在要求。[③] 习近平总书记指出：“促进社会公平正义是政法工作的核心价值追求。从一定意义上说，公平正义是政法工作的生命线，司法机关是维护社会公平正义的最后一道防线。政法战线要肩扛公正天平、手持正义之剑，以实际行动维护社会公平正义，让人民群众切实感受到公平正义就在身边。”[④] 现在，广大干部群众的民主意识、法治意识、权利意识普遍增强，全社会

---

① 马克思、恩格斯：《马克思恩格斯选集》（第二卷），北京：人民出版社 1972 年版，第 537 页。

② 刘雁鹏：《中国特色社会主义法治文化的构成要素》，载《社会科学家》2014 年第 11 期。

③ 何康、胡向阳：《努力建设中国特色社会主义法治文化》，载《思想理论教育导刊》2017 年第 5 期。

④ 习近平：《习近平谈治国理政》，北京：外文出版社 2014 年版，第 148 页。

对公平正义的渴望比任何时候都更加强烈。中国特色社会主义法治文化，要把维护公平正义作为核心理念，在立法、执法、司法过程中彰显公正、公平、公开原则，推动实现权利公平、机会公平、规则公平，以法治的力量筑牢人们共享人生机遇的坚实平台。

四、中国特色社会主义法治文化建设的实现途径

文化的形成是一个自外而内逐步内化的过程，不仅需要时间沉淀，更需要具体的实践。[①] 在中国全面推进依法治国的过程中，始终强调道路选择的“中国特色”，不盲目、机械照搬照抄别国模式。因为从文化发展的规律来看，世界各国文化及法律文化既有共性，也具有明显的差异性，我国的法治建设，是同中国特色社会主义道路的探索密切相关的，也是伴随着改革开放的实践而逐步形成的。建设中国特色社会主义法治文化，必须要尽力排除人治传统、法治信仰“怀疑论”、法治能力“怀疑论”、法治文化宣传不到位等主要障碍，以本国的实践为基础，在借鉴国外法治有益经验的同时，面对中国改革开放和法律实践活动所提出的问题，重视本土法律文化资源的利用。

（一）完善以宪法为核心的中国特色社会主义立法文化建设

制定良好的法律是实现法治国家的前提和基础。很难令人相信，一个国家法律都是侵犯公民合法权益或者难以有效实施的法律能够被称之为法治国家。因此，中国在推进有中国特色社会主义法治文化建设过程中要尤为重视立法文化的建设。为了实现建成具有中国特色的社会主义法治国家的目标，必须高度重视立法工作的重要性，而立法工作就是使国家各项事业能够在有法律依据和法律范围的条件下运行的工作。目前在中国立法工作中还存在许多问题，进行社会主义法治文化建设需要树

① 蒋传光：《大力繁荣中国特色社会主义法治文化》，载《学习时报》2017 年 6 月 12 日。

立以民为本的理念，使每一项立法都能够代表人民利益、反映人民意志、符合宪法精神，要着重注意在立法的时候将宪法的规定和精神落到实处，避免违反宪法的立法情况的出现，加强对法律的合宪性审查，尽最大的努力使我国立的法都是"良法"。"法律是治国之重器，良法是善治之前提。"[①] 立法部门在立法的时候要把公平、公正、民主、人权等原则贯穿于立法的全过程。完善法律立、改、废、释的各项程序，增强立法的科学性、有效性。在推进具有中国特色的立法文化建设过程中，除了要遵守立法主体在立法时要有宪法依据，要在宪法规定的权限内立法，所立之法不得与宪法的规定和精神相违背等世界通行的立法规律外，还要注意我国是中国共产党领导的社会主义国家的特殊国情，在立法时加强中国共产党的领导，发挥中国共产党实践经验丰富的优势。推进中国特色社会主义立法文化建设应当采取以下手段：

第一，坚持和完善中国共产党的领导。在立法的时候要坚持和完善中国共产党的领导并不是说立法活动全程由中国共产党决定，不允许其他机构和个人参加。相反，由于中国共产党发展壮大的一大法宝就是群众路线，因此，在立法的时候要吸收专家、公民参加，提高立法的民主性和科学性。中国共产党对立法工作的领导应当是政治领导、思想领导和组织领导。[②]

第二，所立之法要符合社会主义社会建设的需要。由于我国是以公有制为主体的多种所有制共同发展的社会主义国家，而西方发达国家都是以私有制为主体的资本主义国家，所有制结构和国家性质的差异导致很多在西方发达国家运行良好的法律在中国会水土不服。因此，虽然客观上来说西方发达国家的法治水平的确比中国的法治水平高得多，中国在推进依法治国的进程中也应当努力学习、研究它们在长期建设法治国

---

①《中共中央关于全面推进依法治国若干重大问题的决定》，北京：人民出版社 2014 年版，第 8 页。

② 陈洁：《中国特色社会主义法治文化建设的现实趋向》，载《甘肃社会科学》2016 年第 6 期。

家中积累的经验、教训，在制定相应的法律规范时积极借鉴它们行之有效的法律规定，避免它们曾经走过的弯路。但是，这种学习和借鉴应当是主动的、有选择有取舍的，而不是盲目的“复制”“粘贴”[①]，我国应当慎重对待西方发达国家在立法上的优秀经验。比方说，西方发达国家的法律制度是以维护私有制为核心的，私有财产神圣不可侵犯已成为西方发达国家的一个普遍共识，它们的法律侧重于保护私人财产。而我国宪法第 12 条第一款明确规定“社会主义的公共财产神圣不可侵犯”，这跟西方国家私有财产神圣不可侵犯的理念是有明显区别的。社会主义的公共财产神圣不可侵犯并不是意味着中国政府不保护私人财产，我国宪法第 13 条规定“国家依照法律规定保护公民的私有财产权和继承权”，但是，“国家为了公共利益的需要，可以依照法律规定对公民的私有财产实行征收或者征用并给予补偿”。由此可见，中国的宪法和法律是保护公民私人财产的，只是在为了国家、社会等公共利益需要的时候可以对私人财产进行一定的限制。中国在立法的时候要学习西方发达国家对私人财产保护的规定，加强对公民合法的私有财产的保护力度，但决不能把西方国家私有财产神圣不可侵犯写进我国的法律，因为这跟中国是一个社会主义国家的性质不符，也跟《中华人民共和国宪法》相冲突。

第三，立法的时候要考虑中国的历史和现实的特殊情况，要有中国特色。中国是有着几千年文明史的国家，数千年文化的传承已经深入中华民族的骨髓。即便现在的中国跟几千年前有着极大的不同，但是当代的中国人在行为习惯和思维模式上仍然深受数千年来文化的影响，和数百年甚至数千年前的先祖们的行为习惯和思维模式相似。例如说，中国数千年来的文化都是讲究“以和为贵”，素来有“厌诉”的传统。普通百姓之间发生纠纷时习惯通过协商、调解等方式来解决，而不是采用“打官司”的方式解决，这跟欧美流行通过司法途径解决纠纷有着明显的差别。而且，为了减少纠纷的产生，在长期的实践中还约定俗成了很多具

---

① 陈洁 :《中国特色社会主义法治文化建设的现实趋向》，载《甘肃社会科学》2016 年第 6 期。

有约束力的民间习惯和规则。正是由于中西方有这样的差异，中国前些年努力将公民间的冲突都纳入司法解决路径中来的效果并不明显，在有些地方，特别是少数民族聚居地，排斥解决纠纷的民间习惯和规则还引起一些公民的不满。因为司法手段解决纠纷效率较低、成本又高，还容易使纠纷双方感情失和，产生对立情绪。在过去一段时间的立法实践中，由于对我国长期历史形成的纠纷解决偏好的忽视和对西方解决纠纷的司法手段的迷信，在立法上不注意把群众喜欢的解决纠纷的民间习惯和规则纳入到法律中来，盲目地学习西方解决纠纷的立法，给中国的法治实践带来了一些负面影响，也给公民解决纠纷增加了不必要的麻烦。但可喜的是，近年来中国的不少学者已经认识到这个问题，努力研究中国历史传统对当前法治建设的影响，大力研究和推动民间习惯和规则法律化，在新立之法中吸收、改造民间习惯和规则，成效显著。在今后的立法过程中，立法机关应当更加重视中国在长期历史中形成的很多行之有效的规则和习惯，积极将这些优秀的规则和习惯吸纳到相应的法律中，使得所立之法既尊重传统和习惯，又能有效解决社会问题。[①] 总之，中国的立法机关应当通过良好的立法文化引导立法，在立法活动中时刻牢记我国是一个有着几千年历史的由中国共产党领导的社会主义国家，立法一定要考虑和反映中国共产党的领导、社会主义和中国长期的历史等特色，努力使我国的立法更加接地气，为解决实际问题和治国安邦提供可靠保障。

（二）强化领导干部法治意识，加强中国特色社会主义执法文化建设

建设中国特色社会主义法治国家的过程就是一个以法治文化代替人治文化的过程。毛泽东曾说：“政治路线确定以后，干部就是决定的因素。”在中国特色社会主义法治文化建设的过程中加大对领导干部的法治

① 陈洁：《中国特色社会主义法治文化建设的现实趋向》，载《甘肃社会科学》2016 年第 6 期。

教育非常重要，各级领导干部对此重视与否，关乎社会主义法治文化建设的成败。执政党依法执政的文化对中国特色社会主义法治文化的形成具有引领和示范效应，因此要特别重视中国共产党的领导干部带头遵守法律的作用。对于领导干部而言，除了必须具备传统的心理素质、思想道德素质、文化专业素质、组织能力素质外，法治文化素质成为越来越不可缺少的素质。领导干部只有具备较高的法治文化素质，才能更加准确地把握法治的原则和精神，也才能在法治文化建设中坚持社会主义方向。提高领导干部的法治文化素质，必须以培养其法治精神为重点，使领导干部自觉把宪法和法律作为最基本和最权威的行为规范，着力培养其崇尚法治，追求公平正义，以人为本，以法为尊的价值观。必须坚持学用结合，在法治建设实践中锻炼干部，提高其依法决策，依法行政，依法管理，依法办事的能力和水平。必须以制度建设为有效引导，鼓励领导干部加强法治文化的学习和研究，培养其学习法律法规和法理知识的兴趣和爱好，促使领导干部主动学习，深入学习，不断提高法律知识水平。必须充分利用党校、行政学院和法学院校等阵地和资源，有计划、有系统、有针对性、有深度地抓好领导干部法治专门培训，不断向各级领导干部灌输先进的法治思想，及时使其更新法律知识，掌握法治真谛。[①] 必须将领导干部社会管理的法治化作为政绩考核的重要指标，建立健全领导干部个人法治考核的档案，并作为其选拔、奖惩、晋升、晋级的重要依据。

法治国家实现的关键在于政府遵守以宪法为核心的法律体系。国家机关作为拥有强大暴力机器和丰富资源的组织，而且以国家的名义行事，如果它非法侵犯公民的合法权益，普通公民是难以与之对抗的，行政机关依法执行法律非常重要。中国数千年的历史既是中国人民的骄傲也是中国人民的负担，数千年的传统既创造了许多行之有效的规则和习惯，也产生了浓厚的人治传统和思想，“官本位”等人治思想至今余毒难清。

---

① 缪蒂生：《论中国特色社会主义法治文化》，载《中共中央党校学报》2009 年第 4 期。

加之在新中国成立后的相当长的一段时间内实行的是高度集中的计划经济体制，政府部门特别是行政机关掌握着各种资源的支配权，公民依赖于行政部门，实际享有的权利很少。在这种环境下公民习惯于服从行政机关的各种安排，缺乏权利意识，也不敢质疑行政机关的行为。行政机关强势，对其缺少制约机制，公民和舆论不敢质疑它，这些综合因素导致行政机关的法治意识不强。

近年来，政府强拆、上访被抓等类似情况的报道层出不穷，这表明中国的法治建设还有很长的路要走，执法机关工作人员的法治意识亟待提高。若想妥善解决这个问题需要重视对国家机关工作人员的执法文化建设。各个国家机关应当采用一切可行的手段让国家工作人员深刻地意识到在行政执法的时候必须有法律的依据才能执法，在执法的过程中要遵守法定的程序，不能超越法定的限度，在执法的过程中要注重执法目标的实现和执法对象权利的保护并重，除了自己要依法执法、文明执法外还要积极主动告知执法对象权利救济的途径。简而言之，执法文化建设要以宪法第 5 条中“一切违反宪法和法律的行为，必须予以追究”的规定为核心，以尊重宪法的立法文化为基础，以守法文化为重点，以以人为本的理念为指引，使得执法机关的执法行为无违法情形、合法合理，使执法对象的合法权益得到有效保障，执法对象能够理解、认可国家机关的执法行为。①

在推进中国特色社会主义执法文化建设时要重视以宪法宣誓为代表的文化形式的作用。通过宪法宣誓等形式教育、提高国家机关工作人员特别是国家机关领导干部尊重、遵守宪法和法律的依法行事意识。《中共中央关于全面推进依法治国若干重大问题的决定》提出要“建立宪法宣誓制度”。对此，很多人曾经不以为然，认为宪法宣誓只不过是搞形式主义，没有什么实际意义。这种想法是错误的，千万不能小看了以宪法宣誓为代表的某些可以强化人们对宪法、法律尊重的仪式性的东西对提高

① 陈洁:《中国特色社会主义法治文化建设的现实趋向》，载《甘肃社会科学》2016 年第 6 期。

人们法治思维、法治意识的作用。类似宪法宣誓的仪式在宗教中经常可以看见，而宗教正是依靠很多看似没有什么用处但是非常庄重的仪式来不断强化信徒对宗教的敬畏之心、虔诚之心。根据《全国人民代表大会常务委员会关于实行宪法宣誓制度的决定》，自 2016 年 1 月 1 日起，各级人民代表大会及县级以上各级人民代表大会常务委员会选举或者决定任命的国家工作人员，以及各级人民政府、人民法院、人民检察院任命的国家工作人员，在就职时应当公开进行宪法宣誓。

想要实现全面推进依法治国、建设社会主义法治国家的目标，关键在于提高掌握国家权力、行使国家权力的国家机关工作人员特别是领导干部的法律意识。为此可以通过开展法律知识讲座、法学专家报告会等活动普及法律知识，提高领导干部和广大公务人员的法治意识。例如，青海省在系统总结全省历年开展领导干部、公务员学法用法工作经验的基础上，始终聚焦各级领导干部和广大公务员学法用法的需求，聚焦人民群众关注的热点难点问题，把领导干部和公职人员作为“以案说法”法治宣传教育重点对象，推动法治宣传教育再上新台阶：（1）加强“以案说法”制度建设。以《中共中央关于全面推进依法治国若干重大问题的决定》和《青海省法制宣传教育条例》为依据，在不断健全完善领导干部学法用法、“以案说法”制度的基础上，尽快“建立法官、检察官、行政执法人员、律师等以案释法制度”，实现“以案说法”法治宣传工作的常态化、规范化、制度化。（2）创新“以案说法”载体。不断推动“以案说法”向深度和广度拓展、延伸，使之发挥更大作用。联合“法律七进”牵头单位继续推动开展“每一进”“以案说法”法治宣传活动，确保进得去、留得住、有实效。依托中央省级新闻媒体开展“以案说法”，以此推进“以案说法”活动实现常态化。（3）丰富“以案说法”内容。结合党的十八届四中全会精神，进一步丰富完善“以案说法”内容，从立足全省法治宣传实际，满足不同普法对象学法需要出发，精心筛选“以案说法”内容，力求形式新颖，内容充实，使“以案说法”内容紧跟形势发展要求，更接地气、增实效，兼备时代特色和地方特点。（4）优化

“以案说法”工作机制。发挥司法行政部门和各级普法机构的主导牵引作用，有效整合各方力量和资源，充分调动各级党委、政府和省有关部门的积极性、主动性，相互配合、协调联动，优化“以案说法”协调机制和整体联动机制，形成强大工作合力，不断建立健全“以案说法”长效机制。[①]

（三）提高司法公信力，加强中国特色社会主义司法文化建设

维护社会的公平正义是法治的神圣使命，是法治文化的核心价值。司法机关是保护公民权利和自由的最后守护者，这在世界范围内已形成共识。[②] 司法本身的特殊职能决定了它不仅是直接关系依法治国实施好坏的重要环节，也决定了它是检验社会秩序公正与否的直接窗口和关键性标志。然而，遗憾的是，我国的司法机关在处理案件的时候经常受到立法部门、行政部门等组织和部分领导干部的干涉，而他们也缺乏宪法规定的独立的经济保障，司法机关工作人员的职务升降、福利都缺少宪法的保护，容易使司法机关受制于人，所以有些时候他们并没有能够很好地履行自己的职责。为了使中国的司法机关真正发挥其应有的作用，有效地保护公民的合法权益，解决社会各种纠纷，应当把培育公平正义的司法法治文化作为培育中国特色社会主义法治文化的一个突出着力点。为此，建议：（1）注重对司法机关工作人员的教育，让他们珍惜自己的权力，认真严格地依据宪法和法律的授权行使自己的职权；（2）深入有序地加快推进司法体制改革，革除不利于司法公正的体制和机制障碍；（3）以宪法第 126 条中“人民法院依照法律规定独立行使审判权”的规定为中心，通过集中学习、进修等形式对立法机关、行政机关、政党等社会团体工作人员以及领导干部进行宣传教育，让他们自觉主动地不再

---

① 刘伯林：《深入推进领导干部及公职人员法治宣传教育创新发展》，载《中国司法》2015 年第 1 期。

② 喻海龙、刘淑君、刘玉萍：《司法独立的宪法视角探究》，载《长春理工大学学报（社会科学版）》2015 年第 9 期。

非法干涉司法机关依法独立行使职权；（4）继续实施对司法腐败强而有力的监督，坚决查处影响司法公正的事件和人员；（5）对广大公民继续进行宣传教育，让他们明白司法机关解决争端是最合理、最有效的方法，司法机关是保护他们权益的最后“卫士”；（6）大力表彰和树立体现优秀司法法治文化的法官、检察官、律师等行业先进模范，以提升中国司法法治文化的鲜活影响力和公信力。[①] 总之，要通过各种形式和渠道在全社会营造一种尊重司法的文化氛围。

（四）加强中国特色社会主义守法文化建设

公民是现代社会人们一种最具普遍性的社会角色和法律身份，这种身份已经截然不同于过去专制体制下的那种“臣民”“子民”或“愚民”“草民”“顺民”，公民是社会的主体和国家的主人。随着人类社会现代化程度的不断提高，现代公民概念中的现代性内涵也在不断地被丰富和提升。其中，作为现代社会的合格公民必须具有适应现代社会民主法治生活的良好法治文化和法律素质。同时，由于公民角色身份具有囊括吸纳各类群体对象如党政官员、司法人员、普通民众、广大网民等的高度涵盖性，因此，培育公民法治文化也就具有了普遍性和统摄性的重要地位。法治国家的典型特征就是整个国家形成了良好的守法文化，人人自觉主动地遵守法律。而目前中国法治进程中最突出的一个问题就是广大群众的法律意识不够，不会自觉地遵守法律。具有中国特色的社会主义守法文化的建设可以妥善解决这一问题。中国特色的守法文化建设要以宪法第5条第四款追究所有违法行为的规定为中心，努力在全国营造尊重法律、遵守法律的守法文化氛围。守法文化不是仅仅遵守法律的文化，更是知法、懂法、用法和守法的文化，即守法文化不仅包括自己守法的文化还包括促使他人守法的文化。[②] 不知法、不懂法就不会明白法律的作用和意义，就难以主动地遵守法律，而且在别人不守法、侵犯自

① 孙育玮：《中国特色社会主义法治文化的理论与实践》，载《学习与探索》2014年第4期。

② 孙育玮：《中国特色社会主义法治文化的理论与实践》，载《学习与探索》2014年第4期。

己的合法权益时也不会想到利用法律武器保护自己的权益，为自己的利益服务。

我国政府应当加大宣传教育力度，继续循序务实地抓好全民“法治宣传教育工程”，综合运用报纸、书刊、电台、电视台、互联网站等各类载体加强对国家机关工作人员和普通公民守法文化的宣传教育，尤其要重视在“国家宪法日”等法律色彩较为浓厚的时间积极开展面向社会所有成员的守法文化宣传教育活动。十八届四中全会的《决定》把每年的12月4日确定为“国家宪法日”，明确要求通过“国家宪法日”这个契机“在全社会普遍开展宪法教育，弘扬宪法精神”，强化民众对以宪法为核心的法律的尊重和信仰。在每年12月4日的“国家宪法日”、3月15日的“消费者权益保护日”等具有鲜明法律特色的日子，中央各部门、各级地方人民政府、各个学校、各个企事业单位都应当组织人员开展各种形式的学习法律法规的活动，培养尊重法律和利用法律的意识。此外，还应当组织法治意识较高、法律素养较好的人员走上街头对广大群众展开守法文化的宣传教育，用法律的手段帮群众解决生活中的实际问题，提升整个社会对法治的信仰，让法律真正深入到人们的生活中、思想中。再者，应当更加重视和发挥好“CCTV年度法治人物”评选活动的重要作用。从2001年起，历经16年的成长，这一活动已经成为中央电视台乃至中国普法宣传节目的第一品牌，与中央电视台《感动中国》年度人物评选活动一起成为引领中国社会风尚、弘扬民族精神、提升公民素质的两大最具影响力的活动载体。

基于公民法治文化的重要地位，我们始终应当把公民法治文化的培育作为中国特色社会主义法治文化建设的着眼点和落脚点。只有不断地完善以宪法为核心的守法文化的宣传教育，并让法律解决人们生活中的实际问题，制裁不守法的人和行为，法律才会赢得人民的认可和信赖。一旦中国公民在整体法治文化和法律素质上拥有了一个质的飞越和明显的提升，特别是当他们把这种文化与素质积淀为我们民族的传统和风俗的实践方式与行为习惯时，其释放的能量将是无比巨大的，我们建设法治国家的目标就能真正实现。

（五）繁荣互联网＋法治文学、艺术、影视创作，营造崇尚法治的氛围

建设中国特色社会主义法治文化，重在全社会的共同参与。法治文学、艺术、影视是中国特色社会主义法治文化的重要表现形式。这种表现形式涉及道德与法律，情感与法律等方方面面，是理性与感性、刚性与柔性的统一，更能适应普通人的审美观念和精神需求。因此，法治文学、艺术、影视对人们的法治意识形成、法治理念确立、法治行为方式培养起着感染、引导和教化的特殊作用。丰富法治文学、艺术、影视作品的创作必然推动法治文化的繁荣和发展。法治文学、艺术、影视创作包括法治文学艺术、剧本、歌词、音乐、电影、电视等内容，涉及人们精神生活的方方面面，关系到人的素质和修养的提升。因此，繁荣我国法治文学、艺术、影视创作，要根据中国特色社会主义发展的时代要求，坚持以人为本、为社会主义服务的方向和“百花齐放、推陈出新、洋为中用、古为今用”的方针，鼓励、引导、支持广大的法治文学、艺术、影视创作者，贴近实际，贴近生活，贴近群众，努力创造出更多的反映社会主义法治实践活动和人民群众法治生活的优秀作品。要拓宽创作渠道，扩大创作队伍，重视发挥执法机关和专业文化影视团体、业余文艺团体、各级文化馆站的作用，积极开展法治题材的文学、艺术、影视作品的创作，以丰富生动、群众喜闻乐见的方式吸引人、感染人、教育人，将那些鲜活的法治事例展现在大众面前，并以此加强法治理念、法治精神、法治原则的宣传，提升广大公民的法治文化素养，形成全社会普遍关注法治的良好氛围。

网络空间是现实社会的延伸。随着互联网的快速发展，网络媒体已经越来越强烈地影响着我们的社会和生活。网络媒体在带给我们高效、便利的知识信息和丰富多彩精神生活的同时，也带来了诸如网络淫秽、网络欺诈和网络谣言等负面的东西，严重地影响了社会秩序，破坏了社

会的和谐。因此，如何以鲜明的网络法治文化去占领这块崭新领域、营造一个健康有序的网络环境，是培育中国特色社会主义法治文化的一个极为现实而紧迫的课题。为此建议：(1)实施网络法治文化文艺创作传播计划，推动网络文学、网络音乐、网络剧、微电影等传承发展中华优秀法律传统文化和当代法治文化建设；(2)加快完善网络空间的相关立法，提供清晰、严密、可操作的法治规范，以规制人们的网络行为；(3)重拳出击，及时打击网络媒体领域的违法和犯罪(近几年国家公安和司法机关快速行动侦破并处理了几起典型案件予以公开报道，在社会上引起强烈反响)；(4)调动社会力量，营造培育网络法治文化和建设网络法治文明的良好氛围。① 中国互联网大会 2013 年 8 月 10 日率先发出“坚守互联网七条底线(法律法规底线、社会主义制度底线、国家利益底线、公民合法权益底线、社会公共秩序底线、道德风尚底线、信息真实性底线)”的倡议就很好，已经引起了广泛响应。

云南省大理白族自治州弥渡县弘扬社会法治精神、营造人人讲法氛围的实践，颇受欢迎，效果良好，值得广泛借鉴。② 弥渡县利用群众喜闻乐见的传统花灯艺术、新兴媒体，创新法治宣传教育载体，形象生动地传播社会主义法治理念和法律知识，弘扬法治精神，营造人人讲法、个个守法，崇尚法律、依法办事的法治氛围。

弥渡县被誉为“花灯艺术之乡”，有着浓厚的文化底蕴和丰富的民族文化资源。弥渡县挖掘、开发和利用人文资源，创作演出具有民族特色的法治文艺作品。弥渡县人民法院排练表演音乐情景剧《阳光司法进彝乡》，把法律知识送到山乡。弥渡县司法局将法治文化与传统花灯文化、彝族打歌有机结合，编演花灯歌舞《弥川处处普法歌》《人民调解建和谐》《弱势群体法援助》《社区矫正谱新篇》，自创花灯法治小戏《孙所长普法》，展示了战斗在基层一线的司法行政干警热心为民的风采。牛街彝族乡把法律知识选编成彝族打歌小调，广泛传唱，让法律知识家喻户晓。

---

① 孙育玮：《中国特色社会主义法治文化的理论与实践》，载《学习与探索》2014 年第 4 期。

② 杨宋：《弥渡县创新法治宣传教育载体受欢迎》，载《大理日报(汉)》2015 年 9 月 22 日。

密祉镇弘扬花灯文化，在每年花灯艺术节向观众表演法治花灯剧、花灯小戏。弥渡县地税局表演“唱花灯，讲税法”节目，向纳税人宣传税法。

弥渡县公安局、县人民检察院先后在新浪、腾讯等网站开通《弥渡警方》《弥渡检察》等官方微博，发布警务、检务信息，开展舆论引导和微博宣传活动，畅通网民问政渠道，提升运用新媒体与社会沟通的能力。税务部门充分利用税企 QQ 群、微信、短信等宣传法律法规。弥渡县委、政法委进一步完善宣传工作考核机制，发挥网络新媒体宣传阵地作用，建好、管好、用好政法综治维稳工作门户网站——“弥渡县长安网”。在交通主干线和人员密集的公共场所制作 5 块大型广告牌、悬挂 500 多块宣传牌，在祥临公路、果河公路等重要交通道路悬挂法治宣传牌，在 8 个乡镇建设法治宣传集市，在天生桥、铁柱庙景区悬挂宣传标语，打造法治文化宣传阵地。

第九讲

社会主义核心价值观融入法治建设

2016 年 10 月 11 日，中央全面深化改革领导小组第二十八次会议审议通过了《关于进一步把社会主义核心价值观融入法治建设的指导意见》（以下简称《意见》），首次明确提出社会主义核心价值观融入法治建设的总体要求和基本思路，这是推进核心价值观建设和法治建设的重要举措，也是实现国家治理体系和治理能力现代化的重要创举，体现了党和国家将德治与法治相结合，推进社会主义现代化建设的坚定信心和成熟思考。

一、社会主义核心价值观融入法治建设的意义

价值观是指社会成员对客观事物及对本人或他人行为结果的意义、效果和重要性的总体看法，也是社会成员认定事物、辨别是非、采取决定和行动的原则、标准或方向。核心价值观是指在社会生活中居于主导地位、引领社会价值走向的价值观，是全社会最大的"公约数"。

任何国家，任何社会，均存在一定符合时代特色的核心价值观，通过树立和弘扬核心价值观，在社会中树立价值标杆，凝聚国民共识，引领道德风尚，凝魂聚气，强基固本。习近平总书记 2014 年 5 月 4 日在北京大学师生座谈会上的讲话指出："核心价值观，承载着一个民族、一个

国家的精神追求，体现着一个社会评判是非曲直的价值标准。”“核心价值观是一个民族赖以维系的精神纽带，是一个国家共同的思想道德基础。如果没有共同的核心价值观，一个民族、一个国家就会魂无定所、行无依归。”①

党的十八大报告指出，社会主义核心价值体系是兴国之魂，决定着中国特色社会主义发展方向，倡导富强、民主、文明、和谐，倡导自由、平等、公正、法治，倡导爱国、敬业、诚信、友善，积极培育和践行社会主义核心价值观。《意见》进一步阐明了社会主义核心价值观的不同层面及其意义：富强、民主、文明、和谐是国家层面的价值目标，自由、平等、公正、法治是社会层面的价值取向，爱国、敬业、诚信、友善是公民个人层面的价值准则，这 24 个字是社会主义核心价值观的基本内容。

社会主义核心价值观，回答了我们要建设什么样的国家、建设什么样的社会、培育什么样的公民的重大问题，它“不仅是与中华优秀传统文化和人类文明优秀成果相承接的价值目标、价值取向、价值准则，更是党领导和团结全国各族人民坚持走社会主义道路，建设中国特色社会主义，实现中华民族伟大复兴的中国梦的国家格言和时代精神”，② 最大限度凝聚了当前社会我国各阶层民众在价值目标取向上的共识与追求。积极培育和践行社会主义核心价值观，对于巩固马克思主义在意识形态领域的指导地位、巩固全党全国人民团结奋斗的共同思想基础，对于促进人的全面发展、引领社会全面进步，对于集聚全面建成小康社会、实现中华民族伟大复兴中国梦的强大正能量，具有重要现实意义和深远历史意义。

法治，指以民主为前提和目标，以依法办事为核心，以制约权力为

---

① 习近平：《在文艺工作座谈会上的讲话》，载《人民日报》2014 年 10 月 15 日。

② 冯玉军：《习总书记为何强调“用法律推动核心价值观建设”》，载《人民论坛》2017 年第 12 期。

关键的社会治理模式、社会秩序状态及社会信仰与文化。[①] 依法治国，是坚持和发展中国特色社会主义的本质要求和重要保障，对于实现国家治理体系和治理能力现代化、保障公民与社会组织合法权益、维护社会和经济秩序，意义十分重大，事关我们党执政兴国，事关人民幸福安康，事关党和国家长治久安。党的十八届四中全会《中共中央关于全面推进依法治国若干重大问题的决定》指出，全面推进依法治国，总目标是建设中国特色社会主义法治体系，建设社会主义法治国家。这就是，在中国共产党领导下，坚持中国特色社会主义制度，贯彻中国特色社会主义法治理论，形成完备的法律规范体系、高效的法治实施体系、严密的法治监督体系、有力的法治保障体系，形成完善的党内法规体系，坚持依法治国、依法执政、依法行政共同推进，坚持法治国家、法治政府、法治社会一体建设，实现科学立法、严格执法、公正司法、全民守法，促进国家治理体系和治理能力现代化。

将社会主义核心价值观融入法治建设，是法治建设的本来之义，也是社会主义核心价值观的基本保障和必然归宿。

(一)社会主义核心价值观是法治建设的灵魂

1. 社会主义核心价值观是法治建设的思想基础

党的十八届四中全会指出，法治建设应坚持党的领导、人民当家作主、依法治国有机统一，依法维护人民权益、维护社会公平正义，这充分阐明了法治建设的人民性本质，要求中国特色社会主义法治建设必须立足于人民根本利益，立法、执法、司法过程均必须体现人民的意志，反映人民的呼声。而社会主义核心价值观是民族精神、世界先进文明成果与时代精神的完美融合，最大限度地凝聚了当前我国社会各阶层人民在价值目标与价值取向上的共识，体现了全体人民的共同利益和意志，代表了中国特色社会主义的主流价值，是全体人民团结奋斗的共同思想

① 张文显主编:《法理学》,高教出版社、北京大学出版社 2007 年版,第 395 页。王贤卿:《努力把社会主义核心价值观融入法治建设》,载《求是》2017 年第 7 期。

道德基础，回答了“我们为什么要建设法治，要建设什么样的法治、要坚持什么样的法治发展方向和发展道路等法治建设中的根本问题，”[①] 因此，作为人民利益和意志体现的社会主义核心价值观，为社会主义法治建设的奠定了思想基础。

2. 社会主义核心价值观是社会主义法治建设的价值内核与精神内涵

“法律制度从来不是规则的机械组合，而是借由价值凝聚而成的法律规范的体系化存在。”[②] 社会主义核心价值观作为全体人民的共同意志和中国特色社会主义的主流价值，成为社会主义法治建设的价值内核与精神内涵，引领和统率法治建设。理由在于：

（1）国家层面的价值目标，是社会主义法治建设的理想和追求。“富强、民主、文明、和谐”作为国家层面的价值目标，是指引全国人民为实现“两个一百年”奋斗目标、实现中华民族伟大复兴的中国梦崇高理想而团结奋斗的价值导向和精神支柱，法治建设作为“五位一体”“四个全面”总体布局的重要领域，其根本任务是为实现上述奋斗目标和崇高理想提供有力法治保障，这要求法治建设必须以国家层面的价值目标作为引领和统率，并以国家层面的价值观作为最高理想和追求。[③]

（2）社会层面的价值取向，是社会主义法治建设的价值指引和皈依。“自由、平等、公正、法治”作为社会层面的价值取向，深刻揭示了社会治理的目标和需求，而法治作为一种社会管理机制，是社会治理的重要手段，只有以“自由、平等、公正、法治”作为推动社会治理合理化、规范化的最高准则，才能实现既有自由又有秩序、既弘扬集体意志又尊重个人价值的理想法治状态。

（3）个人层面的价值取向，是社会主义法治建设的伦理基础和道德

① 刘旺洪：《社会主义核心价值观是中国特色社会主义法治的灵魂》，载《红旗文稿》2017 年第 3 期。

② 梁迎修：《培育和践行社会主义核心价值观的法治路径》，载《人民日报》2017 年 3 月 2 日。

③ 刘旺洪：《社会主义核心价值观是中国特色社会主义法治的灵魂》，载《红旗文稿》2017 年第 3 期。

支撑。“爱国、敬业、诚信、友善”作为个人层面的价值准则，是社会主义现代化建设对个人道德水准提出的基本规范和基本要求。中国特色社会主义法治道路的鲜明特点，是坚持依法治国和以德治国相结合，强调法治和德治两手抓、两手都要硬。而坚持依法治国和以德治国相结合，必须以社会主流的道德观作为法治建设的指引，重视发挥道德的教化作用，在法治的各个环节充分考虑道德因素，使法治不偏离道德主流，从而提高全社会文明程度，为全面依法治国创造良好的人文环境。社会主义核心价值观所包含的个人层面的价值准则，是中华民族传统美德在当代社会的延续和改良，与“两个一百年”奋斗目标、实现中华民族伟大复兴的中国梦崇高理想高度契合，“为中国特色社会主义法治建设和法律的高效实施提供了基本价值准则，奠定了伦理价值基础和道德观念支撑。”①

（二）社会主义核心价值观融入法治建设是提升国家治理能力的必然要求

习近平总书记指出：“法律是成文的道德，道德是内心的法律。法律和道德都具有规范社会行为、调节社会关系、维护社会秩序的作用，在国家治理中都有其地位和功能。法安天下，德润人心。法律有效实施有赖于道德支持，道德践行也离不开法律约束。法治和德治不可分离、不可偏废，国家治理需要法律和道德协同发力。”② 在推进国家治理体系和治理能力现代化的历史进程中，必须坚持依法治国和以德治国相结合，共同发挥法律和道德的作用——既重视发挥法律的规范作用，又重视发挥道德的教化作用，法治和德治相互补充、相互促进、相得益彰。一方面，社会主义核心价值观为国家治理体系和治理能力现代化，提供了强

---

① 刘旺洪：《社会主义核心价值观是中国特色社会主义法治的灵魂》，载《红旗文稿》2017 年第 3 期。

②《习近平在中共中央政治局第三十七次集体学习时强调坚持依法治国和以德治国相结合 推进国家治理体系和治理能力现代化》，载《人民日报》2016 年 12 月 11 日。

大的精神动力和思想保障，大力弘扬核心价值观，有效整合社会意识形态，是社会系统得以正常运转、社会秩序得以有效维护的重要途径，也是国家治理体系和治理能力的重要领域。另一方面，依法治国是党领导人民治理国家的基本方略，法治引领社会健康有序发展，保障人民的各项合法权利，约束公权力的合法合规履行，是维护社会稳定和人民合法权益的“定海神针”。只有确立适应实践发展要求的体制机制、法律法规，使各方面制度更加科学、完善，实现党、国家、社会各项事务治理制度化、规范化、程序化。同时，增强按制度办事、依法办事意识，善于运用制度和法律治理国家，把各方面制度优势转化为管理国家的效能，才能实现国家治理体系和治理能力的现代化。

（三）社会主义核心价值观融入法治建设是实现社会转型的必然选择

现阶段，我国已经进入改革攻坚期和深水区，处于农业社会向工业社会、传统社会向现代社会、计划经济体制向市场经济转换的转型期，经济发展面临一系列重大结构性问题，经济转型压力增大，经济体制深刻变革，社会结构深刻变动，利益格局深刻调整，思想观念深刻变化，各种困难和挑战叠加，社会矛盾凸现，城乡居民利益诉求明显增强，群体性事件易发多发，而现行法律、政策对推动核心价值观建设“保障不力、支持不足”，二者存在脱节现象，导致核心价值观缺乏应有的引导性、激励性和约束性，[①] 在此背景下，社会上出现了一系列漠视法律和道德的失范现象，一些社会成员人生观、价值观扭曲，是非、善恶、美丑界限混淆，拜金主义、享乐主义、极端利己主义有所滋长，缺乏尊法信法守法用法意识，存在信用缺失、欺诈造假、见利忘义、损人利己、见死不救等消极行为。一些国家工作人员特别是领导干部依法办事观念不强，知法犯法、以言代法、以权压法、徇私枉法，这些失范现象严重损害了公众利益，腐蚀了社会风气，影响十分恶劣。而上述失范现象已经逐渐演变为影响社会发展的全局性问

① 冯玉军：《把社会主义核心价值观融入法治建设》，载《法制日报》2017 年 2 月 22 日。

题，而不仅仅是道德问题或法律问题。[1] 上述问题的解决，也无法通过单纯的道德途径或法律途径，只有将社会主义核心价值观融入法治的各个环节之中，通过道德教育、将道德规则植入法律、建立新的道德调节机制、发挥法律对失范行为的惩戒作用等综合性手段，既重视发挥法律的规范作用，又重视发挥道德的教化作用，才能克服社会转型时期意识形态领域的混乱状态，使核心价值观成为人们内心的信仰和自觉遵守的行为规则，从而消除上述违背道德和法律的失范现象，进而维护社会稳定，促进社会发展，顺利实现社会转型。

（四）社会主义核心价值观融入法治建设是培育社会主义核心价值观、弘扬社会正气的必然要求

道德由人民长期的生活习惯转化而来，主要依靠社会舆论和人们内心的信念良知来遵守，是“软性”的社会规范，只有融入法治建设中，获得法律的规范与保障，道德观念才能获得长久的生命力，才能更好地在人们的内心中落地生根。习近平总书记指出：“要把道德要求贯彻到法治建设中，以法治承载道德理念，道德才有可靠制度支撑。”[2] 具体而言，在立法活动中，树立鲜明道德导向，将核心价值观以法律、法规的形式固定下来，成为“硬性”的社会规范，实现核心价值观的制度化、规范化。同时，在执法、司法活动中，将社会主义核心价值观贯穿到法律的实施中，使违背核心价值观的行为受到制裁、符合核心价值观的行为得到倡导和鼓励，只有这样，才能增强广大人民群众对核心价值观的认同感，使之内化于心、外化于行，才能充分发挥核心价值观在凝聚社会力量、引领社会风尚、弘扬社会正气的作用。

---

① 王贤卿：《努力把社会主义核心价值观融入法治建设》，载《求是》2017 年第 7 期。

②《习近平在中共中央政治局第三十七次集体学习时强调坚持依法治国和以德治国相结合推进国家治理体系和治理能力现代化》，载《人民日报》2016 年 12 月 11 日。

二、社会主义核心价值观融入法治建设的基本路径

根据《意见》的要求，进一步把社会主义核心价值观融入法治建设，必须坚持依法治国和以德治国相结合，把社会主义核心价值观融入法治国家、法治政府、法治社会建设全过程，融入科学立法、严格执法、公正司法、全民守法各环节，以法治体现道德理念、强化法律对道德建设的促进作用，推动社会主义核心价值观更加深入人心。

（一）推动社会主义核心价值观入法入规

正确的价值目标、价值标准和价值评价，是决定立法质量和实现立法目标的关键，是衡量法律是否为良法的依据，是实现科学立法的基础。社会主义核心价值观是全社会的价值共识和最大公约数，代表人民的意志和呼声，彰显着社会进步的方向。在立法活动中，应坚持以社会主义核心价值观为引领，坚持民主立法，恪守以民为本、立法为民理念，将社会主义核心价值观贯彻到立法的各个具体环节。具体有两方面的要求：

1. 坚持民主立法

在立法过程中，应深入群众，保持民众平等参与立法的渠道畅通，倾听群众的价值诉求，回应公众关切，凝聚人民共识和智慧，建立充分反映民意，广泛集中民智的立法机制，确保社会公众参与和监督立法的全过程，以主流民意作为立法的依据，这样才能保证核心价值观真正入法入规，提高立法质量，实现良法善治。

2. 坚持以社会主义核心价值观为立法引领

在立法过程中，应确保立法目标、思路与基本原则均符合社会主体核心价值观的要求，在具体的制度设计中，应将把社会主义核心价值观的要求体现到宪法法律、法规规章和公共政策之中，并确立对失德行为的惩戒规则，使社会主义核心价值观由柔性的道德观念，转化为具有刚性约束力的法律规定，成为全体公民的共同法律守则，尤其应积极推进社会主义市场经济法律制度、保障和改善民生、推进社会治理体系创新

方面的法律制度、互联网领域法律制度、生态文明法律制度等重点领域的立法，使法律法规更好体现国家的价值目标、社会的价值取向、公民的价值准则。同时，对于不符合社会主义核心价值观的法律、法规规章和公共政策，应及时修改或废除，以充分发挥立法的指引、宣示和约束作用，引导社会走向。①

（二）严格执法，践行社会主义核心价值观

法律的生命力在于实施，法律的权威也在于实施。严格执法，是法治建设的核心环节，是核心价值观入法入规后能否在现实生活中落地生根的关键，再好的法律若得不到执行，则与废纸无异。严格执法，应将执法实践与社会主义核心价值观紧密结合，践行社会主义核心价值观，具体应把握以下环节：

1. 坚持依法履行职责

（1）全面履行职责。行政机关的权力必须来自法律的明确授予，其行使职责必须严格依据法律规定的权限，坚持法定职责必须为、法无授权不可为，勇于负责、敢于担当，坚决纠正不作为、乱作为，坚决克服懒政、怠政，坚决惩处失职、渎职。行政机关不得法外设定权力，没有法律法规依据不得作出减损公民、法人和其他组织合法权益或者增加其义务的决定，应推行政府权力清单制度，坚决消除权力设租寻租空间，以法治思维统领执法行为，严守公权力的边界。

（2）严肃执法。行政机关应严格按照法律规定的程序和内容履行职责，使法律的宗旨和内容在现实生活中不折不扣地得到实现，坚守法律的底线，体现法律的威严。

（3）坚决维护人民群众合法权益。行政执法中应健全利益表达、利益协调、利益保护机制，加大食品药品、安全生产、环境保护、劳动保障、医疗卫生、商贸服务等关系群众切身利益的重点领域执法力度。

---

① 马怀德、孔祥稳：《把社会主义核心价值观融入法治政府建设全过程》，载《光明日报》2017 年 2 月 24 日。

2. 坚持公正执法

行政机关应牢固树立法律面前人人平等的观念，坚持秉公执法，公平公正、不偏不倚，不允许任何人有超越于法律之上的特权，杜绝关系执法、人情执法。

3. 坚持尊重和保障人权理念

行政机关在执法过程中，应坚持尊重和保障人权理念，坚持以人为本，文明执法。应充分尊重自然人和法人的合法权益，准确把握适用裁量标准，实现管理与服务相统一、执法要求与执法形式相统一、执法效果与社会效果相统一，应善于把握引导社会心态和群众情绪，综合运用法律、经济、行政等手段和教育、调解、疏导等办法，融法律精神与社会主义核心价值观于一体，引导和支持人们合理合法表达利益诉求，善于用法律精神化解社会矛盾。

（三）公正司法，彰显社会主义核心价值观

司法是维护社会公平正义的最后一道防线，司法公正是现代社会政治民主、进步的重要标志，也是国家经济发展和社会稳定的重要基础，司法公正对社会公正具有重要引领作用。司法过程中，司法机关必须以社会主义核心价值观为价值追求，把公正理念作为一切司法活动的价值信仰、生活方式和行为准则，使公正成为司法的本质和灵魂，用司法公正引领社会公正。具体而言，应遵循以下思路：

1. 提高司法公信力

坚持以事实为依据、以法律为准绳，严格依照事实和法律办案，确保办案过程符合程序公正、办案结果符合实体公正，让司法活动在阳光下运行。在缺乏明确法律依据的疑难案件中，司法人员不得滥用自由裁量权、依据自身的价值观恣意判断，而应依据体现社会共识和人民意志的社会主义核心价值观进行价值判断，并依此作出裁决，确保社会主义核心价值观在司法环节得到实现，[①] 让人民群众在每一个司法案件中都感

① 梁迎修：《培育和践行社会主义核心价值观的法治路径》，载《人民日报》2017年3月2日。

受到公平正义，用公正司法培育和弘扬社会主义核心价值观，推动社会主义核心价值观深入人心。

2. 加强民生领域的司法保障

加强弱势群体合法权益司法保护，加大涉民生案件查办工作力度，通过具体案件的办理，推动形成良好的社会关系和社会氛围。

3. 保障人民群众广泛参与司法

坚持人民司法为人民，依靠人民推进公正司法，通过公正司法维护人民权益。在司法调解、司法听证、涉诉信访等司法活动中保障人民群众参与。

（四）全民守法，弘扬社会主义核心价值观

促进全民守法，培育根植于全民心中的法治精神，是建设法治国家的基础，是维护社会稳定、促进社会和谐的保证，也是社会主义核心价值观建设的基本内容和重要条件。实现全民守法，须坚持法治宣传教育与法治实践相结合，建设社会主义法治文化，推动全社会树立法治意识、增强法治观念，形成守法光荣、违法可耻的社会氛围，使全体人民都成为社会主义法治的忠实崇尚者、社会主义核心价值观的自觉践行者。具体有以下要求：

1. 党员干部带头学法守法

党员干部的一言一行都会对社会公众形成示范效应，党员干部带头学法、模范守法，是全社会树立法治意识、形成良好的全民守法社会风尚的关键，如果党员干部不学法、尊法、守法，那么普通民众也将轻蔑与无视法律。因此，推进全民守法，必须发挥党员干部的带头作用，尤其应抓住领导干部这个“关键少数”。党的十八届四中全会公报中提出，要把法治建设成效作为衡量各级领导班子和领导干部工作实绩重要内容、纳入政绩考核指标体系，把能不能遵守法律、依法办事作为考察干部的重要内容。这要求党员干部，尤其是领导干部不能光重视经济发展，也必须重视法治建设，重视公平正义。实践中，党员干部应做学法的先行

者，要将学习法律知识提高到塑造党性、提升个人素养的高度来看待，将学习、更新法律知识作为日常工作的“必修课”。要建立起一套有效的依法办事的制度，一切决策必须有法律依据，并且严格按照法律程序办事。通过上述举措，提高党员干部法治思维和依法办事能力。

2. 深入开展法治宣传教育

深入开展法治宣传教育，应围绕以下任务展开：深入宣传中国特色社会主义法律体系，重点宣传与经济社会发展和人民生产生活密切相关的法律法规。在全体党员中深入开展党章和党内法规学习教育，明确基本标准，树立行为规范。坚持从青少年抓起，切实把法治教育纳入国民教育体系。健全普法宣传教育机制，实行国家机关“谁执法谁普法”的普法责任制，建立和实施法官、检察官、行政执法人员、律师等以案释法制度。把法治教育纳入文明城市、文明村镇、文明单位、文明家庭、文明校园创建活动。强化基层党组织开展法治宣传教育职责。广泛开展群众性法治文化活动，开展普法益民和公益广告宣传活动，推动法律进机关、进乡村、进社区、进学校、进企业、进单位。

3. 增强法治的道德底蕴

把法治教育与道德教育结合起来，深化社会主义核心价值观学习教育实践，深入开展社会公德、职业道德、家庭美德、个人品德教育，大力弘扬爱国主义、集体主义、社会主义思想，以道德滋养法治精神，以法治保障道德实施。

4. 加强诚信法治建设

针对社会诚信意识和信用水平偏低，履约践诺、诚实守信的社会氛围尚未形成的社会现状，应加快建立覆盖全体社会成员的征信系统，完善守信激励和失信惩戒法律机制，增强守信激励，加大失信成本，在全社会广泛形成守信光荣、失信可耻的浓厚氛围，使诚实守信成为全民的价值共识和思维习惯，形成和谐友爱的人际关系，促使经济社会发展信用环境明显改善，经济社会秩序显著好转。

三、社会主义核心价值观融入法治建设的实践——以民法总则立法为例

民法总则是民法典的开篇之作，在民法典中起统领性作用，规定民事活动必须遵循的基本原则和基本规则，统领民法典各分编。2017 年 3 月 15 日，十二届全国人大五次会议审议通过了民法总则，在民法总则的立法过程中，始终坚持社会主义核心价值观，将社会主义核心价值观融入法律制度中，弘扬中华民族传统美德，强化规则意识，增强道德约束，倡导契约精神，弘扬公序良俗。民法总则的立法过程，是社会主义核心价值观融入法治的生动实例。

（一）将社会主义核心价值观作为民法的立法宗旨

民法总则第 1 条规定："为了保护民事主体的合法权益，调整民事关系，维护社会和经济秩序，适应中国特色社会主义发展要求，弘扬社会主义核心价值观，根据宪法，制定本法。"上述规定将社会主义核心价值观作为民法总则的立法宗旨之一，由于民法总则对未来的《民法典》起统领性作用，核心价值观也构成《民法典》的重要立法宗旨。这一做法也意味着社会主义核心价值观成为整个民法的价值导向，是民法所追求的目标和理想，而非仅仅调整或辐射一个或几个民事法律制度的立法精神，所有民事法律制度均必须倡导、推行核心价值观，确保核心价值观成为民事主体的行为规范，从而使核心价值观在民事生活中得到弘扬，在现实世界中落地生根，成为民事主体内心主动追寻的信仰。

（二）将部分核心价值观列为民法基本原则

民法基本原则，指其效力贯穿于整个民事法律制度和规范之中的民法根本规则，是指导民事立法、民事司法和进行民事活动的带有普遍指导意义的基本行为准则。[①] 民法总则确立了平等、自愿、公平、诚信、

---

① 马俊驹、余延满：《民法原论》，北京：法律出版社 2007 年版，第 32 页。

公序良俗、绿色等基本原则，从不同角度对应诠释了社会主义核心价值观的内涵，使“平等”“自由”“诚信”“公正”“文明”“和谐”等核心价值观成为民事主体的基本行为准则。

1. 平等——平等原则

平等，指人们在经济、政治、文化等方面处于同等的地位，享有相同的权利。作为社会主义核心价值观的平等，是指在社会主义制度下，作为国家和社会主人的人民群众，享有平等的发展权利和平等的发展机会。平等是现代社会的基石，是实行社会主义市场经济的基本条件，是社会主义的本质特征和发展的内在要求，也是中国共产党始终不渝的奋斗目标，成为社会发展的基本价值取向。[①] 民法总则第 4 条规定：“民事主体在民事活动中的法律地位一律平等。”这一规定确立了平等原则，充分体现了平等价值观的要求和内容，该原则包含以下内容：

（1）民事主体资格（民事权利能力）平等。自然人的民事权利能力一律平等，任何自然人，无论其民族、性别、年龄、精神状态、宗教信仰和文化程度有何区别，其民事权利能力一律平等，具有平等参与民事活动的资格，任何机关或组织不得剥夺或限制自然人的民事权利能力。法人不论规模大小、经济实力雄厚与否、经营范围如何，均具有平等的民事权利能力，法人不存在大小和级别之分。自然人与法人的民事权利能力平等，自然人与法人作为民事主体，具有平等地享有民事权利能力和承担民事义务的资格。[②]

（2）在具体的民事法律关系中，当事人的地位平等。任何民事主体参与民事活动，无论其是自然人、法人或其他组织，无论其所有制性质、无论其经济实力如何，其民事法律地位一律平等，设立、变更或消灭民事法律关系时，必须平等协商。任何一方不得将自己的意志强加给对方，即使具有隶属关系的上下级单位，在民事关系中也是平等的主体，上级

① 吴憾地：《平等是现代社会的基石》，载《人民日报》2014 年 4 月 1 日；张晖：《关于社会主义核心价值观平等内涵的思考》，载《思想理论教育导刊》，2015 年第 10 期。

② 马俊驹、余延满：《民法原论》，北京：法律出版社 2007 年版，第 34—35 页。

单位不得因享有行政权力而凌驾于下级单位之上。即使是国家作为民事主体参与民事活动，也与其他民事主体处于平等的地位。[①]

（3）民事主体的合法权益受法律保护。任何民事主体的合法权益受到非法侵害时，法律均应给予平等的保护和救济，任何主体均不能比其他主体享有更多的保护。

2. 自由——自愿原则

自由，一般指自主自立、不受强制、自由选择的一种状态。作为社会主义核心价值观的自由，是指公民在法律规定的范围内，自己的意志活动有不受限制的权利。这种自由以马克思主义为理论依据，以实践为基础，立足于集体或共同体，与经济社会发展相联系，以人的全面发展为中心，是全体社会成员真正能够享有的人民自由。[②] 自由在社会层面核心价值观中位列第一，统领着社会平等、公正和法治。作为社会主义核心价值观的自由，不仅体现了中国共产党对马克思主义自由观的继承和创新，体现了中国共产党作为执政党高度的理论自觉，也体现着中国特色社会主义共同理想的现实诉求。[③]

民法总则通过自愿原则，体现了自由价值观的要求。民法总则第5条规定："民事主体从事民事活动，应当遵循自愿原则，按照自己的意思设立、变更、终止民事法律关系。"自愿原则包含以下内容：

（1）民事主体在民事活动中享有自主决定权。民事主体在民事活动中享有充分的表达和实现其意愿的自由，这种自由包括：民事主体有权决定是否从事民事法律行为，有权选择民事法律行为的相对人、具体内容与形式，有权约定发生纠纷后的解决方式。任何人不得强迫、干预、禁止他人参与民事活动。[④]

---

① 马俊驹、余延满：《民法原论》，北京：法律出版社2007年版，第34—35页；王利明、杨立新、王轶、程啸：《民法学》，北京：法律出版社2011年版，第13页。

② 徐能毅：《如何认识社会主义核心价值观中的"自由"》，载《红旗文稿》2015年第2期。

③ 贺新：《自由：社会主义核心价值观的本质要求》，载《河南日报》2014年4月2日。

④ 张新宝：《中华人民共和国民法总则释义》，北京：中国人民大学出版社2017年版，第10页。

（2）认可民事主体依法设立的民事法律行为的效力。民事主体依法设立的民事法律行为具有法律约束力，非依法律规定或取得对方同意，不得擅自变更和解除，这意味着民事主体对自己在自由状态下所作的选择，须承担相应的后果和责任。①

（3）意思表示的内容优先于任意性规范而发生效力。任意性规范指允许主体变更、选择适用或者排除该适用的法律规范，该规范所提供的行为模式仅具有借鉴和参考价值，当事人有权自主决定是否采用该行为模式。若当事人自愿作出的意思表示与任意性规范的内容不一致，法律须尊重当事人的意思自治，优先适用当事人意思表示的内容，只有在当事人未作出意思表示或意思表示不明的情形，方可适用任意性规范。②

在现代社会，自愿原则并不意味着民事主体享有绝对的、无限制的意思自由，民事主体的意思自由不得违反法律的强制性规定，不得违背公平、诚信、公序良俗等民法基本原则，不得损害社会利益和第三人利益。

3. 公正——公平原则

公正，即公平和正义，指每个社会成员能得到其应得的，分担其该做的，付出与所得之间保持一种比例上的平等，对待社会成员合情合理、不偏不倚。社会主义核心价值观所倡导的公正，是指以权利公正、机会公正、规则公正为主要内容的社会公平正义保障体系。公正价值观承载了古往今来千百万人梦寐以求的社会理想，是社会制度的首要价值和衡量人类社会文明程度的“试金石”，反映了中国特色社会主义的本质属性和内在要求，是社会主义法治的生命线。

民法总则将公正价值观吸纳为法律原则，确立了公平原则，民法总则第 6 条规定：“民事主体从事民事活动，应当遵循公平原则，合理确定各方的权利和义务。”公平原则的内涵为：

---

① 马俊驹、余延满：《民法原论》，北京：法律出版社 2007 年版，第 34—35 页；张新宝：《中华人民共和国民法总则释义》，北京：中国人民大学出版社 2017 年版，第 10 页。

② 马俊驹、余延满：《民法原论》，北京：法律出版社 2007 年版，第 36—37 页。

（1）权利义务的安排应公平合理，基本符合价值规律的要求。具体而言，各方民事主体享有的权利和承担的义务应基本均衡，具有对应性，不应使一方仅享有权利而另一方仅承担义务，也不应使双方的权利义务差距过于悬殊。

（2）当客观情况发生显著变化，导致维持原有民事法律关系效力可能产生严重的不公平时，民事主体有权要求变更原法律关系，以合理确定新的、与现有社会经济条件相适应的权利义务关系。①

（3）发生侵权行为后，侵权责任的安排应符合公平的理念。在适用过错责任的情形时，侵权责任的范围与形式应与侵权人的过错程度相适应。若双方当事人对损害发生均无过错，则根据实际情况，由双方分担民事责任。②

4. 诚信——诚信原则

诚信，包含诚实和守信两层含义：诚实，指待人处事真实诚恳、说老实话、办老实事、表里如一，言行一致，不弄虚作假，不隐瞒欺骗，不自欺欺人，以诚服人；守信，指讲信用，守诺言，言必行、行必果，一诺千金，以信取人。诚信是我国传统伦理对个人道德涵养的基本要求，是人们修身处世的基本品质，也是维护良好的市场经济秩序、确保社会主义市场经济健康发展的道德准则。③

我国在由计划经济向市场经济转型的过程中，道德秩序发生了失衡，原有的与计划经济相适应的道德秩序日益瓦解，新的适应市场经济发展的道德秩序尚未完全建立，一些人为满足其日益膨胀的私欲，不惜以牺牲诚信为代价谋取不正当利益。在市场领域，一些企业制假、售假、缺斤少两，发布虚假广告、随意撕毁合同、做假账、开假发票、漏税、骗

---

① 马俊驹、余延满：《民法原论》，北京：法律出版社 2007 年版，第 36—37 页；张新宝：《中华人民共和国民法总则释义》，北京：中国人民大学出版社 2017 年版，第 12—13 页。

② 马俊驹、余延满：《民法原论》，北京：法律出版社 2007 年版，第 38—39 页；王利明、杨立新、王轶、程啸：《民法学》，北京：法律出版社 2011 年版，第 14 页。

③ 涂成林：《以诚信为基础夯实核心价值观》，载《光明日报》2013 年 6 月 22 日。

税、拖欠各种规费，甚至有一些食品、药品企业，为谋取暴利，竟然置人民的生命健康于不顾，非法添加有害物质，导致无辜百姓身心伤害、家破人亡。在社会领域，一些人制作假文凭、假证书，考试作弊，恶意欠费，还有一些人专事坑蒙拐骗，谋财害命。在学术领域，一些人剽窃抄袭，欺世盗名。在政治领域，个别地方政府和公务员虚报业绩、欺下瞒上、任性决策、暗箱操作、出尔反尔、朝令夕改、不当辟谣，拖欠债务。

上述种种诚信缺失的现象，导致中国社会出现了深刻的诚信危机。在社会领域，诚信危机表现为人际关系被扭曲，社会环境被污染，人与人之间的信任度显著降低，相互间的交流和沟通变得更加困难，正常的社会交往也变得障碍重重，对他人的同情、关心和帮助也变得更加不易，致使国家、民族、社会的凝聚力逐渐降低。在经济领域，表现为经济秩序混乱，我国企业的国际竞争力下降，国家经济运行成本增加，资源配置效率降低。在政治领域，表现为政府公信力和国家声誉受损。[①]

针对上述社会转型时期出现的诚信危机，党的十八大将诚信纳入社会主义核心价值观中，并要求深入开展道德领域突出问题专项教育和治理，加强政务诚信、商务诚信、社会诚信和司法公信建设。这一举措对于促进社会的健康发展，维护经济的良性运行，保障人们的日常生活，增强国家和民族的凝聚力，意义十分重大。

我国民法总则第 7 条规定 ：“民事主体从事民事活动，应当遵循诚信原则，秉持诚实，恪守承诺。”将诚信价值观确立为民法的基本精神和价值取向，赋予诚信价值观法律约束力，为建设诚信社会、培育和发展社会主义市场经济秩序、建立社会主义新型人际关系，提供法律保障。诚信原则的内涵包括 ：

（1）民事主体在从事民事活动时，应讲诚实，如实告知交易相对方自己的相关信息，不从事欺诈行为，进行正当竞争。

（2）民事主体应善意行使权利，不得滥用权利，以损害他人和社会

---

① 涂成林 ：《以诚信为基础夯实核心价值观》，载《光明日报》2013 年 6 月 22 日。

公共利益的方式来获取私利。

（3）民事主体应信守诺言、恪守信用、遵守合同，严格依照法律规定和当事人的约定履行义务，兼顾各方利益，不得规避法律和曲解合同条款。

（4）民事主体应本着善意的精神，相互配合，保护对方的合理期待与信赖。

（5）在当事人没有约定或约定不明确时，应尊重交易习惯，善意地确定当事人的权利义务和责任。

（6）民事主体在与他人建立民事法律关系之前，或在民事法律关系结束之后，均应善意行事，以对待自身事务之注意对待对方利益。①

5. 文明——公序良俗原则

文明是人类社会发展、进步和开放的状态，是人类改造世界的积极成果的总和，包括物质文明、精神文明、政治文明、社会文明、生态文明。“文明，对于一个国家来说，意味着高度繁荣的文化、高度自觉的精神；对于一个社会来说，意味着良好的秩序、优美的环境、淳朴的风气，人与人之间诚信友善；对于每一个公民来说，意味着比较高的道德文化修养，从言谈举止到内在心灵都很美好。”② 将文明作为国家层面的价值目标，是建设中国特色社会主义现代化国家的客观要求，因为文明是社会主义的重要特征，是社会主义制度优越性的重要体现。2014 年 3 月 27 日，习近平总书记在巴黎联合国教科文组织总部演讲时指出：“实现中国梦，是物质文明和精神文明比翼双飞的发展过程。”“没有文明的继承和发展，没有文化的弘扬和繁荣，就没有中国梦的实现。”

我国民法总则第 8 条规定了守法和公序良俗原则：“民事主体从事民事活动，不得违反法律，不得违背公序良俗。”这是我国民事立法首次明

---

① 张新宝：《中华人民共和国民法总则释义》，北京：中国人民大学出版社 2017 年版，第 14—15 页；李适时主编：《中华人民共和国民法总则释义》，北京：法律出版社 2017 年版，第 26—27 页。

② 龚政文：《解说社会主义核心价值观》，载《新湘评论》2014 年第 11 期。

确规定“公序良俗”的概念。

公序良俗，指公共秩序和善良风俗。公共秩序，指与社会公共利益相关的社会秩序，包括经济秩序、政治秩序、生活秩序、文化秩序等。善良风俗，指社会成员普遍认可和遵循的良好道德准则和风俗，即社会公共道德。

公序良俗原则的内涵包括：（1）民事主体在民事活动中，在不违背法律强制性规范的前提下，可依据公共秩序的一般要求和善良风俗习惯从事法律行为。（2）法院在审理民事纠纷的过程中，只要确认民事主体所从事的法律行为的目的和内容违背公序良俗，即使法律对该行为未作明确的禁止性规定，也可判定该行为无效。①

公序良俗原则的立法理由在于：民事主体在从事民事活动中，依据自愿原则，享有充分的意志自由，民法的大多数规范亦为任意性规范，民事主体可根据自身利益和意愿，选择是否依照任意性规定进行民事活动，但这种意志自由并非没有边界，民法不仅有保障民事主体意志自由、促进意思自治的功能，同时也有维护正常的社会经济秩序和社会普遍的道德准则的职责。因此，对民事主体的意志自由有必要作出一定的限制，这种限制一般通过在民法或其他单行法中设置禁止性规范来加以实现，但民事生活复杂多变，禁止性规范不可能包罗万象、穷尽一切违反公共秩序和善良风俗的行为，所以，有必要确立公序良俗原则，为民事主体的民事行为设定一条不可逾越的底线——不得违反公共秩序和善良风俗，并规定在无相应的禁止性规定的情形下，违反公共秩序和善良风俗的行为亦为无效，以弥补禁止性规范的欠缺。②

公序良俗的内容具有一定的历史性和地域性，随着社会经济文化的演变而不断变化，某种观念或认识是否属于公序良俗，须根据特定的时

---

① 郭明瑞：《用好公序良俗原则》，载《人民日报》2016 年 3 月 28 日。

② 郭明瑞：《用好公序良俗原则》，载《人民日报》2016 年 3 月 28 日；李适时主编：《中华人民共和国民法总则释义》，北京：法律出版社 2017 年版，第 30—31 页。

代特点和地域特征来加以判断，不可一概而论。[①]

公序良俗原则虽未使用“文明”的字眼，但其以建构良好的社会秩序、以弘扬社会公德为目标，与文明价值观的内涵和目标高度契合，本质上是文明价值观的法律表达方式。通过倡导公序良俗原则，将“尊重社会秩序、遵守社会公德”确定为公民的法律义务，并赋予其强制效力，从而惩恶扬善，弘扬社会公德，维护社会秩序，促进社会主义精神文明建设，建立良好的社会风尚。[②]

6. 和谐——绿色原则

和谐，从字面含义看，为配合适当、和睦协调的意思，指不同事物之间相辅相成、互助合作、互利互惠、互促互补、共同发展的关系。作为社会主义核心价值观的和谐，指在中国特色社会主义的建设进程中，人与人、人与社会、人与自然之间良好互动、相互促进、协调发展的关系状态。

党的十六届六中全会提出了和谐社会的内容和要求：民主法治、公平正义、诚信友爱、充满活力、安定有序、人与自然和谐相处。随后，党的理论和实践进一步丰富了和谐价值观的内容，党的十七大提出把生态文明作为建设小康社会的新要求之一，党的十八大报告将和谐列入社会主义核心价值观的同时，把生态文明建设提升至与经济、政治、文化、社会四大建设并列的高度，作为建设中国特色社会主义“五位一体”的总布局之一，成为全面建成小康社会任务的重要组成部分。党的十八届五中全会提出的创新、协调、绿色、开放、共享“五大发展理念”，作为“十三五”规划建议中三个最核心的内容之一，强调必须坚持节约资源和保护环境的基本国策，坚持可持续发展，坚定走生产发展、生活富裕、生态良好的文明发展道路，加快建设资源节约型、环境友好型社会。这些历史性论述强调了建设生态文明、实现人与自然和谐的重要性，进一步丰富了和谐价值观的内涵，也为民事立法奠定了理论基础。

---

① 李适时主编：《中华人民共和国民法总则释义》，北京：法律出版社 2017 年版，第 30—31 页。

② 郭明瑞：《用好公序良俗原则》，载《人民日报》2016 年 3 月 28 日。

民法总则确立了绿色原则，第9条规定："民事主体从事民事活动，应当有利于节约资源，保护生态环境。"这是我国民事立法首次将环境保护从民事主体行使民事权利的公共义务上升为民法原则，充分体现了和谐价值观中天地人和、人与自然和谐共生的思想，呈现了党的十八大以来的新发展理念，与我国是人口大国、需要长期处理好人与资源生态的矛盾这样一个国情相适应，具有鲜明的时代特征。①

绿色原则的内涵包括：

（1）民事主体在行事民事权利、履行民事义务和民事责任的过程中，应自觉节约资源、保护环境，坚持绿色发展和可持续发展，促进生态文明建设。

（2）制定民法分则、其他法律法规及政策时，应以保护环境、节约资源作为价值和方向上的引导，充分考虑资源消耗和环境保护因素。②

（3）司法机关在审理民事纠纷过程中，应以节约资源、保护环境作为法律价值取向，并以此为依据寻找立法本意，通过法律目的解释对具体案件作出裁判。

（三）把核心价值观确立为民法制度

民法总则不仅把部分核心价值观直接确立为基本原则，还通过一些具体制度和规则，将一些核心价值观确立为民事主体的权利和义务，使核心价值观深深植根于民法制度和体系之中。

1. 爱国——保护英雄烈士人格权益

爱国是基于个人对自己祖国依赖关系的深厚情感，是调节个人与祖国关系的行为准则。爱国是一个公民起码的道德，也是中华民族标志性的优秀传统和集体精神，它同社会主义紧密结合在一起，要求人们以振

① 李适时主编：《中华人民共和国民法总则释义》，北京：法律出版社2017年版，第31—32页。

② 张新宝：《中华人民共和国民法总则释义》，北京：中国人民大学出版社2017年版，第17—18页；张新宝：《中华人民共和国民法总则释义》，北京：中国人民大学出版社2017年版，第28—29页。

兴中华为己任，促进民族团结、维护祖国统一、自觉报效祖国。

在当代中国，爱国有着特别重大的意义，爱国是实现中华民族伟大复兴的核心精神动力，是实现中国梦的基石。习近平总书记指出："实现中国梦必须弘扬中国精神，这就是以爱国主义为核心的民族精神，以改革创新为核心的时代精神。这种精神是凝心聚力的兴国之魂、强国之魄。"[①] 当代中国爱国主义的本质，是坚持爱国和爱党、爱社会主义相统一，爱国是与爱党和爱社会主义联系在一起的，具有不可分割的统一性。[②] 习近平总书记指出："祖国的命运和党的命运、社会主义的命运是密不可分的。只有坚持爱国和爱党、爱社会主义相统一，爱国主义才是鲜活的、真实的，这是当代中国爱国主义精神最重要的体现。"[③] 坚持爱国主义，须将坚持爱国情怀与世界眼光相结合，一方面必须尊重和传承中华民族历史、文化和精神。对祖国悠久历史、深厚文化、不屈不挠的民族精神的理解和接受，是人们爱国主义情感培育和发展的重要条件。另一方面，必须坚持立足民族又面向世界。要把弘扬爱国主义精神与扩大对外开放结合进来，尊重各国的历史特点、文化传统，尊重各国人民选择的发展道路，善于从不同文明中寻求智慧、汲取营养，增强中华文明生机活力。[④]

大力弘扬以爱国主义为核心的民族精神，是我国民法的历史使命，通过法律规范将爱国规定为民事主体的义务，是民法的应有之义。民法总则第 185 条确立了英雄烈士人格利益保护制度，该条规定："侵害英雄烈士等的姓名、肖像、名誉、荣誉，损害社会公共利益的，应当承担民

---

① 习近平：《在第十二届全国人民代表大会第一次会议上的讲话》，载《人民日报》2013 年 3 月 18 日。

② 刘建军：《主题·本质·特征——学习习近平总书记关于爱国主义的重要论述》，载《光明日报》2016 年 5 月 19 日。

③《习近平在中共中央政治局第二十九次集体学习时强调 大力弘扬伟大爱国主义精神为实现中国梦提供精神支柱》，载《人民日报》2015 年 12 月 31 日。

④《习近平在中共中央政治局第二十九次集体学习时强调 大力弘扬伟大爱国主义精神为实现中国梦提供精神支柱》，载《人民日报》2015 年 12 月 31 日。

事责任。”上述规定充分体现了尊崇、缅怀英烈的爱国主义精神。

（1）立法理由和过程。近年来，一些人出于哗众取宠、利益驱使等不正当目的，利用歪曲事实、诽谤抹黑、造谣中伤等方式，恶意诋毁侮辱英烈的名誉、荣誉，如对雷锋、邱少云和董存瑞等英雄烈士进行造谣诬蔑、混淆视听，损害了社会公共利益，败坏了社会风气，影响极其恶劣，但现行立法和司法实践对英雄烈士的保护并不健全，如依《最高人民法院关于确定民事侵权精神损害赔偿责任若干问题的解释》，只有死者的近亲属才有原告资格，而对于英雄烈士而言，往往由于年代较为久远，可能已无近亲属在世。同时，英雄烈士有别于一般的自然人，其已成为民族精神和国家象征的重要组成部分，侵害其人格权益，不仅伤害了其近亲属情感，更伤害了公众情感和民族精神，是对公共利益的亵渎。① 上述司法解释的规定，导致起诉主体受限，在英烈人格利益受损后，人们往往只能在道德层面对诬蔑、抹黑英雄烈士的人进行谴责，而无法对其追究法律责任。

针对上述现象，在十二届全国人大五次会议上，有代表提出应在民法总则中作出保护英烈人格利益的规定，全国人大法律委员会经研究认为，英雄和烈士是一个国家民族精神的体现，是引领社会风尚的标杆，加强对英雄烈士姓名、肖像、名誉、荣誉等的法律保护，对于促进社会尊崇英烈，扬善惩恶，弘扬社会主义核心价值观，增强国家和民族的凝聚力，维护社会公共利益，意义重大，法律委员会经研究，形成了第185条之规定，并通过全国人大立法表决，成为正式法律条文。②

（2）法条理解。第一，“英雄烈士等”的界定。英雄，在《辞海》中，意为“才能勇武过人的人、杰出的人物。”指在保卫国家、建设国家、捍卫国家的过程中作出了卓越成绩和特殊贡献，已经去世的人。烈士，则指在革命斗争、保卫祖国、建设社会主义现代化事业中，为广大人民利

① 梁利华：《全国人大代表王军：以国家名义捍卫英烈名誉》，载《检察日报》2017年4月3日。

② 李适时主编：《中华人民共和国民法总则释义》，北京：法律出版社2017年版，第379—380页。

益英勇奋斗并壮烈牺牲的人员。[①] 可见，英雄的外延大于烈士，烈士本身也是英雄，但英雄不限于烈士。

关于烈士的范围、评定主体和程序，《革命烈士褒扬条例》作出了明确的规定，其中烈士的范围为："对敌作战牺牲或对敌作战负伤后因伤死亡的；对敌作战致成残废后不久因伤口复发死亡的；在作战前线担任向导、修建工事、救护伤员、执行运输等战勤任务牺牲，或者在战区守卫重点目标牺牲的；因执行革命任务遭敌人杀害，或者被敌人俘虏、逮捕后坚贞不屈遭敌人杀害或受折磨致死的；为保卫或抢救人民生命、国家财产和集体财产壮烈牺牲的。"

关于烈士之外的英雄的范围、评定主体和程序，立法未作明确规定，对英雄的界定取决于两个因素：一方面取决于对国家、民族的贡献度，只有为争取民族独立和人民自由幸福、国家繁荣富强作出了卓越贡献，且贡献巨大的人才能成为英雄。另一方面取决于社会的认可度，只有获得社会广泛认同，成为国家和民族精神象征，可以唤起民众对国家、民族认同的人，才能称为英雄。[②]

"英雄烈士等"，意味着本条的保护范围不限于英雄烈士，其他成为国家、民族精神象征的人，如我国近现代史上的伟人、革命领袖，也在本条法律条文的保护之列。[③]

第二，损害公共利益的认定。侵害英雄烈士姓名、肖像、名誉、荣誉的行为，是否构成损害公共利益，须根据侵害行为在社会上产生消极负面影响、持续时间、对社会公众的情感的伤害程度、对社会风气的败坏程度

---

① 李适时主编：《中华人民共和国民法总则释义》，北京：法律出版社 2017 年版，第 580—581 页；中国审判理论研究会民商事专业委员会：《〈民法总则〉条文理解与司法使用》，北京：法律出版社 2017 年版，第 344 页。

② 张新宝：《中华人民共和国民法总则释义》，北京：中国人民大学出版社 2017 年版，第 402 页；陈甦主编：《民法总则评注》（下册），北京：法律出版社 2017 年版，第 1324—1325 页；房绍坤：《英雄烈士人格利益不容侵害》，载《检察日报》2017 年 4 月 25 日。

③ 张新宝：《中华人民共和国民法总则释义》，北京：中国人民大学出版社 2017 年版，第 402 页。

等因素，进行综合判断。[①]

第三，起诉主体资格。侵害英雄烈士人格的侵权责任，以损害公共利益为条件，因此，侵害英雄烈士人格的侵权诉讼属于“公诉”，应由代表社会公共利益的人民检察院作为起诉主体（原告）提起公益诉讼，自然人包括英雄烈士的近亲属均不构成适格的原告。若侵害英雄烈士人格的行为造成英雄烈士近亲属遭受精神痛苦，但未损害社会公共利益，则属于一般性的侵害人格权的行为，相关纠纷属于“私诉”，英雄烈士的近亲属可依据《最高人民法院关于确定民事侵权精神损害赔偿责任若干问题的解释》提起诉讼。[②]

第四，对英雄烈士人格利益的保护是否有时间限制。对于侵害英雄烈士人格、损害公共利益的行为，为维护公共利益和公众情感，不应限制保护的时间，即使时间久远，也应允许起诉。[③] 即对英雄烈士人格利益的保护不受诉讼时效制度的限制。

第五，对英雄烈士人格利益倾斜进行保护是否违背平等原则。民法总则专门对英雄烈士人格利益作出保护性规定，并不违背民法平等原则，因为英雄烈士生前对国家、民族的卓越贡献，其人格利益已升华为国家和民族精神，是唤起民众对国家、民族认同、凝聚国家民族力量、促进中华民族伟大复兴的重要精神动力。因此，其人格利益已不局限于其个人及近亲属的利益，而是已演变为社会公共利益，基于公共利益优先于个人利益的法律精神，对英雄烈士的姓名、名誉、肖像、荣誉进行倾斜保护，与平等原则并不矛盾。[④]

---

① 中国审判理论研究会民商事专业委员会：《〈民法总则〉条文理解与司法使用》，北京：法律出版社 2017 年版，第 344 页。

② 梁慧星：《〈民法总则〉重要条文的理解与适用》，载《四川大学学报》（哲学社会科学版），2017 年第 4 期。

③ 王利明主编：《中华人民共和国民法总则详解》（下册），北京：中国法制出版社 2017 年版，第 861 页。

④ 陈甦主编：《民法总则评注》（下册），北京：法律出版社 2017 年版，第 1327—1328 页。

2. 友善——自愿实施紧急救助致人损害免责

友善，指友好亲善的个人品格，具体表现为待人心平气和、谦敬礼让、帮扶互助、开明包容，理解、尊重他人，平等待人，与人为善。友善是公民应当具备的基本道德修养，是社会主义条件下构建和谐人际关系的基本价值准则，是凝聚社会力量、维护社会稳定、实现中国梦的伦理基础和精神条件。

近年来，由于法律供给的严重不足，一些人出于善意对他人实施帮助、救助的见义勇为行为，反而被受助者诬陷为侵权行为人，甚至被追究赔偿责任，并因此陷入难以摆脱的法律困境，其权益得不到应有的保障，出现了“好人难当”“英雄流血又流泪”的反常社会现象，如“达州三孩子扶老人被讹事件”，这导致更多的人面临他人处于紧急危难处境时，心怀疑虑，顾虑重重，担心因帮助他人而引火烧身被讹诈，从而“不敢救”“不敢扶”，甚至冷漠无视、袖手旁观、无动于衷。社会成员之间的关系日益疏远，社会道德水平下降，酿成了“小悦悦事件”这样令人痛心疾首的人间惨剧，不仅对友善价值观形成了巨大的冲击，也破坏了人们之间良好的社会关系氛围和社会秩序。

在审议民法总则（草案）的过程中，有全国人大代表提出，为了匡正社会风气，鼓励和保护见义勇为行为，提升社会道德水平，应在民法总则中规定自愿救助他人造成被救者损害的情形，免除救助人责任。全国人大法律委员会经研究，在民法总则三审稿中规定：“实施紧急救助行为造成受助人损害的，除有重大过失外，救助人不承担民事责任。”后四审稿又修改为“因自愿实施紧急救助行为造成受助人损害的，救助人不承担民事责任。但救助人因重大过失造成受助人不应有的重大损害的，承担适当的民事责任”，将救助者承担民事责任的情形限于其对受助人损害有“重大过失”，同时将其承担责任的范围限定于“适当的责任”。但有人大代表和学者提出，上述规定对救助人保护仍不够彻底，无法解除救助者的后顾之忧，在实践中也不易操作。因为救助人在实施紧急救助行为时，基于情况紧急、救助条件限制等复杂因素，不可能有足够的时间和条件去充分考虑和理性分析救助行为的合理性，若规定救助人的注意义务程度超出了紧急情况下普通人的认知能力和判断能力，将使救助人对救助后果产生疑虑和恐惧心理，救助人可能为避免承担救助的不利后果，而最终打消救助意愿，这样将造成更大的损失，不利于培育人们见义勇为、乐于助人的友善精神，建议删除要求救助人承担责任的条款。[①] 法律委员会经研究，采纳了上述意见，在通过人大表决后，形成了中国的“好人法”[②]——民法总则第 184 条："因自愿实施紧急救助行为造成受助人损害的，救助人不承担民事责任。”该条对救助人体现了应有的宽容，只要实施自愿救助行为，无论救助人是否有重大过失，均不对其救助行为造成的损失承担责任。[③] 上述“好人法”的出台，为人们的行为提供了规范和指引，对于引导公民积极向善、见义勇为，匡扶正义，塑造充满正能量的社会风气，有着十分重大的意义。

依据上述“好人法”的规定，免除救助者的法律责任，须满足以下条件：

（1）行为人出于自愿。行为人为无法定或约定救助义务的非专业人员（即善意施救者或志愿者），其出于自愿，对于处于危难境地的人主动施加援手、予以救助。专业救助人员（如正在执行职务的消防员、医护人员），具有救助的法定义务，同时具有避免因救助行为造成损害的专业知识和能力，若造成受助人遭受损害，不得适用“好人法”的规定，须承担相应的民事责任。[④]

---

① 中国审判理论研究会民商事专业委员会：《〈民法总则〉条文理解与司法使用》，北京：法律出版社 2017 年版，第 342 页。

② “好人法”，在国外法律中通常称为“好撒玛利亚人法”，是免除伤者、病人的自愿救助者等“好心人”法律责任的法律法规，立法目的在于，通过免除好心人救助行为的法律责任，打消人们救助他人时的后顾之忧，从而激励社会公众为危难者提供救助。引自：张新宝：《中华人民共和国民法总则释义》，北京：中国人民大学出版社，2017 年版，第 399 页。

③ 杨立新：《民法总则条文背后的故事与难题》，北京：法律出版社 2017 年版，第 478—479 页。

④ 李适时主编：《中华人民共和国民法总则释义》，北京：法律出版社 2017 年版，第 576—577 页。

（2）受助人处于紧急危难境地。指受助人遇到较为重大、本人难以克服的危险或困难，[①] 如在遭遇自然灾害、遭到不法侵害、突发急病、发生交通事故等情形，生命财产受到威胁，需要他人的帮助。

（3）行为人出于善意。即行为人基于救助受助人的目的、为受助人的利益而实施救助行为，其主观心理状态应为善意。[②] 若救助人故意给受助人造成损害，则其主观心理状态为恶意，产生了社会危害性，此时行为人不应获得“好人法”的庇护，须对其致受助人损害的行为承担责任。

3. 敬业——委托代理人须对其懈怠行为负责

敬业，是指对自己所从事的工作热爱、敬重、负责任的职业操守和人生态度，[③] 是对公民职业行为准则的价值评价，它要求公民忠于职守，乐业奉献，克己奉公，服务人民，服务社会。敬业是驱使人类创造物质财富和精神财富、推动社会发展进步的精神源泉，是实现集体目标、发挥个人才能的基本条件。在当代中国，敬业具有特殊的重要意义。我们的社会主义现代化事业是需要全国各族人民共同为之奋斗的伟大事业，中华民族实现伟大复兴的梦想，同样要靠13亿中国人努力创造的伟大实践。上述伟大事业、伟大实践需要汇聚来自各行各业、各种岗位无数普通人的智慧和力量，只有每个人既胸怀远大理想，又脚踏实地辛勤耕耘，从自己做起，无惧困难、无畏拼搏、无私奉献，勤奋敬业、兢兢业业、勤勤恳恳，把自己的本职工作做好，祖国的伟大事业才能实现，宏伟的中国梦才能变为现实。正是基于敬业对于社会主义事业和中国梦具有不可或缺的时代价值，社会主义核心价值观将之纳入其中。

民法总则通过委托代理制度，规定委托代理人在代理活动中懈怠不

① 张新宝：《中华人民共和国民法总则释义》，北京：中国人民大学出版社2017年版，第400页。

② 李适时主编：《中华人民共和国民法总则释义》，北京：法律出版社2017年版，第576—577页。

③ 夏文斌、徐瑞：《论敬业——社会主义核心价值观系列谈十》，载《前线》2016年第4期。

尽责的，须承担赔偿责任，使敬业价值观在民法制度中得以展现。

代理，指代理人在代理权限范围内，以被代理人的名义独立与第三人为民事法律行为，由此产生的法律效果直接归属于被代理人的一种法律制度。委托代理，是指基于被代理人的委托授权而发生的代理。[①] 代理人对于代理事务恪尽职守、尽心尽力，这不仅仅是职业道德，也是法律确立的基本义务，民法总则确立了委托代理人的勤勉义务及懈怠行为的法律责任。其具体内容为：

（1）委托代理人须对委托事务尽勤勉义务。①代理人须最大限度维护被代理人的利益。应尽力尽责、谨慎小心地实施代理行为，接受被代理人的指导和监督，及时、合理地向被代理人报告代理行为的进度，尊重被代理人的财产利益、保守被代理人的商业秘密，不接受佣金以外的经济利益。[②] ②不得自己代理。委托代理人原则上不得以被代理人的名义与自己实施民事法律行为，除非被代理人作出同意或追认。③不得双方代理。委托代理人不得以被代理人的名义与自己同时代理的其他人实施民事法律行为，除非被代理的双方作出同意或者追认。④一般应亲自从事代理行为。代理人需要转委托第三人代理的，应当取得被代理人的同意或者追认。[③]

（2）代理人对其懈怠行为所造成的损失须承担法律责任。懈怠行为，指委托代理人在代理活动中未尽勤勉义务，不履行职责或不完全履行职责，造成被代理人设立代理的目的无法实现，并给被代理人造成损害的行为。[④] 委托代理人若存在懈怠行为并造成被代理人的损失，须向被代

① 马俊驹、余延满：《民法原论》，北京：法律出版社 2007 年版，第 221—224 页。

② 江帆：《代理法律制度研究》，北京：中国法制出版社 2000 年版，第 87 页。转引自王利明主编：《中华人民共和国民法总则详解》（下册），北京：中国法制出版社 2017 年版，第 728—729 页。

③ 王利明主编：《中华人民共和国民法总则详解》（下册），北京：中国法制出版社 2017 年版，第 728—729 页。

④ 杨立新：《民法总则条文背后的故事与难题》，北京：法律出版社 2017 年版，第 418—419 页。

理人承担损害赔偿责任。

4. 诚信——失信者须承担对其不利的法律后果

诚信价值观的含义和意义，在本讲前文已作论述，此处不再赘述。民法总则不仅将诚信价值观确立为民法原则，同时将其设置为具体制度和规范，强制不讲诚信的人承担对其不利的法律后果，以保护权利人合法权益，完善社会诚信体系。这主要体现为：

（1）规定欺诈的民事行为为可撤销的民事行为。欺诈，是指一方当事人或第三人故意告知另一方当事人虚假情况，或者故意隐瞒真实情况，诱使另一方当事人作出错误意思表示的行为。欺诈违背被欺诈方真实意愿，损害其合法利益，是严重违反商业道德、违反扰乱市场秩序的行为，因此民法总则将欺诈规定为效力有欠缺的民事行为，允许被欺诈方依法撤销该行为。民法总则第 148 条规定："一方以欺诈手段，使对方在违背真实意思的情况下实施的民事法律行为，受欺诈方有权请求人民法院或者仲裁机构予以撤销。"第 149 条规定："第三人实施欺诈行为，使一方在违背真实意思的情况下实施的民事法律行为，对方知道或者应当知道该欺诈行为的，受欺诈方有权请求人民法院或者仲裁机构予以撤销。"

上述规定不仅延续了民法通则和合同法对于当事人欺诈的否定态度，而且首次将第三人欺诈列入欺诈之列，拓宽了法律对欺诈行为的约束和规制范围。当事人欺诈和第三人欺诈均违背诚信原则，均为被民法所禁止的行为，二者的区别在于：于前者，受欺诈方可主张撤销该行为；于后者，只有在受欺诈方的相对方明知第三人欺诈（恶意）的情况下，受欺诈方才能主张撤销，若受欺诈方的相对方对此不知情（善意），受欺诈方则不得主张撤销。

（2）延长普通诉讼时效期间。诉讼时效期间，是指权利人请求法院保护其民事权利的法定期间。普通诉讼时效期间，是指适用于一般民事权利的诉讼时效期间。诉讼时效制度的目的，在于督促权利人及时行使权利，维护社会经济秩序的稳定。

我国1986年制定、1987年开始施行的民法通则规定，普通诉讼时效期间为2年。随着社会经济生活的快速发展，社会交易方式与类型不断创新，权利义务关系日益复杂，2年诉讼时效期间对于权利人行使权利而言，显得过于仓促，已无法满足权利人维护自身权利的要求，短短2年的诉讼时效期间一经过，债务人即可理直气壮地拒绝履行债务，为债务人逃债提供了法律空间，助长了“老赖”逃债的嚣张气焰，这不仅与诚信价值观背道而驰，也严重危及权利人的合法权益。① 实践中，诉讼时效过短的问题不仅损害了自然人的利益，也损害银行、金融机构的利益。一方面，由于我国社会为熟人社会、人情社会，作为债权人的自然人发现权利受到侵害后，出于亲情、友情的考虑，一般不愿意走诉讼途径，只是在其他维权途径无法奏效时，才决定起诉，这样很可能已过2年的诉讼时效期间，错失主张权利的机会，酿成重大损失。② 另一方面，银行、金融机构由于业务繁多，常常无力或疏于及时提出维护权利的请求，导致大量贷款难以收回，每年因此造成的损失达数千亿元，已成为金融业不良资产的一大根源。③

同时，从境外立法看，绝大多数国家和地区的诉讼时效期间均长于我国，如意大利、瑞士、波兰、墨西哥规定为10年；日本规定债权为10年，债权或所有权之外的财产权为20年；西班牙、我国台湾地区和澳门地区均规定为15年；德国规定为3年，但允许当事人在3年至30年之间约定；荷兰、希腊的规定为20年。④

---

① 张新宝:《中华人民共和国民法总则释义》，北京:中国人民大学出版社2017年版，第400页。

② 李适时主编:《中华人民共和国民法总则释义》，北京:法律出版社2017年版，第590—591页。

③ 阿计:《〈民法总则〉:争议声中如何抉择之诉讼时效的分歧》，载《民主与法制》2016年第44期。

④ 阿计:《〈民法总则〉:争议声中如何抉择之诉讼时效的分歧》，载《民主与法制》2016年第44期；李适时主编:《中华人民共和国民法总则释义》，北京:法律出版社2017年版，第590页。

另外，随着我国综合国力的显著增强，对外贸易和投资大幅增长，在国际经贸关系中经常居于债权人地位，民法通则确立的 2 年诉讼时效的规定，也无法有效保护国际经贸关系中中方债权人的合法权益。[①]

因此，为更好地治理“老赖”，保护债权人利益，建设诚信社会，同时也为与其他国家和地区的时效制度接轨，保护国际经贸关系中中方债权人的合法权益，有必要延长诉讼时效期间。全国人大法律委员会经认真研究，顺应上述时代要求，将普通诉讼时效期间从 2 年延长为 3 年。

5. 和谐——孝老慈幼，加强保护“一老一小”利益

和谐的含义和意义，在本讲前文已有介绍，此处不再重复。

民法总则在将人与自然的和谐确立为民法基本原则——绿色原则的同时，通过完善监护制度，加强保护“一老一小”利益，弘扬孝老慈幼的优秀文化传统，促进家庭成员之间的家庭和谐，进而营造社会和谐。

（1）扩大被监护人的范围。我国已于 1999 年进入老龄化社会，根据国务院于 2017 年 2 月 28 日发布的《“十三五”国家老龄事业发展和养老体系建设规划》，预计到 2020 年，全国 60 岁以上老年人口将增加到 2.55 亿左右，占总人口比重提升到 17.8% 左右；高龄老年人将增加到 2900 万人左右，独居和空巢老年人将增加到 1.18 亿人左右。老年抚养比将提高到 28% 左右，农村实际居住人口老龄化程度可能进一步加深。随着老龄化社会的发展演变，出现了越来越多的处于无行为能力和限制行为能力状态的失智老年人，其合法权益迫切需要监护制度的保障。

依我国现行立法的规定，我国的成年被监护人的范围仅限于精神病患者和痴呆症患者，并不包括无辨识能力的老年人，换句话说，我国在失智成年人监护领域处于法律空白状态。鉴于上述情形，有必要完善监护制度，将失智老年人纳入监护范围，保护其合法权益。

我国民法总则针对我国老龄化日趋加重的状况，作出了前瞻性规定，在第 28 条确立了成年人监护制度：“无民事行为能力或者限制民

---

① 阿计：《〈民法总则〉：争议声中如何抉择之诉讼时效的分歧》，载《民主与法制》2016 年第 44 期。

事行为能力的成年人，由下列有监护能力的人按顺序担任监护人：（一）配偶；（二）父母、子女；（三）其他近亲属；（四）其他愿意担任监护人的个人或者组织，但是须经被监护人住所地的居民委员会、村民委员会或者民政部门同意。”上述规定不再将成年人监护的范围局限于精神病患者和痴呆症患者，而是拓宽至所有不能辨认或不能完全辨认自己行为的成年人，使失智老年人被纳入监护范围，为建立老年人监护制度体系奠定了基础。

（2）强化民政部门的国家监护职责。现实生活中，存在一些孤儿、孤老的现象，其父母或子女死亡或其无监护能力，又无其他近亲属，或其他近亲属也无监护能力，同时也无其他具有监护能力且愿意担任监护人的社会组织。[①] 在此情况下，上述孤儿、孤老的合法权益亟待有人进行保护。为此，民法总则第32条作了兜底性规定：“没有依法具有监护资格的人的，监护人由民政部门担任，也可以由具备履行监护职责条件的被监护人住所地的居民委员会、村民委员会担任。”上述条文的内容为：

①在无监护资格的人的情形下，由民政部门代表国家优先担任兜底的监护人。立法理由为：首先，国家有进行社会救助、社会保障、保护特殊困难群体合法权益的法定义务，并且是社会救助、社会保障、保护特殊困难群体合法权益的最后一道防线，实施对孤儿、孤老的国家监护，是国家职能的体现。其次，我国作为联合国《经济、社会和文化权利公约》和《儿童权利公约》的缔约国，承担起对孤儿、孤老的国家监护，也是一项国际义务。再次，随着国家经济、社会的发展，国家也有能力担任孤儿、孤老的监护人。国家作为监护人，有专门的经费和人员作保障，具备照顾、保护被监护人的条件。[②] 因此，在孤儿、孤老的监护人缺位时，民政部门作为代表国家行使社会保障、社会救济事务和保护特殊困

---

① 李适时主编：《中华人民共和国民法总则释义》，北京：法律出版社2017年版，第94—95页。

② 中国审判理论研究会民商事专业委员会：《〈民法总则〉条文理解与司法使用》，北京：法律出版社2017年版，第149—150页。

难人群合法权益法定职能的国家机关，应首当其冲地担任兜底的监护人，保护孤儿、孤老的合法权益，照顾其生活，同时通过看管，也避免其对他人实施侵权行为。[①]

②具备履行监护职责条件的被监护人住所地的居民委员会、村民委员会也可担任监护人。“具备履行监护职责条件”，指居委会、村委会具备了人员、经费和组织等履行监护职责的保障条件。对于无监护资格的被监护人，主要由民政部门担任兜底的监护人，具备履行监护职责条件的居委会、村委会处于次要、补充和备选的地位。[②]

（3）细化撤销监护人资格制度。近年来，多地发生父母或其他监护人虐待、遗弃、侵害被监护人合法权益的事件，有的孩子被打伤、打死或饿死，社会公众普遍认为应当撤销此类作出恶劣行为的监护人的监护权。

为有力保护被监护人利益，民法总则进一步细化了撤销监护人资格制度。第 36 条规定，监护人实施以下三种严重损害被监护人身心健康的行为，将被撤销监护权：①实施严重损害被监护人身心健康行为，如性侵害、出卖、遗弃、虐待、暴力伤害、打骂冻饿等行为。②怠于履行监护职责，或者无法履行监护职责并且拒绝将监护职责部分或者全部委托给他人，导致被监护人处于危困状态。这里的危困状态，指被监护人处于缺衣少食、疼痛无人看管等无人监管状态，经济上、物质上处于不利地位，身心健康遭受损害。③实施严重侵害被监护人合法权益的其他行为，此为兜底性规定，只要监护人的行为严重侵害了被监护人利益，即可撤销其监护资格，如胁迫、诱骗被监护人乞讨，严重影响其学习和生活，或教唆、利用被监护人实施违法犯罪行为。[③]

---

① 李适时主编：《中华人民共和国民法总则释义》，北京：法律出版社 2017 年版，第 96—97 页。

② 张新宝：《中华人民共和国民法总则释义》，北京：中国人民大学出版社 2017 年版，第 62 页。

③ 王利明主编：《中华人民共和国民法总则详解》（上册），北京：中国法制出版社 2017 年版，第 168—169 页。

第 36 条还规定了享有申请撤销权的主体为有关个人和组织，具体包括：其他依法具有监护资格的人，居民委员会、村民委员会、学校、医疗机构、妇女联合会、残疾人联合会、未成年人保护组织、依法设立的老年人组织、民政部门等。其中，民政部门处于兜底的地位，在其他个人和组织未申请撤销监护人资格时，民政部门作为社会救助和社会保障的最后一道防线，须履行请求法院撤销监护人监护资格的职能。[①]

（4）创设成年人意定监护制度。成年人意定监护，指成年人在具备民事行为能力时，提前与他人协商，订立书面协议，将自己的监护事务委托给受托人，待自己将来丧失民事行为能力时，由受托人担任监护人，并依协议履行监护职责的制度。[②] 为适应老龄化趋势、保护老年人合法权益，民法总则第 33 条首次创设了成年人意定监护制度："具有完全民事行为能力的成年人，可以与其近亲属、其他愿意担任监护人的个人或者组织事先协商，以书面形式确定自己的监护人。协商确定的监护人在该成年人丧失或者部分丧失民事行为能力时，履行监护职责。"

创设意定监护制度，主要有以下三个方面的考虑：

第一，监护人是否选择得当，直接关系到未来被监护人生活质量的高低，而老年人的智力衰退有一个渐进的过程，在其神智清醒之时，充分尊重其对监护的自我决定权，并将该自我决定权置于优先的地位，允许其自主选择未来的监护人、对自己未来丧失民事行为能力后的生活提前作出安排，这样更有利于监护关系的和谐、稳定，也更有利于保护老年人的利益。[③]

第二，随着城市化、全球化的发展，人口迁徙愈加频繁，导致老年人与子女分居的现象越来越普遍，子女无法为老人提供生活照料、医疗

---

① 李适时主编：《中华人民共和国民法总则释义》，北京：法律出版社 2017 年版，第 109—110 页。

② 王利明主编：《中华人民共和国民法总则详解》（上册），北京：中国法制出版社 2017 年版，第 152 页。

③ 陈甦主编：《民法总则评注》（上册），北京：法律出版社 2017 年版，第 236—237 页。

护理、财产保管与处理。同时，我国长期实施计划生育，许多老人只有一个孩子，一旦孩子在国外或外地工作或生活，老人将陷入无人监护的状态。[①] 因此，立法允许老人决定由“外人”安排自己丧失行为能力之后的权益，是城市化、全球化浪潮下必然的选择。

第三，即使老人与子女生活在一起，也存在与子女关系不好、子女无赡养愿望的情形，允许老人在子女之外选择监护人，不仅有利于照料老人的生活，也有利于促进家庭和睦。

总之，随着我国社会老龄化趋势的加强，过去单一的法定监护制度已无法适应保护老年人合法权益的需要，设定成年人意定监护制度是大势所趋。[②]

---

① 王利明主编:《中华人民共和国民法总则详解》(上册)，北京：中国法制出版社 2017 年版，第 152 页。

② 李适时主编:《中华人民共和国民法总则释义》，北京：法律出版社 2017 年版，第 97 页。

第十讲

坚持依法治国和以德治国相结合

坚持依法治国和以德治国相结合，是中国共产党提出的全面推进依法治国必须坚持的一项指导原则，是在新的历史条件下，全面贯彻落实依法治国方略的重要保障，是中国特色社会主义法治道路的鲜明特点。我们必须坚持一手抓法治、一手抓德治，将法治建设和德治建设紧密结合，实现法治和德治相互补充、相互促进、相得益彰，从传统治国理政经验中汲取政治智慧，与时俱进，适用时代和社会发展需要，不断提高国家治理体系和治理能力现代化水平。

一、坚持依法治国和以德治国相结合的提出及重大意义

（一）坚持依法治国和以德治国相结合的提出

自依法治国和以德治国理念提出后，一直是社会各界关注的焦点，“坚持依法治国和以德治国相结合”，是中国共产党作为执政党不断总结执政经验，在新的历史条件下，贯彻落实依法治国基本方略，坚持走中国特色社会主义法治道路，使法治和德治在国家治理中相互补充、相互促进，相得益彰，不断推进国家治理体系和治理能力现代化。

1997 年 9 月，党的十五大报告正式提出“依法治国，建设社会主义

法治国家”。1999 年通过的宪法修正案规定："中华人民共和国施行依法治国，建设社会主义法治国家。”将其作为宪法的第五条第一款，标志着治国方略的重大转变。2001 年 1 月，江泽民同志在全国宣传部长会议上，强调要坚持不懈地加强社会主义道德建设，提出“以德治国”，认为执政党要把法制建设与道德建设紧密集合起来，把依法治国与以德治国紧密结合起来。所谓“以德治国”，就是要把以马列主义、毛泽东思想、邓小平理论和“三个代表”重要思想为指导，以为人民服务为核心，以集体主义为原则，以爱祖国、爱人民、爱劳动、爱科学、爱社会主义为基本要求，以职业道德、社会公德、家庭美德、个人品德的建设为落脚点，积极建立适应社会主义市场经济发展的社会主义思想的道德体系，并使之成为全体人民普遍认同和自觉遵守的行为规范。

2002 年 11 月，党的十六大提出全面落实依法治国方略，第一次正式将“依法治国”和“以德治国”作为一个统一整体。在十六大通过的党章总章中指出："中国共产党领导人民在建设物质文明、政治文明的同时，努力建设社会主义精神文明，实行依法治国和以德治国相结合。”

2012 年 11 月，党的十八大提出，法治是治国理政的基本方式，要加快建设社会主义法治国家，全面推进依法治国。2014 年 10 月，党的十八届四中全会作出《中共中央关于全面推进依法治国若干重大问题的决定》，提出“建设中国特色社会主义法治体系，建设社会主义法治国家，必须坚持依法治国和以德治国相结合。”这是全面推进依法治国方略必须把握的一个重要基本原则，关系到中国特色社会主义事业的长远发展，是必须坚持的根本大计。依据该《决定》，国家和社会治理需要法律和道德共同发挥作用。必须坚持一手抓法治、一手抓德治，大力弘扬社会主义核心价值观，弘扬中华传统美德，培养社会公德、职业道德、家庭美德、个人品德，既发挥法律的规范作用，又重视发挥道德的教化作用，以法治体现道德理念、强化法律对道德建设的促进作用，以道德滋养法治精神、强化道德对法治文化的支撑作用，实现法律和道德相辅相成，法治和德治相得益彰。

2016 年 12 月，习近平总书记主持中央政治局第三十七次集体学习时强调，法律是准绳，任何时候都必须遵循；道德是基石，任何时候都不可忽视。他指出，在新的历史条件下，我们要把依法治国基本方略、依法执政基本方式落实好，把法治中国建设好，必须坚持依法治国和以德治国相结合，使法治和德治在国家治理中相互补充、相互促进，相得益彰，推进国家治理体系和治理能力现代化。习近平总书记明确地表达："改革开放以来，我们深刻总结我国社会主义法治建设的成功经验和深刻教训，把依法治国确定为党领导人民治理国家的基本方略，把依法执政确定为党治国理政的基本方式，走出了一条中国特色社会主义法治道路。这条道路的一个鲜明特点，就是坚持依法治国和以德治国相结合，强调法治和德治两手抓、两手都要硬。"[①] 正如有专家所言，党的十六大提出"依法治国与以德治国相结合"，是处于社会主义初级阶段，在经济深刻变革和社会快速转型的特定历史条件下，此时期提出的"依法治国和以德治国相结合"，属于"法主德辅"，发挥法治和依法治国在管理国家、治理社会、调整关系、配置权力、规范行为、保障人权、维护稳定等方面的主导作用。[②] 经过改革开放三十年历程，中国大步迈向一个新时代，在发展市场经济过程中，需要不断解放和发展社会生产力，建设中国特色社会主义经济，加强法制建设，同时也必须加强思想道德建设，将法治与德治有机结合并统一，从而保障市场经济的健康发展，中国共产党适时地提出了"实行依法治国和以德治国相结合"，借鉴古人的治国之道，思考如何管理国家事务，如何教育引导人民崇尚高尚的精神生活，在着力发展市场经济同时，作出了对于物质文明建设和精神文明建设两手抓的科学判断。

十八届四中全会决定提出的"坚持依法治国和以德治国相结合"，在全面推进依法治国系列研究的专门报告中，贯彻落实全面推进依法治国，

---

① 《习近平在中共中央政治局第三十七次集体学习时强调 坚持依法治国和以德治国相结合 推进国家治理体系和治理能力现代化》，载《人民日报》2016 年 12 月 11 日第 01 版。

② 李林：《论依法治国与以德治国》，载《哈尔滨工业大学学报》2013 年第 1 期。

是实现“建设中国特色社会主义法治体系，建设社会主义法治国家”总目标必须坚持的一项基本原则，也是中国特色社会主义法治道路的鲜明特点，体现了坚持从中国实际出发、“注重汲取中华传统法律文化精华、借鉴国外法治有益经验、但决不照搬外国法治理念和模式”。

习近平总书记“坚持依法治国和以德治国相结合”的深入论述，引领社会各界深刻把握法律和道德的相互作用、法治和德治二者的辩证统一关系，认真汲取“为政以德、德主刑辅”的中华优秀传统文化的智慧养分，统一了思想认识，是中国共产党确立全面依法治国基本方略前提下，对于依法治国、依法执政必须坚持的纲领性的指导原则，坚持法治和德治两手抓、两手都要硬，这是新时期法治中国的努力方向。从“实行依法治国和以德治国相结合”到“坚持依法治国和以德治国相结合”，是中国共产党人执政经验的总结和提升。

（二）提出“坚持依法治国和以德治国相结合”的重大意义

坚持依法治国和以德治国相结合，是中国共产党作为执政党，在新的历史条件下，立足国情，与时俱进，结合社会发展需要，科学、理性地总结古今中外执政经验，对社会主义法治建设特色的准确判断，是全面推进依法治国方略必须坚持的原则，是法治中国建设的方向。坚持依法治国和以德治国相结合的提出，对于夯实国家治理的制度基础和思想道德基础，实现党和国家长治久安，顺利实现中华民族伟大复兴的中国梦，具有极其重要的现实意义和深远的历史意义。

坚持依法治国和以德治国相结合，是重视汲取传统文化智慧，是对古今中外治国经验的总结。纵观历史，法治和德治在国家治理中各自起着独特的、不可替代的作用，只有把二者紧密结合起来，国家才能有序治理，社会才能运行健康。中国古代自孔子总结子产提出“宽猛相济”、荀子提出“隆礼而重法”，到西汉董仲舒确立“德主刑辅”，再到唐代提出“礼刑并用”直至宋元明清，在传统国家和社会治理中始终延续“德法合治”的治理主线。德治和法治相结合的传统治国之道，被中国古代长期历史实践证明是行之有效的，在西方人眼中，是典型的中国式的社会治理模式，蕴含着魅力和智慧的东方成功之道。从世界范围看，凡是社会治理比较有效的国家，都坚持把法治作为治国的基本原则，同样不能忽略道德调节的作用。历史经验告诉我们，法治和德治于治国理政，正如车之两轮、鸟之两翼，不可偏废，必须把法律和道德的力量紧密结合，必须把法治和德治的功能紧密结合，把自律和他律紧密结合，促成依法治国和以德治国同时发力、互相促进。

坚持依法治国和以德治国相结合，是对治国理政规律的深刻把握，是坚持走中国特色社会主义法治道路的内在要求。长期以来，特别是自党的十一届三中全会以来，中国共产党作为执政党，深刻总结我国社会主义法治建设的成功经验和深刻教训，提出为了保障人民民主，必须加强法治，必须使民主制度化、法律化，确定了依法治国的基本方略，已经走出了一条中国特色社会主义法治道路，其内涵极其丰富，其中一个重要方面就是坚持依法治国和以德治国相结合，强调法治和德治两手抓、两手都要硬。全面推进依法治国基本方略，建设好法治中国，最关键所在就是坚定不移地走中国特色社会主义法治道路，坚定不移地坚守原则要求，彰显其鲜明特点，发挥好自己的突出优势。这就要求在治国理政实践中，坚决贯彻执行方针路线，牢牢把握这条道路的基本特征，必须做到坚持依法治国和以德治国相结合，并推进落实到具体领域，统筹推进以德治为基础的法治建设、以法治为保障的德治建设，使得中国特色社会主义道路越走越宽广。

坚持依法治国和以德治国相结合，是针对改革发展需要，适时调节社会主义市场经济的快速发展需求的准确判断。市场经济是以适应市场规则要求的法律规范、经济手段、行政手段调节为前提的，更重要的是，经济、行政手段的调节应立足于法治基础，需要法治作为保障。毫无疑问，因为发展市场经济的客观需求，中国法治进程发展可喜，但随着市场经济的迅猛发展，对道德领域的负面影响也随之出现。按照市场经济的运行规律，市场经济主体必须遵守公平、公正、诚实、守信等基本规则，亦属于道德范畴。道德对市场经济有正面约束，但反之，市场经济的现实亦对道德产生负面作用：对富裕生活的渴望诱发了不断膨胀的物质追求，社会开始弥漫功利的思想并影响具体的行为；市场经济的趋势导致贪婪的逐利甚至拜金主义，“一切向钱看”，因利益至上而不惜采取损害他人利益的不正当手段；违反诚信、造假贩假等诈欺行为不仅扰乱了经济生活秩序，而且也不利于维护社会稳定；市场经济的实用性原则向经济领域之外日益渗透和扩展，导致了市场意识和商品意识的泛化，等等。归根结底，需要重视物质文明建设和精神文明建设并举，坚持依法治国和以德治国相结合，以道德滋养法治，这是中国共产党引导全国人民走向富裕道路的科学判断，是正确解决改革发展重大问题的有效方法。

坚持依法治国和以德治国相结合，是在新的历史起点上的迫切现实要求。当前，我国正处于社会主义初级阶段，全面建成小康社会进入决定性阶段，改革进入攻坚期和深水区，国际形势复杂多变，发展市场经济以来面临改革发展稳定任务最艰巨的时期，诸多风险矛盾挑战之多前所未有。面对新形势新任务，要统筹社会力量、平衡社会利益、调节社会关系、规范社会行为，促使中国社会在深刻变革中既生气勃勃又井然有序，从而实现经济发展、政治清明、文化昌盛、社会公正、生态良好，实现我国和平发展的战略目标。从根本上说，全面推进依法治国是其重要根基，但应当清醒地看到，我国法治建设现状和国家发展的整体目标相比，同人民群众的期待相比，还有许多不适应、不符合的现实问题。实践证明，要切实解决法治领域存在的突出矛盾和问题，只单纯以法治论法治是不够的，应该立足于中国的历史传统和国情民情，重视加强道德教育和思想引领，大力培植人们的法律信仰和法治理念，营造全社会一体遵循的道德导向，构筑依法治国的坚实道德基础，使得法律和道德在国家和社会治理中共同发挥作用。

二、汲取传统“德法合治”的理政智慧

每个国家和民族的历史传统、文化积淀、基本国情不同，其发展道路必然有着自己的特色，一个国家的治理体系和治理能力是与这个国家的历史传承和文化传统密切相关。中华民族具有5000多年连绵不断的文明历史，独特的文化传统，独特的历史命运，独特的基本国情，注定了我们必然要走适合自己特点的发展道路。中华民族长期的政治文明实践过程中积累的丰厚的“德法合治”的传统治国理政思想与文化，在古代国家和社会治理过程中取得了成功业绩，坚持依法治国和以德治国相结合，需要固本溯源，梳理总结有益的传统治国理政经验，汲取优秀传统文化精华，立足国情，尊重实际，构筑和凝聚中国特色社会主义法治建设的根和魂。

（一）“德法合治”的传统内涵和理论基础

早在春秋战国时期，中华民族的先贤们就在积极探索“德”和“法”二者的关系和作用，中国古代的政治思想家一直在努力阐明治国理政中礼仪道德的重要力量，传统社会的德法合治（包括礼法合一）有着独特内涵。

何为“德法合治”？仅从字面分解其含义，“德”为道德，“法”为法律，“德法合治”就是“德治”和“法治”手段的综合，即综合运用道德和法律进行国家和社会治理。概括起来，“德法合治”的传统内涵应该包括：其一，治国方略层面的“德主刑辅”“礼刑并用”；其二，立法层面的引礼入法、礼法合一；其三，司法层面的春秋决狱、经义注律等。由此说明，古人以“法”[①]作为治国器物的同时，重点强调道德教化的力量，强调统治者注意自身德性修养，执政者对社会风气的引领作用，通过道德的法律化或者说借助法律的道德化，倡导正统价值观认同的道德

① 中国古代的“刑”“法”“律”三字，语言上可以互训，都可以表达现代词语“法律”之义。

信仰和权威准则，实现理想和谐的社会秩序。

“德治”和“法治”思想，一直属于中国传统法律的核心理论范畴。通常人们认为，儒家主张“德治”，法家主张“法治”。儒家看重道德教化的作用，正如瞿同祖先生言，“儒家认为无论人性善恶，都可以道德教化的力量，收潜移默化之功”[①]，用教化改造人心，趋人向善，知耻而无奸邪之心，是最积极、最彻底、最根本的办法。所谓“夫法令者所以诛恶，非所以劝善”[②]，“法能刑人而不能使人廉，能杀人而不能使人仁”[③]。儒家信奉“君子者，法之源也”，努力通过社会精英的道德楷模和引领作用，完成对理想社会的和谐治理。

儒家“德治”思想的哲学基础是天道论和人性论（“性善”论）。儒家的天道论赋予天道以道德的属性，天道是道德化的自然法则，人间的道德规则与宇宙的自然法则是相通的，“礼”是道德规则，也是自然法则，所谓“礼者，天地之序也。”[④] 宋朝理学家朱熹干脆说礼就是天理。儒家尊礼为行为规范，作为维持社会秩序的有效工具，礼具有至上性、普遍性和权威性，国家法律必须合乎礼，合乎礼的法律就是“礼法”。儒家“德治”思想的另外一个理论根据是“性善”论，为德治学说提供了人性根据。儒家的人性论，重视内在约束机制（自律），信任教化的力量，正如孔子所言：“道之以政，齐之以刑，民免而无耻；道之以德，齐之以礼，有耻且格。”[⑤] 尊德礼而卑刑罚，正是儒家推崇的信仰。儒家眼中，刑不过是惩恶于已然，礼却是禁止于将然，二者之价值不可同日而语。

法家于治国立场，否定仁义道德价值，不认为社会可以靠德化力量来维持。认为圣君“任法而不任智”，韩非说“明主之治国，众其守而重其罪，使民以法禁而不以廉止”。法家更不相信儒家的观点，怀疑德

---

① 瞿同祖：《中国法律与中国社会》，北京：中华书局2003年版，第310页。

② 陆甲：《新语》卷上，《无为》。

③ 桓宽：《盐铁论》卷十，《申韩》。

④《四书五经》(《礼记·乐记》)，长沙：岳麓书社2008年版，第567页。

⑤《四书五经》(《论语·为政》)，长沙：岳麓书社2008年版，第567页。

化的作用，不认为靠一两个贤人的力量就能转移社会风气、决定国家治乱。法家反对儒家的有治人无治法，认为“仁者能仁于人而不能使人仁，义者能爱于人而不能使人爱。”[①] 法家重视客观的工具，治国不需要缥缈不可期的办法，法家反对儒家以“以不忍人之心，行不忍人之政”，[②] 认为儒家主张无异于慈母败子的溺爱，只能姑息养奸，管子认为如此“爱人之心，而实合于伤民”，韩非更以齐、魏仁慈招祸而亡国教训警示世人。

法家基于功利角度，也意识到“刑”“德”都是治国手段，如韩非曾坦率地认为，君主领导群臣治理国家，就是靠“二柄”（两种工具）：一是“德”（庆赏），二是“刑”（杀戮）”。法家不是对德化、德教毫无兴趣，而是更看重以最准确的程序、最便利的方法、最短的时间完成维持法律秩序的目的。法的功用原为禁奸，非为劝善。法家一致认为唯“法者民之父母也”。[③] 所谓“威不两错，政不二门，以法治国，则举措而已”。[④] 法家主张重刑，所谓“刑令在乎严刑”[⑤]“去奸之本莫深于严刑”[⑥]“严刑重罚者，民之所恶也，而国之所以治也。”[⑦] 法家认为重刑才能使人畏惧慑服，不敢以身试法，才能达到“以刑去刑”的功能，忍一时之痛，便可收长远之利。法家的上述主张是以“性恶论”为基础，其内在逻辑是，外在约束机制（法律）对人的自私（恶性）的制约远胜过内在约束机制（道德），国家必须通过法律的强力作用抑制人的内在恶念，防止恶性膨胀违法犯罪，众人成为守法良民，社会秩序自然和谐有序。

儒法两家在先秦时期不仅进行激烈的思想交锋，还各自寻找政治实践的试验场。先秦时期，因法家代表人物商鞅在秦国厉行“法制”“重刑”

---

① 《商君书·画策》，北京：中华书局2014年版，第138页。

② 《孟子·公孙丑上》，北京：中华书局2013年版，第59页。

③《韩非子·内储说上七术》，北京：中华书局2013年版，第103页。

④《管子》卷五，《重令》，北京：中华书局2013年版，第96页。

⑤ 《管子》卷五，《重令》，北京：中华书局2013年版，第104页。

⑥《商君书·开塞》，北京：中华书局2014年版，第175页。

⑦《韩非子》卷四，《奸劫弑臣》，北京：中华书局2013年版，第103页。

系列改革，使秦国由弱至强，进而吞并六国，法家主张遂隆盛一时。“秦王扫六合”的结果，是形成绝对的王政，达到这个目标的手段就是法（律令），统治者采取严刑峻法、信赏必罚，通过实效控制的能力而取信于民并治理天下。法家的政治实践试图证明，只要君主集中权力，并且把法律作为治国的手段，那就容易奏效。但随后秦二世败亡的历史经验证明，不灵活调整治国手段，一味推行“法制”“重刑”至极端化，导致天下“赭衣塞路”“劓鼻盈车”，百姓“苦秦久矣”，遂“揭竿而起”，秦末农民大起义最终推翻了暴秦统治。秦败亡的历史教训促使汉初统治者意识到，摒弃儒家教化的柔性力量，一味推崇严刑重罚，并非长效的治国良方，仅靠“律令”的强制力，无法实现长治久安，进而开始思考德礼与法律的协调融合，儒法两家思想观点逐渐兼容并蓄。

（二）传统社会“德法合治”的形成及确立

古人已经意识到法律是僵硬的，但德礼又过于软弱，二者需要调和。《尚书》中说“士制百姓于刑之中，以教祗德”，[①] 又说“明于五刑，以弼五教”。[②] 古代中国“德”的观念萌发于商周之交，周公旦明确提出“以德配天”“明德慎罚”，其实就是传统社会“德法合治”的早期理论总结和实践应用。

周公旦提出“以德配天”理论，用于解释周族取代殷商政权的合理性。只有统治者敬德、修德，提高了道德品质，才能获得“配天”的资格，殷人无德失天下，周人有德获天命，天佑有德者有天下。同时提出“明德慎罚”的治国方略，将“明德慎罚”作为立法、司法以及处理政务时必须遵守的指导思想和重要原则。所谓“明德”，即行德教、施德政、修德性，重视统治者自身道德修养的提高，重视刑罚的教育功能。所谓“慎罚”，就是“中刑”“中罚”，强调实施刑罚必须谨慎，这本身也是“德”的内容。

---

① 《尚书·吕刑》，北京：中华书局2012年版，第321页。

② 《尚书·大禹谟》，北京：中华书局2012年版，第358页。

早于先秦儒法两家之争，春秋时期郑国最高执政官子产提出过“宽猛相济”思想，对后来的治世影响深远。子产主张的“宽猛相济”，就是中国传统社会“德法合治”的早期实践。子产认为，“唯有德者能以宽服民，其次莫如猛。夫火烈，民望而畏之，故鲜死焉；水懦弱，民狎而玩之，则多死焉，故宽难。”[①] 孔子对此高度评价：“政宽则民慢，慢则纠之以猛，猛则民残，残则施之以宽。宽以济猛，猛以济宽，政是以和。”[②] 子产治政二十六年，被后人誉为“至世之治”，执政重视德之宽、刑之猛，推行新的经济政策，广开言路，公布成文法等具体举措，针对时局灵活调整治理之道，达到和谐的治理效果。孔子推崇子产，对子产的“宽猛相济”高度评价。孔子认为，政、刑、德、礼都是治理国家的有效手段，只是他强调德礼为本，政刑为用，以孔子为代表的先秦儒家并不是绝对反对政令刑法，而是反对不道德、不人道的内容。孔子认为，好的法律应体现一种仁爱的精神，所谓“父为子隐、子为父隐，直在其中矣”。[③] 孔子以后的儒家对于德、法的看法，渐趋折衷，孟子明确地说“徒善不足以为政，徒法不能以自行”，[④] 表示二者不可偏废。荀子的儒家思想则是杂有法家观点，韩非、李斯俱出荀子门下，荀子明确提出“礼法”的概念，对道德与法律之间的关系进行了深入的分析，荀子认为：“礼者，法之大分，类之纲纪。”[⑤] 作为道德的礼，是法的根本，是法的指导原则，道德成了法律的灵魂，这种法律就是典型的“道德法”，就是指那些立法上体现礼的精神、司法上维护礼的价值的法律，即荀子提出的“礼法”。荀子认为，真正的法律必须体现一定的道德精神，以及所谓的“礼义”。在荀子看来，不守礼义的人往往有违法作乱的危险，“人无礼义则乱，不知礼义则悖”，[⑥] 荀子把礼义与“中”相提并论，“中”就是“中道”，法律合

① 《左传·昭公二十年》，长沙：岳麓书社《四书五经》2008 年版，第 1121 页。

② 《左传·昭公二十年》，长沙：岳麓书社《四书五经》2008 年版，第 1121 页。

③ 《论语·大学·中庸》，北京：中华书局 2013 年版，第 151 页。

④ 《孟子·离娄上》，北京：中华书局 2013 年版，第 59 页。

⑤ 《荀子·劝学》，北京：中华书局 2015 年版，第 5 页。

⑥ 《荀子·性恶》，北京：中华书局 2015 年版，第 171 页。

乎礼义就意味着法律合乎中道。

分析儒法两家思想的实质，都以维持社会秩序为目的，其差异不过是他们对于实现各自理想社会秩序的看法不同。儒家法家思想的调和，早就有可能存在，恰如瞿同祖先生总结的，法家固然绝对排斥德治，儒家却并非绝对排斥法律，只是不主张以法治代替而已。譬如孔子虽以无讼为理想，但也说过“听讼吾犹人也”。儒家经典中有多处“礼乐刑罚”相提并论，儒家一直不排斥采用德礼与法律交互为用的治国方式，重视教化引导与制裁惩罚、内在的感化与外在的规范的结合，由此，既可以克服政令刑法的僵硬，又弥补了德礼的软弱。秦亡之后，儒家的主张比较客观地反映中国传统社会的现实需求，西汉时“独尊儒术”，以儒家为正统，儒学大师董仲舒提出“德主刑辅”治国方略，以阴阳五行解释王道，以古典的“天人感应”的自然法原理阐释，刑德之不可偏废，犹如阴阳不可独存，春夏秋冬也不可独占四时。虽然儒家思想被奉为正统，但法家主张没有被摒弃，而是被巧妙地融入治国实践，德礼与法律的渐趋协调融合，呈现出“德法合治”的治国传统，也因此奠定中国传统法律“儒表法里”的基本特征。值得关注的，就是传统社会儒家思想的法律化和法律儒家化的种种实践，通过儒士们“引礼入法”的法律解释，以及司法官吏经义注律、春秋决狱等方式，以儒家经典的精神审理平决案件，确定罪之有无、刑之轻重，国家的律令制度被注入了大量的仁义道德、礼仪情理等成分，法律与道德紧密结合，互动交融，从此，中国古代法律的道德化倾向愈发明显，瞿同祖称之为“中国法律的儒家化”，余英时称之为“儒学的法家化”。及至唐代，以“德礼为政教之本，刑罚为政教之用”为治国方略，《唐律疏议》的颁行，更是高度体现了“一准乎礼”的立法宗旨，呈现出“礼刑并用”“礼法合一”的特征。伴随儒家思想的法律化，或者说传统法律的儒家化进程，“德法合治”的传统自汉唐直至宋明清相沿，未有大的实质改变。

（三）传统“德法合治”的应用价值

“中国文明将照亮21世纪”，中国在漫长历史长河中，尽管也经历过分分合合，但从大历史的角度看，中国人完整地守护了一个超级文明，长时间生活在一个文明帝国的稳定秩序中，中国古代社会的“德法合治”传统，其独特内涵明显迥异于其他国家和民族，是中华民族对人类社会治国理政思想独特的创造性贡献。正如严复所说，“西文‘法’字，于中文有理、礼、法、制”四者异译。古代“法”的形成和发展历程具有浓厚的中国色彩，著名文化学者梁治平以“刑”“法”“律”三字总结其演进历程。如“刑起于兵”的法的起源观点，春秋时期成文法的出现，战国时期法家改“法”为“律”的法制变革，传统法律的道德化，古代法律的工具观等，都使得中国传统法律文化中的“法治”迥异他国法律文明。

中西方“德治”差别更大。西方追求正义与平等，中国追求的是道德人格、富国利民，对宗法等级秩序的维护。西方思想家强调道德中“正义”内容，中国思想家特别强调的是道德中的“仁爱”，突出其与家庭、国家等价值的联系。西方有自然法学派也极力提倡道德的法律化，他们所说的“自然法”即指人类普遍的道德原则，即正义、公平、平等、自由、诚实、信用等。他们认为，国家制定的法律应合乎自然法，否则即为“恶法”。与西方不同，中国古代的道德法律化，标志是“礼入于法”“礼法合一”，是儒家倡导的道德原则转化为法律原则。由于文化传统不同，加之中西对“道德”的理解差别，我们不难看出，西方注重将那些提倡个人权利和利益的道德法律化，而中国则注重把彰显国家利益和个人义务的道德法律化，更明显的是，中国古代立法往往把一种理想化的、过高的道德义务转化为法律义务。中国注重“圣人”教育，让大家追求一种理想的道德人格，达到道德的平等，这是很难做到的。

在人类文明的初期，法律与道德、宗教之间没有严格的界限，古代中国如此，古印度、古希伯来等类型文明的法律文化亦然。可以说，这是人类诸文明于古代法律文化起源之初的共性特征。随着历史演进和文明进步，法律与道德的关系或杂糅，或脱离，不同国家或民族的法律文化表现出不同的形态特征。基于华夏文明与国家起源方式的不同，伴随中国古代社会发展进程和社会形态更迭，并没有出现如西方国家一样的趋势，法律与道德逐渐清理分离，并在法律和宗教等不同领域各自归位。相反，随着王权的强化，一些法律化的道德规范不仅没有回归道德领域，反而互动融合，相互纠缠，中国古代法律的道德化倾向愈发明显，国家规范体系形成了双轨、复合的特征，呈现“礼法并行”“德刑并用”的治理方式，造就了法律体系的双重结构。

分析传统“德法合治”思想的关键，是准确理解古人如何看待道德与法律的关系，以及二者在国家社会治理中的作用。如前所述，基于儒、法两家的理论交锋和实践应用，经过对德礼、刑罚作用的理性权衡，才有了传统社会的“德法合治”。西汉董仲舒确定“德主刑辅”指导思想后，中国传统社会的治国理政始终贯穿着一条思想主线，即围绕“德法合治”的基本原则，贯彻实施于立法、司法以及具体政务领域，通过立法贯彻主流道德精神，以道德引领法律的导向，以法律维护和规范人们的道德生活，实现理想的社会秩序，通过司法强化“刑教”，注重官员的品德，严格执法但体现仁爱的道德精神，权衡情理以弥补法律的僵化不足。

回顾传统社会的“德法合治”的理论基础，是立基于儒家的天道自然和“性善”论的理论基础。无论其呈现的法律的道德化，还是道德的法律化，“礼法合一（礼刑并用）”的过程，就是儒家将自然法与国家制定法合二为一的过程。儒家道德原则直接转化为法律条文，出现法律的泛道德化倾向，直接促成伦理法的特征；引用儒家经典判断定罪量刑，导致的是司法的主观臆断。在中国历史上，法律始终从属于道德，其作用就是弥补道德礼教的不足，而不是以道德弥补法律的不足。从历史的角度看，古代社会的伦理精神在法律生活中的落实，便是伦理规范的法典化或法律的伦理化。在古代社会，道德律条几乎成为法律的化身，传统法制的泛道德主义必然导致对法律的不信任，进而动摇法律在国家治理中的权威地位。因此，传统儒家的“德治”思想与现代法治精神是判然有别的，传统社会的“德法合治”作为古代政治生态的模本样式，成为一种历史文化理论，影响着中国人的法律意识、心理、习惯、行为方式等，直至影响着当前社会法治发展的各个领域，有形或无形地左右着法治中国的未来走向。我们应该重视道德的作用，儒家的“良法善治”理念在结合现代元素思考后，是可以借鉴的历史财富。但我们同样需要注意，法律和道德不能混淆，法律不能取代道德，道德也不能替代法律，道德伦理更不能居于法律上位。中国传统社会的道德评价等同于法律评价，违反道德也就违反法律，这在当代社会有害无益。

正如习近平总书记指出：“当代中国是历史中国的延续和发展，当代中国思想文化也是中国传统思想文化的传承和生活。”时至今日，在新的历史条件下，如何运用马克思主义法治观，对传统法律文化进行批判性反思，抛却传统中国“法治”“德治”学说的封建性糟粕，汲取这两个概念系统中的合理性精华，赋予其全新的时代内涵，审视判断“德法合治”的内涵、积极作用和智慧养分，挖掘传统“德法合治”的当代应用价值，对于坚持依法治国和以德治国相结合大有裨益。如何汲取传统法律文化精华，具体实施并落实到立法、执法、司法层面，进行创造性继承、创新性发展，值得当代人深思和持续努力。

三、坚持依法治国和以德治国相结合

（一）注意法律和道德的理性归位

法律和道德作为人类社会规范体系中最为重要的两部分内容，具有不可分割的内在联系，是调控社会关系和人们行为的重要机制。习近平总书记 2012 年 12 月 4 日在首都各界纪念现行宪法公布施行 30 周年大会上讲话指出：“法律是成文的道德，道德是内心的法律。”法律有效实施有赖于道德支撑，道德践行也离不开法律约束。坚持依法治国和以德治国相结合，首先需要准确把握法律和道德的辩证关系，注意法律和道德的理性归位。

从法理学和伦理哲学角度分析，法律和道德存在着三种关系：

一是道德的法律化，即通过立法把国家和社会大多数的政治道德、经济道德、社会道德和家庭伦理的普遍要求刚性化，使之转变为国家意志，以国家强制力保证实施，成为具有普遍约束力的社会行为规范。通常而言，道德是法律正当性、合理性的基础，道德所要求或者禁止的诸多行为，往往是法律作出强制性规定的重要依据。早在西周时，中国就有了“礼之所去、刑之所取”的观点，许多全社会一体遵行的道德要求，通过国家立法活动而具有了强制性、规范性，传统社会的“礼入于法”，就是典型的道德法律化。在当今中国，社会主义道德和数千年积累的传统道德一起成为法律的源泉，是制定法律的指导思想、内在要求，是评价“良法”和“恶法”的重要标准，我们可以借鉴古人的智慧，立法上充分吸收道德的合理因素，使其支撑法律的正当性。从一个国家或者一个社会大多数道德已经法律化的意义上讲，全面推进依法治国，就是通过法治的方式施行以德治国。除非这种法律丧失了社会道德的正当性，如规定人口买卖、种族歧视、种族灭绝为合法，或者这种法律违背了社会伦理道德规范，如法律允许个人随意剥夺他人生命、限制他人自由、侵夺他人财产，允许家庭成员乱伦、虐待，纵容公职人员贪污受贿、以权谋私等。要严格执法，弘扬真善美、打击假恶丑，要坚持公正司法，发挥司法断案惩恶扬善功能。任何法律都有一定的道德属性，正如习近平总书记2016年12月10日在主持中央政治局第三十七次集体学习时讲话指出：“以法治承载道德理念，道德才有制度支撑。法律法规要树立鲜明道德导向，弘扬美德义行，立法、执法、司法都有体现社会主义道德要求，都要把社会主义核心价值观贯穿其中，使社会主义法治成为良法善治。”如果国家法律（或者某些法律）非“良法”或“恶法”时，法律的实施是任性随意甚至是专制时，依法治国当然不能体现以德治国的基本要求，我们所要追求的是“良法善治”而不是“恶法专制”或者“庸法人治”。

二是道德的非法律化。道德和法律是两种不同的社会行为规范，属于两个不同范畴。法律是底线的道德，也是道德的保障。在一个国家和一个社会的大多数道德已经或可以法律化的同时，也必须要接受少数或者某些道德不能法律化。例如男女的恋爱关系，同事的友爱关系，上下级的工作关系，甚至孝顺父母的伦理要求以及见义勇为、舍己助人、扶危济困等道德追求，一般情况下很难列入法律调整并强制规范的范畴，不宜法律化的道德问题如果直接将之法律化，就将产生法律的泛道德化倾向，这在中国古代社会表现尤为突出，今天我们必须注意不能随意将某些道德问题上升为法律问题，避免产生“法律的专制和恐怖”。我们要重视以法治保障道德，但要明确重点领域解决突出问题，正如习近平总书记指出：“要运用法治手段解决道德领域突出问题”，“对突出的诚信缺失问题，既要抓紧建立覆盖全社会的征信系统，又要完善守法诚信褒奖机制和违法失信惩戒机制，使人不敢失信、不能失信。”这些就是通过法律的刚性作用，引导人们培养和弘扬社会主义核心价值观，注意将实践中广泛认同、较为成熟、操作性强的道德要求及时上升为法律规范，引导全社会崇德向善，而不是将法律泛道德化。

三是某些道德要求既可以法律化也可以非法律化。如中国关于婚姻家庭领域的“夫妻双方互相忠诚的义务”，对于婚姻关系第三者的刑事处罚，“见义勇为”入法，无过错责任、沉默权等，都取决于时代观念的情势需要和国家立法及组织实施。法律对道德的促进和保障作用，主要就是通过立法方式来实现某些主流道德的法律化，通过法律实施来确认和强化社会主义道德和核心价值观的诉求和导向。当然，对于一些背离社会主义道德和核心价值观的行为，如“见利忘义”“好逸恶劳”“骄奢淫逸”等，能否用法律介入和是否有必要用法律介入，需要进行深入研究才能做出科学结论。任何法律都内含道德判断，体现道德取向，但必须注意，要加强法律与道德的协调与衔接，凡是适宜用法律规范并且以法律保障或者惩戒的道德要求，都应当尽可能科学合理地纳入法律调整范畴，通过立法程序使之规范化、法律化；凡是思想范畴的内容（如认识问题、观念问题、信仰问题等）和不适宜用法律规范调整的道德关系（如爱情关系、友谊关系等）立法应当避免涉足。

我们需要正视上述法律和道德的三种关系，还要注意到法律和道德之间有流动性。法律和道德都植根于一定的历史环境与社会环境，文化的演进、社会的发展共同推动法律和道德的发展。考察人类历史不难发现，法律和道德之间呈现流动的边界："一些道德规范'流动'到法律规范之中，这是道德转化为法律；一些法律规范'流动'到道德规范之中，这是法律转化为道德。"① 必须承认，法律和道德之间不是一成不变，二者并不存在不可逾越的分界线，其互相转化就是为了适应社会经济发展的情势需要。但必须意识到，法律的强制应当有所节制，道德的存在应当有合理空间，既要警惕"法律万能"，又要防止"道德之上"，不是法律制定越多越好，也不是道德涉足越广泛越好，应该坚持"法律的归法律，道德的归道德"，法律如果泛化甚至侵吞了全部道德，道德如果泛化并取代了全部法律，要么导致"法律的专制和恐怖"，要么陷入乌托邦式的空想。

坚持依法治国和以德治国相结合，就是需要秉持科学的态度，将法律和道德理性归位，避免法律和道德二者互相混淆，避免社会无序和紊乱，应该追求以道德滋养法治、以法治保障道德，相互补充、相得益彰的最佳比例关系。

（二）清晰法治和德治的准确定位

坚持依法治国和以德治国，除了注意法律和道德的理性归位，还应该清晰对待法治和德治的准确定位，特别是如何看待二者在治国方略中的地位和作用。

新世纪以来，"法治""德治"成为当代中国的热词，在社会各个领域得到广泛言说，特别在治国方略领域，依法治国、以德治国、依法治

① 戴木才：《坚持依法治国和以德治国相结合（人民要论）》，载《人民日报》2017 年 2 月 14 日第 07 版。

国和以德治国相结合先后出现并引起普遍关注。毋庸置疑，作为现代意义的“法治”理念是从西方世界兴起，并在世界范围广泛传播并得到实践推行。追寻法治的源头，可以从亚里斯多德说起，他在《政治学》中描述到：“若要求由法律来统治，即是说要求由神祇和理智来统治；若要求由一个个人来统治，便无异于引狼入室。因为人类的情欲如同野兽，虽至圣大贤也会让强烈的情感引入歧途。唯法律拥有理智而免除情欲。”中国学术界大体认同，符合法治国家的标准，需要具备两个基本条件：一是要有制定得很好的法律；二是制定的很好的法律要得到很好的执行。所谓“法治”理想，就是“法律至上”和“良法之治”。有观点明确认为，“法治”的核心内容就是“规则之治”，这与中国古代对“法治”的理解更多于“法律制度”意义上的“法制”观念，存在着巨大差异，把“法律”作为至上地位与最高权威的认识在中国传统社会并不存在。

西方社会的“德治”思想渊源早在古希腊时代，古希腊思想家柏拉图在《理想国》中表达的“哲学家”治国，就是看中哲学家群体的道德优良，这和中国儒家主张的“贤人之治”有非常相似之处。与中国古代社会不同的，西方中世纪的教会法对世俗社会产生深刻影响，宗教领域的某些“惩罚性”规则辅助并保障世俗法律的实施，“以宗教教义治国”在西欧，甚至在伊斯兰世界，都得到普遍认同，通过宗教的力量培育德性并进行主流价值观的引导教化，使之成为世俗社会法律规则的有效补充，这样的历史传统在中国古代社会没有形成，中国传统法律缺乏宗教基础，但对于德教、德治的重视，特别是汉唐以后的“德法合治”，避免了法律规则的僵化和教条，有效地调和了社会矛盾。可见世界各国历史上的理政经验，有异曲同工的作用，目的都是为了达到国家和社会的最有效的治理效果。

大量研究成果表明，法治和德治具有明显区别：从治理的主体来看，法治是多数人的民主之治，德治是少数人的精英之治；从治理的过程来看，法治是程序之治，德治是人情之治；从治理的角度来看，法治是外在控制之治，德治是内在约束之治；从治理的手段来看，法治是国家强制之治，德治是社会教化之治。从人类文明发展的历史来看，法是人本身一种必然且自觉的理性选择。

“德治”和“法治”经常不属于一个逻辑层面的问题，“德治”因其受制于“人治”的实质，已经容易导致“专制”的隐患而被现代政治文明排斥和警惕。纵观世界近现代史，凡是顺利实现现代化的国家没有一个不是很好地解决了法治和人治的问题的。人类社会发展的事实证明，依法治理是最可靠、最稳定的治理，比较、结合世界各国国家治理和社会治理的历史与现实经验教训，综合考量当代中国的历史传统和具体现实情况，“法治”（依法治国）理所当然地成为当代中国的“治国方略”，而且是“唯一”的治国方略。

在坚定“依法治国”是治国方略的前提下，我们需要注意到，在国家治理的过程中，法治和德治的联系还是相当密切的。古代社会“德法合治”经验的现实启示，就是彰显国家和社会治理需要法律和道德相辅相成、法治和德治相得益彰。因此，依法治国和以德治国之间是相辅相成的互动机理，法律和道德都具有规范社会行为、维护社会秩序的作用，法律不仅是一种需要国家强制力公布并施行的规范，亦需要建立一套人们自觉遵循的道德价值体系，法律的制定和实施需要一定的伦理道德观念构筑支撑，需要大多数群体的道德认同，仅依赖所谓移植西方先进的但并不适合本民族的法律制度、观念，而民众却依然以某些传统伦理道德为理所当然，难免发生水土不服。

党的十八届四中全会决定明确指出：“汲取中华法律文化精华，借鉴国外法治有益经验，但决不照搬外国法治理念和模式。”古代诸多治国实践经验证明，法治很重要，但法治不是万能的，中国的治国理政，有中国的国情和特点，历史经验决定了不能照搬西方的经验。法治和德治范畴不同，但其地位和功能都是非常重要的，对于一个国家的治理来说，法治和德治，从来都是相辅相成、互相促进的。二者缺一不可，也不可偏废。“法安天下，德润人心”，国家和社会治理需要法律和道德协同发力，需要法律和道德共同发挥作用，必须坚持一手抓法治、一手抓德治。

一方面，以法治体现道德理念、强化法律对道德建设的促进作用；另一方面，以道德滋养法治精神、强化道德对法治的支撑作用，实现法律和道德相辅相成、法治和德治相得益彰。重视法律的道德属性，也须重视道德为法治创造的人文环境，重视法律和道德可以相互转化。

总之，厘清依法治国和以德治国之间的辩证关系，清晰“法治”和“德治”的准确地位，是准确把握“坚持依法治国和以德治国相结合”的关键。这是在全面推进依法治国方略的时代背景下，提出的坚持从中国实际出发，全面发展符合中国实际、具有中国特色、体现社会发展规律的社会主义法治建设的一个重要基本原则，是法治中国的方向指引。

（三）提高全民的法治意识和道德自觉

“法治”不仅是人的理性选择的结果，而且也成为塑造人自身的重要生活标准之一，生活本身就意味着不可能是纯粹的客观和理性，法治的标准和道德的判断属于生活必须的内容。法律是最低底线的道德，道德是内心的法律，公民的法治意识和道德素质，一定程度上影响和制约着法治进程。

坚持依法治国和以德治国相结合，要注意提高全民的法治意识和道德自觉，要加强公民道德建设，增强法治的道德底蕴。通常而言，人们只要在道德认知与道德情感的共同作用下，才能建立和强化法治信仰。法治信念是对法治所蕴含的价值观高度认可的心理机制，它能激发人们以法治观念指导和规范行为。法律和道德，一个是刚性限制、一个是软性约束，一个是他律、一个是自律，仅靠外在强制力，缺乏内在认同，任何规范性的制度遵守都将大打折扣。道德则是将外在的法律规范转化为内在的自我约束，促使人们主动认识自己的责任与义务，积极选择有道德的行为。人们对法律的认同，很重要的是对其蕴含的道德价值的认同；人们对于法律的遵守，很重要的是根源于思想的道德觉悟的提升。

法律是成文的道德，道德是内心的法律，二者相互依存、相互促进，具有天然的联系和共同的价值追求，使法治成为人们的道德追求。从某种意义上讲，良好的公民道德是建设法治中国的重要基础和前提。个体的道德觉悟提高了，就会自觉尊法学法守法用法；全社会的道德水平提升了，法治建设才会有坚实的社会基础和广阔的发展空间。一方面，法律要发挥作用，首先全社会要信仰法律，要加强法治宣传教育，引导全社会树立法治意识，使人们发自内心信仰和崇敬宪法法律；其次要坚持道德对法治的滋养，强化道德对法治文化的支撑作用，要发挥道德的教化作用，提高全社会文明程度，为全面依法治国创造良好人文环境。要在道德教育中突出法治内涵，注重培育人们的法律信仰、法治观念、规则意识，引导人们自觉履行法定义务、社会责任、家庭责任，营造全社会学法守法尊法用法的文化环境和浓厚氛围，构筑依法治国的坚实的道德基础，为法治中国构建创造良好条件。

正如习近平总书记指出："要坚持把全民普法和全民守法作为依法治国的基础性工作，使全体人民成为社会主义法治的忠实崇尚者、自觉遵守者、坚定捍卫者。"为了达到这一目标，必须立足我国历史传统和现实国情，重视加强公民道德建设工程的实施，着力加强社会公德、职业道德、家庭美德、个人品德建设，大力强化规则意识，积极倡导契约精神，正面弘扬公序良俗。要弘扬中华优秀传统文化，深入发掘中华优秀传统文化的思想精华和道德精髓，阐发传统文化仁爱、重民本、守诚信、崇正义、尚和合、求大同的时代价值，增强法治的道德底蕴。深化群众性精神文明创建活动，推动志愿服务制度化，通过各种活动提高人们的道德实践。利用民族传统节日、重大纪念日等契机开展形式多样的宣传活动，发挥新闻媒体、公益广告、文艺作品的教育功能，发挥市民公约、乡规民约等行为准则的积极作用，引导广大人民群众自发践行社会主义核心价值观，使全社会的道德建设全方位展开，树立良好道德风尚，争做社会主义道德的示范者、良好风尚的维护者，社会主义道德理念深入人心，营造全社会都立规矩、讲规矩、守规矩的文化环境，为推进法治建设培育丰厚的道德土壤。[①]

提高全民的法治意识和道德自觉，要重视发挥领导干部的关键作用。中国历史上自西周起，就开始思考执政者行德教、施德政、修德性与国家长治久安的密切关系。汉唐以后，已经逐步建立起一种帝王、官吏加强礼义培育、道德教化的学习制度，如御前讲习，明朝张居正执政时曾专门编写了教本《帝鉴图说》，清朝曾专门开讲“经筵”，都是用以强调坚持遵行礼义、坚守道德事关朝廷兴衰。中国传统的国家和社会治理，非常重视执政者率先垂范的模范作用，所谓“国无德不兴、人无德不立”，特别是认为君德、官德足以影响国家兴衰存亡。当前落实依法治国的关键，也是要发挥领导干部的重要作用。领导干部既是全面推进依法治国的重要组织者、推动者和实践者，也是道德建设的积极倡导者，全社会一体加强道德建设，领导干部要带头学法、模范守法，要以德立威、以德服众。从而激发全社会上下一体，形成善良的道德意愿、道德情感，培育正确的道德判断和道德责任，提高自觉践行能力，推动全社会树立法治意识，加强公民法治素养和道德建设，为法治社会奠定坚实的道德基础。

英国著名历史学家阿诺德·汤因比曾说过：“就中国人来说，几千年来，比世界上任何民族都成功地把几亿民众，从政治上、文化上团结起来。他们显示出这种在政治上、文化上统一的本领，具有无与伦比的成功经验。”坚持依法治国和以德治国相结合，注意到中国人所追求的价值标准、道德信仰和法治建设的衔接，而理想的法治就要创造一个符合国人需求的正常的社会生活条件，使个人的合法愿望和尊严能够实现，合理的诉求不被阻碍。从实际出发，尊重本土传统，善于总结治国理政经验，也许正是“东方文明将照亮西方”[②]的原因所在吧。

---

① 参见雒树刚：《坚持依法治国和以德治国相结合》，载《人民日报》2014 年 11 月 24 日。

② 〔英〕阿诺德·汤因比：《历史研究》，上海：上海人民出版社 2010 年版，第 361 页。